财经法规与会计职业道德

主编：黄友　陈娟

中国财经出版传媒集团
中国财政经济出版社

图书在版编目（CIP）数据

财经法规与会计职业道德／黄友，陈娟主编．—北京：中国财政经济出版社，2018.8（2022.8重印）

ISBN 978 – 7 – 5095 – 8476 – 7

Ⅰ.①财…　Ⅱ.①黄…②陈…　Ⅲ.①财政法 – 中国　②经济法 – 中国　③会计人员 – 职业道德　Ⅳ.①D922.2　②F233

中国版本图书馆 CIP 数据核字（2018）第 192484 号

责任编辑：孙　腾　　　　　　　　　责任印制：史大鹏
封面设计：孙俪铭　　　　　　　　　责任校对：张　凡

中国财政经济出版社 出版

URL：http：//www.cfeph.cn

E – mail：cfeph @ cfeph.cn

（版权所有　翻印必究）

社址：北京市海淀区阜成路甲 28 号　邮政编码：100142

营销中心电话：010 – 88191537　北京财经书店电话：64033436　84041336

三河市宏图印务有限公司印刷　各地新华书店经销

787×1092 毫米　16 开　14.5 印张　269 000 字

2018 年 8 月第 1 版　2022 年 8 月河北第 7 次印刷

定价：38.00 元

ISBN 978 – 7 – 5095 – 8476 – 7

（图书出现印装问题，本社负责调换）

本社质量投诉电话：010 – 88190744

打击盗版举报热线：010 – 88191661、QQ：2242791300

前　　言

随着我国市场经济的不断发展，进一步促进了市场经济体制的建立与完善，同时也加剧了企业之间在人才、资金、市场、资源、技术、管理等方面的竞争。"会计信息"作为企业的语言，越来越受到社会各界的重视。具有一定的会计基础理论知识，不仅是会计专业人员应当具备的专业素质，同时也是企业管理人员所必备的基本修养。

知法懂法守法，这是对从事会计工作的人员的基本要求，为了满足广大初入行的会计人员和企业管理人员学习会计相关基本法律法规和职业道德知识的需要，我们专门组织长期从事会计专业教学、具有丰富教学经验和会计实务经验的老师，编写了本书。

本书由管理学（会计学）博士、教授、享受国务院特殊津贴专家、四川省学科技术带头人、四川财经职业学院黄友老师和四川财经职业学院会计系副主任陈娟老师担任主编。第一章由陈娟老师编写，第二章由孙琳老师编写，第三章由钟明君老师编写，第四、五章由王晶晶老师编写。在教材编写过程中，我们突出了以下特点：一是紧密联系会计实务，充分体现会计实际工作中所需的基本法律知识，在阐述法律知识的同时，更加关注与会计实务工作的联系；二是紧密联系会计初学者的学习实际，对法律知识的阐述通俗，并配合例题，使其更加便于理解。

虽然我们已经尽力而为之，但由于时间有限，本书中肯定仍然存在不当之处，恳请广大读者多提宝贵意见，以便日后再版时加以改进。

黄友　陈娟
2018 年 6 月

目　录

第一章　会计法律制度 …………………………………………（ 1 ）
　第一节　会计法律制度的概念与构成 …………………………（ 1 ）
　第二节　会计工作管理体制 ……………………………………（ 4 ）
　第三节　会计核算 ………………………………………………（ 10 ）
　第四节　会计监督 ………………………………………………（ 22 ）
　第五节　会计机构与会计人员 …………………………………（ 34 ）
　第六节　法律责任 ………………………………………………（ 45 ）

第二章　结算法律制度 …………………………………………（ 50 ）
　第一节　现金结算 ………………………………………………（ 50 ）
　第二节　支付结算概述 …………………………………………（ 54 ）
　第三节　银行结算账户 …………………………………………（ 60 ）
　第四节　票据结算方式 …………………………………………（ 76 ）
　第五节　银行卡 …………………………………………………（ 93 ）
　第六节　其他结算方式 …………………………………………（ 96 ）
　第七节　网上支付 ………………………………………………（102）

第三章　税收法律制度 …………………………………………（108）
　第一节　税收概述 ………………………………………………（108）
　第二节　主要税种 ………………………………………………（119）
　第三节　税收征收管理 …………………………………………（151）

第四章　财政法律制度 …………………………………………（169）
　第一节　预算法律制度 …………………………………………（169）
　第二节　政府采购法律制度 ……………………………………（185）
　第三节　国库集中收付制度 ……………………………………（195）

1

第五章 会计职业道德 ……………………………………………… (200)
- 第一节 会计职业道德概述 ……………………………………… (200)
- 第二节 会计职业道德规范的主要内容 ………………………… (207)
- 第三节 会计职业道德教育 ……………………………………… (216)
- 第四节 会计职业道德建设组织与实施 ………………………… (220)
- 第五节 会计职业道德的检查与奖惩 …………………………… (223)

第一章　会计法律制度

【基本要求】

◆ 了解会计法律制度的构成
◆ 熟悉会计工作管理体制
◆ 熟悉会计档案管理
◆ 熟悉内部控制制度
◆ 熟悉会计机构的设置
◆ 掌握会计核算的要求
◆ 掌握会计工作交接的要求
◆ 掌握会计违法行为的法律责任

第一节　会计法律制度的概念与构成

一、会计法律制度的概念

会计法律制度是指国家权力机关和行政机关制定的，用以调整会计关系的各种法律、法规、规章和规范性文件的总称。会计法律制度是我国财经法规的重要组成部分，是调整会计关系的法律规范，是会计人员从事会计工作必须严格遵守的行为准则。会计关系是指会计机构和会计人员在办理会计事务过程中以及国家在管理会计工作过程中发生的各种经济关系。

目前，我国的会计法律制度基本形成了以《会计法》为主体的比较完整的会计法律体系，主要包括会计法律、会计行政法规、会计部门规章和地方性会计法规四个层次。

二、会计法律制度的构成

我国会计法律制度主要包括会计法律、会计行政法规、会计部门规章和地方性会计法规。

（一）会计法律

会计法律是指由全国人民代表大会及其常务委员会经过一定立法程序制定的有关会计工作的法律。会计法律是调整我国经济生活中会计关系的总规范，我国目前有两部会计法律，分别是《中华人民共和国会计法》（以下简称《会计法》）和《中华人民共和国注册会计师法》（以下简称《注册会计师法》）。

1. 《会计法》

我国第一部会计法律——《会计法》于1985年1月21日由第六届全国人民代表大会常务委员会第九次会议通过，同年5月1日起实施，1993年、1999年和2017年全国人大常务委员会三次对《会计法》做了修订。目前实施的《会计法》是2017年11月4日修订后于2017年11月5日起实施的，包括：总则、会计核算、公司、企业会计核算的特别规定、会计监督、会计机构和会计人员、法律责任和附则，共七章五十二条。新《会计法》的修订，取消了会计从业资格认定，提高了对会计专业能力的要求。《会计法》是我国会计法律制度中层次最高、法律效力最高的法律规范，是制定其他会计法规的依据，也是指导会计工作的最高原则。

2. 《注册会计师法》

1993年10月31日，第八届全国人民代表大会常务委员会第四次会议通过了《注册会计师法》，自1994年1日1日起实施，这是我国中介行业的第一部法律。《注册会计师法》对注册会计师行业管理体制、注册会计师考试和注册、会计师事务所组织形式和业务范围、法律责任等进行了系统规范，为注册会计师行业发展提供了有力的法律保障。

（二）会计行政法规

会计行政法规是指由国务院制定并发布，或者国务院有关部门拟定并经国务院批准发布，调整经济生活中某些方面会计关系的法律规范。会计行政法规制定的依据是《会计法》，其法律效力和权威性仅次于会计法律，我国当前施行的会计行政法规主要有两部，分别是《总会计师条例》和《企业财务会计报告条例》。

1. 《总会计师条例》

《总会计师条例》于1990年12月14日由国务院第七十四次常务会议通过，并于1990年12月31日经中华人民共和国国务院第72号令发布，自发布之日起施行。该条例是对《会计法》中有关规定的细化和补充，规定了总会计师的设置、职权、任免和奖惩等问题。

2. 《企业财务会计报告条例》

《企业财务会计报告条例》由国务院于2000年6月21日以第287号令颁布，自2001年1月1日起实施，共分六章四十六条，主要对企业财务会计报告的构成、编制、对外提供、法律责任等重大方面做了规定，要求企业负责人对本企业财务会计报告的真实性、完整性负责，企业不得编制和对外提供虚假的或者隐瞒重要事实的财务会计报告。

【例1-1】下列各项中，属于会计行政法规的是（　　）。

A. 《会计法》　　　　　　　　B. 《总会计师条例》

C. 《财政部门实施会计监督办法》　　D. 《企业会计制度》

答案：B

解析：选项A《会计法》属于会计法律，选项C和选项D属于会计部门规章。

（三）会计部门规章

会计部门规章是指国家主管会计工作的行政部门即财政部以及其他相关部委根据法律和国务院的行政法规、决定、命令，在本部门的权限范围内制定的、调整会计工作中某些方面内容的国家统一的会计准则制度和规范性文件，包括国家统一的会计核算制度、会计监督制度、会计机构和会计人员管理制度及会计工作管理制度等。会计部门规章不得与宪法、会计法律和会计行政法规相违背，其法律效力低于宪法、会计法律和会计行政法规。

典型的有2001年2月20日以财政部第10号令形式发布的《财政部门实施会计监督办法》，2005年1月22日以财政部第27号令发布并于同年3月1日起实施的《代理记账管理办法》等。除此之外，由国务院财政部门制定并发布的《企业会计制度》、《小企业会计准则》、《行政单位会计制度》、《事业单位会计制度》、《民间非营利组织会计制度》、《会计基础工作规范》、《会计人员继续教育管理规定》、财政部与国家档案局联合发布的《会计档案管理办法》以及国务院财政部门以文件形式印发的《企业会计准则——存货》等42项具体准则及其应用指南，也属于会计部门规章。

（四）地方性会计法规

地方性会计法规是指由省、自治区、直辖市人民代表大会或常务委员会在同宪法、会计法律、行政法规和国家统一的会计准则制度不相抵触的前提下，根据本地区情况制定发布的关于会计核算、会计监督、会计机构和会计人员以及会计工作管理的规范性文件。根据规定，计划单列市、经济特区的人民代表大会及其常务委员会在宪法、法律和行政法规允许范围内制定的会计规范性文件，也应当属于地方性会计法规。如《山西省会计管理条例》、《四川省会计管理条例》等。

第二节　会计工作管理体制

一、会计工作的行政管理

（一）会计工作行政管理体制

《会计法》第七条规定："国务院财政部门主管全国的会计工作。县级以上地方各级人民政府财政部门管理本行政区域内的会计工作。"我国会计工作行政管理实行统一领导、分级管理的基本原则，即财政部作为会计工作的主管部门，统一领导全国的会计工作，县级以上地方各级人民政府财政部门则根据国务院财政部门的规定，结合本行政区域内的实际情况，做好本部门、本行政区域内的会计管理工作。

（二）会计工作行政管理的内容

会计工作的行政管理职能主要有：

1. 制定国家统一的会计准则制度

市场经济是法制经济，所有市场经济活动均应遵循统一的规则。会计准则制度及相关标准规范是市场规则的重要组成部分之一，是会计监管的重要标准和尺度，是保证会计信息质量、维护社会主义市场经济秩序的重要保证。制定和实施国家统一的会计准则制度是财政部门管理会计工作的一项最基本职能。

按照《会计法》第八条的规定，国家统一的会计制度由国务院财政部门制定并公布，国务院有关部门可以依照本法和国家统一的会计制度制定对会计核算和会计监督有特殊要求的行业实施国家统一的会计制度的具体办法或者补充规定，报国务院财政部门审核批准。中国人民解放军总后勤部可以依照本法和国家统一的会计制度制定军队实施国家统一的会计制度的具体办法，报国务院财政部门备案。

2. 会计市场管理

会计市场是整个经济市场的一部分，会计作为一项专业性很强的工作，其工作质量及会计师事务所的执业质量直接影响到整个市场的秩序。在市场经济条件下，财政部门必须加强对会计市场的管理，具体包括会计市场的准入管理、会计工作的运行监管和会计市场的退出管理。

按照《会计法》和《注册会计师法》的规定，财政部门是会计行业和注册会计师行业的主管部门，履行相应的会计市场管理职责。会计市场的准入包括会计从业资格、会计师事务所的设立、代理记账机构的设立等，获得进入会计市场后，这些机构和人员应当持续符合相关的资格条件，并主动接受财政部门的监督和检查，不符合时，原审批机关可以撤回行政许可。

财政部门对会计市场的管理还包括依法加强对会计行业自律组织的监督和指导，此外，对会计出版市场、培训市场、境外"洋资格"的管理等也属于会计市场管理的范畴，财政部门对违反会计法律、行政法规规定，扰乱会计秩序的行为，都有权加以管理，严格规范。

3. 会计专业人才评价

会计人才是国家人才战略的重要组成部分，选拔评价会计人才是财政部门的重要职责。目前，我国已初步形成了一个包含初级、中级、高级会计专业技术资格，正高级会计师资格（含全国会计领军人才）的具有梯度发展级次的会计人才评价体系。除了对会计专业技术资格考试外，对会计专业人才的评价还包括会计行业领军人才的培养评价、对先进会计人员的表彰奖励和会计人员继续教育等内容。

会计专业技术资格考试是会计人才评价的一种方式，主要用于对初级、中级、高级三种级别的会计专业人才的评价，由财政部门组织实施，人力资源和社会保障部门监督指导。

会计领军人才培养是适应我国当前经济发展的一种新的会计人才评价方式。2005年由财政部正式启动，经过十余年，已经培养了近千名具有国际视野、战略思维和国际竞争力的复合型高层次会计人才。财政部负责组织全国范围内的会计领军人才的培养工作，地方财政部门和中央各单位负责组织本地区、本部门、本系统内的培养工作。

对先进会计工作者的表彰奖励也属于会计人才评价的范畴。《会计法》明确规定，对认真执行《会计法》，忠于职守，坚持原则，作出显著成绩的会计人员，应给予精神或者物质的奖励。

此外，为不断提高会计人员的专业胜任能力，促进会计人员整体素质的提高，我国会计人员应当参加继续教育，这也是会计专业人才评价的又一重要内容。

4. 会计监督检查

为了规范会计秩序，打击违法行为，保证会计信息质量，保护国家、投资者、债权人、社会公众利益，维护社会市场秩序，财政部门需要对会计行为进行监督检查，检查内容包括会计信息质量的检查、对会计师事务所执业质量的检查以及对会计自律组织的检查。

【例1-2】下列关于会计工作的行政管理，说法错误的是（　　）。

A. 行政管理实行"统一领导，分级管理"的管理原则

B. 制定和实施国家统一的会计准则制度是财政部门管理会计工作的一项最基本职能

C. 对会计出版市场的管理不属于财政部门的管理范畴

D. 会计市场管理包括准入管理、运行监管和退出管理三个环节

答案：C

解析：对会计出版市场、培训市场、境外"洋资格"的管理都属于会计市场管理的范畴。

二、会计工作的自律管理

会计工作的自律管理，即会计行业的自律管理，目前，我国会计行业的自律组织主要有中国注册会计师协会、中国会计师学会和中国总会计师协会。

（一）中国注册会计师协会

中国注册会计师协会是依据《注册会计师法》和《社会团体登记条例》的有关规定设立，在财政部党组和理事会领导下开展行业管理和服务的法定组织。

中国注册会计师协会依法履行以下职责：（1）审批和管理本会会员，指导地方注册会计师协会办理注册会计师注册；（2）拟订注册会计师执业准则、规则，监督、检查实施情况；（3）组织对注册会计师的任职资格、注册会计师和会计师事务所的执业情况进行年度检查；（4）制定行业自律管理规范，对违反行业自律管理规范的行为予以惩戒；（5）组织实施注册会计师全国统一考试；（6）组织和推动会员培训工作；（7）组织业务交流，开展理论研究，提供技术支持；（8）开展注册会计师行业宣传；（9）协调行业内、外部关系，支持会员依法执业，维护会员合法权益；（10）代表中国注册会计师行业开展国际交往活动；（11）指导地方注册会计师协会工作；（12）办理法律、行政法规规定和国家机关委托或授权的其他工作。

（二）中国会计学会

中国会计学会创建于1980年，是财政部下属的由全国会计领域各类专业组织，以及会计理论界、实务界会计工作者自愿结成的学术性、专业性、非营利性社会组织。

中国会计学会的主要职责是：（1）组织协调全国会计科研力量，开展会计理论研究和学术交流，促进科研成果的推广和运用；（2）总结我国会计工作和会计教育经验，研究和推动会计专业的教育改革；（3）编辑出版会计刊物、专著、资料；（4）发挥学会的智力优势，开展多层次、多形式的智力服务工作，包括组织开展中高级会计人员培养、会计培训和会计咨询与服务等；（5）开展会计领域国际学术交流与合作；（6）发挥学会联系政府与会员的桥梁和纽带作用，接受政府和其他单位委托，组织开展有关工作；（7）其他符合学会宗旨的业务活动。

(三) 中国总会计师协会

中国总会计师协会是经财政部审核同意、民政部正式批准,依法注册登记成立的跨地区、跨部门、跨行业、跨所有制的非营利性国家一级社团组织,是总会计师行业的全国性自律组织。

1. 总会计师

总会计师是组织领导本单位的财务管理、预算管理、会计核算和会计监督等方面工作,参与本单位重要经济问题分析和决策的单位行政领导人。总会计师协助单位主要行政领导人工作,直接对单位主要行政领导人负责。所以,总会计师不是一种专业技术职务,也不是会计机构的负责人或会计主管人员,而是一种行政职务。《会计法》、《会计基础工作规范》以及国务院于1990年12月31日发布的《总会计师条例》等,都对总会计师的配备作出了规定。而为了保障总会计师的职权,《总会计师条例》根据规定,凡是设置总会计师的单位不能再设置与总会计师职责重叠的行政副职。

(1) 总会计师的设置。《会计法》第三十六条规定:"国有的和国有资产占控股地位或者主导地位的大、中型企业必须设置总会计师。"根据该项规定,国有的和国有资产占控股地位或者主导地位的大、中型企业在设置总会计师这一岗位上是有明确要求的,而其他单位可根据业务需要,视情况自行决定是否设置。从实际情况看,许多外商投资企业、一定规模的民营企业都设有总会计师。

(2) 总会计师的任职资格和任免程序。根据《总会计师条例》的规定,担任总会计师应当具备下列条件:

①坚持社会主义方向,积极为社会主义建设和改革开放服务。

②坚持原则,廉洁奉公。

③取得会计师任职资格后,主管一个单位或者单位内一个重要方面的财务会计工作时间不少于3年。

④有较高的理论政策水平,熟悉国家财经法律、法规、方针、政策和制度,掌握现代化管理的有关知识。

⑤具备本行业的基本业务知识,熟悉行业情况,有较强的组织领导能力。

⑥身体健康,能胜任本职工作。

从任免程序上来看,根据《总会计师条例》第十五条的规定,对于国有大、中型企业,总会计师由本单位主要行政领导人提名,政府主管部门任命或者聘任;免职或者解聘程序与任命或者聘任程序相同;对于事业单位和业务主管部门,总会计师依照干部管理权限任命或聘任;免职或者解聘与任命或者聘任程序相同;对于城乡集体所有制企业事业单位任免(包括聘任或者解聘)总会计师,可以参照《总会计师条例》的有关规定办理。其他单位的总会计师,应当按照有关法律的规定来任免(包括聘任或解聘)。

（3）总会计师的职责。根据《总会计师条例》的规定，总会计师的职责主要有：

①编制和执行预算、财务收支计划、信贷计划、拟订资金筹措和使用方案，开辟财源，有效地使用资金。

②进行成本费用预测、计划、控制、核算、分析和考核，督促本单位有关部门降低消耗、节约费用、提高经济效益。

③建立健全经济核算制度，利用财务会计资料进行经济活动分析。

④负责对本单位财务会计机构的设置和会计人员的配备、会计专业职务的设置和聘任提出方案，组织会计人员的业务培训和考核，支持会计人员依法行使职权。

⑤协助单位主要行政领导人对企业的生产经营、行政事业单位的业务发展以及基本建设投资等问题作出决策；参与重大合同和经济协议的研究、审查。

（4）总会计师的权限。根据《总会计师条例》的规定，总会计师的权限主要有：

①对违反国家财经法律、法规、方针、政策、制度和有可能在经济上造成损失、浪费的行为，有权制止或者纠正；制止或者纠正无效时，提请单位主要行政领导人处理。

②有权组织本单位各职能部门、直属基层组织的经济核算、财务会计和成本管理方面的工作。

③主管审批财务收支工作。除一般的财务收支可以由总会计师授权的财会机构负责人或者其他指定人员审批外，重大的财务收支，须经总会计师审批或者由总会计师报单位主要行政领导干部批准。

④签署预算、财务收支计划、成本和费用计划、信贷计划、财务专题报告、会计决算报表；涉及财务收支的重大业务计划、合同、经济协议等，在单位内部须经总会计师会签。

⑤会计人员的任用、晋升、调动、奖惩，应当事先征求总会计师的意见；财会机构负责人或者会计主管人员的人选，应当由总会计师进行业务考核，依照有关规定审批。

2. 总会计师协会

为了规范总会计师的行为，保护总会计师的利益，我国依法注册登记成立了中国总会计师协会这一非营利性社团组织。中国总会计师协会的主管部门为中国科学技术协会，业务指导部门为财政部，接受社团组织登记管理机关国家民政部的监督管理。业务范围主要是：培训认证、理论研究、信息交流、书刊编辑、国际合作、咨询服务等。在全国已有北京市、上海市、重庆市、浙江省、湖南省、江苏省等建立了 22 家地方总会计师协会，已有会员 9 000 多人。

总会计师协会自成立以来，致力于提高总会计师队伍的服务质量，积极参与《公司法》、《会计法》、《总会计师条例》等与总会计师工作密切相关财经法规的制定与实施；组织对新会计准则的实施情况调研，组织对中国总会计师体制、机制以及队伍管理现状调查，为国家决策部门献计献策；积极推动地方总会计师协会建设，着力加强分会建设与管理，提高对会员的服务质量；适应社会主义市场经济对企业高层财务人才的需要，组织进行企业高层财务管理职业资格认证，为企业总会计师和高层财务负责人等培育后备队伍；通过各种不同类型的境内外培训与教育活动，完善总会计师培训教材体系，努力提高企业总会计师、财务负责人的业务素质和履职能力与水平；开展科研、境内外考察与交流、高层财会论坛等各种不同类型活动，组织总会计师进行系统研究提高科研能力并评选优秀论文，拓宽总会计师们的工作视野，增强总会计师队伍的凝聚力。

三、单位内部的会计工作管理

财政部门对会计工作的管理是一种社会管理活动。单位作为法人独立进行的会计工作管理属于单位内部的管理活动。会计人员具体从事会计工作，由所在单位负责组织管理。单位内部会计工作管理主要包括单位会计工作的组织领导、会计机构的设置和会计人员的选拔任用以及建立会计人员的回避制度等。

（一）单位负责人的职责

《会计法》第四条规定："单位负责人对本单位的会计工作和会计资料的真实性、完整性负责。"这一规定明确了单位负责人在单位会计工作管理中的权利和责任。单位负责人是单位法定代表人或者法律、行政法规规定代表单位行使职权和主要负责人。根据单位的不同性质，单位负责人具体包括两类：一是单位的法定代表人（也称法人代表），是指依法代表法人单位行使职权的主要负责人，如国有企业的厂长（经理）、公司制企业的董事长（执行董事或经理）、国家机关的最高行政官员等；二是根据法律、行政法规规定代表非法人单位行使职权的负责人，如代表合伙企业执行合伙企业事务的合伙人、个人独资企业的投资人等。单位负责人是单位的会计责任主体，并不是说要事必躬亲、直接代替会计人员办理会计事务，更主要的是认真组织好、管理好本单位的会计核算和监督工作，保证会计机构和会计人员依法履行职责。

（二）会计机构的设置

《会计基础工作规范》规定，各单位应当根据会计业务的需要设置会计机构；不具备单独设置会计机构条件的，应当在有关机构中设置专职会计人员；如果一个单位既没有设置会计机构，也没有配备专职会计人员，则应当根据财政部发布的《代理记账管理暂行办法》的要求，委托会计师事务所或者持有代理记账许可证书的其他代理记账机构进行代理记账。会计机构的设置是单位进行会计工作组织和管理的基础,是单位会计工作有序进行的保障。

(三) 会计人员的选拔任用

对会计人员的选拔任用是会计工作管理的一个重要内容。一方面财政部对从事会计工作人员的相关资格条件进行统一规定,如从事会计工作的人员应当具备从事会计工作所需要的专业能力,担任单位会计机构负责人(会计主管人员)的,应当具备会计师以上专业技术职务资格或者从事会计工作三年以上经历。另一方面,会计人员取得相关资格或符合有关条件后,能否具体从事相关工作,由所在单位自行决定。单位根据法律、法规的规定选拔任用本单位的会计人员,负责对他们进行管理和监督。

(四) 会计人员的回避制度

回避制度是指为了保证执法或者执业的公正性,对可能影响其公正执法或者执业的人员实行职务回避和业务回避的一种制度。

《会计基础工作规范》规定,国家机关、国有企业、事业单位任用会计人员应当实行回避制度。单位负责人的直系亲属不得担任本单位的会计机构负责人、会计主管人员;会计机构负责人、会计主管人员的直系亲属不得在本单位会计机构中担任出纳工作。根据规定,需要回避的直系亲属包括夫妻关系、直系血亲关系(父母子女、祖父母、外祖父母和孙子女、外孙子女)、三代以内旁系血亲(兄弟姐妹、叔侄等)以及近姻亲关系(岳父岳母和女婿,公婆和儿媳等)。

【例1-3】国有企业、私营企业和事业单位任用会计人员都应当实行回避制度。( )

答案: ×

解析: 国家机关、国有企业和事业单位任用会计人员实行回避制度,对于私营企业没有明确的限定。

第三节 会计核算

会计人员的职能包括会计核算和会计监督,而其中,会计核算是整个会计工作的基础,也是会计人员实施监督的前提。会计核算是指以货币为主要的计量单位,运用专门的方法,对特定主体一定时期的经济活动进行确认、记录、计量和报告的过程。为了规范会计人员的核算行为,会计法律制度中作出了具体明确的要求。

一、总体要求

（一）会计核算的依据

根据《会计法》第九条的规定："各单位必须根据实际发生的经济业务事项进行会计核算，填制会计凭证，登记会计账簿，编制财务会计报告。任何单位不得以虚假的经济业务事项或者资料进行会计核算。"以实际发生的经济业务事项为依据进行会计核算，是会计核算的重要前提，是填制会计凭证、登记会计账簿的基础，是编制财务会计报告的基础，是保证会计资料质量的关键。

（二）对会计核算的基本要求

1. 会计资料的生成和提供必须符合国家统一的会计准则制度的规定。

《会计法》第十三条第一款规定："会计凭证、会计账簿、财务会计报告和其他会计资料，必须符合国家统一的会计制度的规定。"会计资料的真实性和完整性，是会计资料最基本的质量要求，是会计工作的生命。而为了实现这一目标，整个会计资料从生成到对外提供的全过程均应严格控制，符合法律法规的要求。

2. 提供虚假的会计资料是违法行为。

《会计法》第十三条第三款规定："任何单位和个人不得伪造、变造会计凭证、会计账簿及其他会计资料，不得提供虚假会计报告。"所谓"伪造"会计资料，包括伪造会计凭证、会计账簿及其他会计资料，是指以虚假的经济业务事项为前提编造不真实的会计凭证、会计账簿及其他会计资料，即无中生有；所谓"变造"会计资料，包括变造会计凭证、会计账簿及其他会计资料，是指用涂改、挖补等手段来改变会计凭证的真实内容，歪曲事实真相的行为，即篡改事实。伪造、变造会计凭证、会计账簿及其他会计资料，提供虚假会计报告是一种违法行为，要承担相应的法律责任。

【例1-4】下列各项中，属于伪造会计凭证行为的是（　　）。

A. 销售部门转来一张购货发票，原金额计算有误，出票单位已作更正并加盖出票单位公章

B. 某业务员将购货发票上的金额50万元，用"消字灵"修改为100万元报账

C. 企业某现金出纳将一张报销凭证上的金额8 000元涂改为10 000元

D. 某公司为一客户虚开销货发票一张，并按票面金额的5%收取好处费

答案：D

解析：伪造会计账簿指以虚假的经济业务事项为前提编造不真实的会计凭证、会计账簿及其他会计资料，即无中生有。选项A，属于原始凭证金额错误，应重开；选项B、C属于变造会计凭证的行为。

二、会计凭证

会计凭证是指记录经济业务发生或者完成情况的书面证明,是登记账簿的依据。每个企业都必须按一定的程序填制和审核会计凭证,根据审核无误的会计凭证进行账簿登记,如实反映企业的经济业务。《会计法》对会计凭证的种类、取得、审核、更正等内容进行了规定。

会计凭证包括原始凭证和记账凭证,填制、审核原始凭证是会计核算工作的首要环节。

(一) 原始凭证

1. 原始凭证的填制或取得

原始凭证,又称单据,是指在经济业务事项发生、完成时取得或填制的,用来表明经济业务事项已经发生和完成情况,明确经济责任,作为记账原始依据的一种会计凭证。

一张原始凭证上的基本要素包括:原始凭证的名称、填制原始凭证的日期、接受原始凭证单位名称、经济业务内容(含数量、单价、金额等)、填制单位和经办人员签章等。

原始凭证是进行会计核算的原始资料和重要依据,要做到每一笔会计事项都有凭据,这是会计核算最基本的规范。因此,《会计法》规定,办理需要进行会计核算的经济业务事项,必须填制或取得原始凭证并及时送交会计机构,时间上最迟不应超过一个会计结算期。

2. 原始凭证的审核

《会计法》对原始凭证的审核做了具体规定,主要包括三个方面:一是会计机构、会计人员对原始凭证的审核以合法、真实、准确、完整为基本标准。二是会计机构、会计人员审核原始凭证的具体程序、要求,应当符合国家统一的会计制度规定,会计机构、会计人员应当据此执行。三是会计机构、会计人员对不真实、不合法的原始凭证,有权不予受理,并向单位负责人报告;对记载不准确、不完整的原始凭证予以退回,并要求经办人员按照国家统一的会计制度的规定进行更正、补充。

3. 原始凭证的错误更正

为了明确相关人员的经济责任,防止利用原始凭证舞弊,原始凭证记载的各项内容均不得涂改,一经涂改即为无效凭证,不能作为填制记账凭证或登记会计账簿的依据。原始凭证开具单位应当依法开具准确无误的原始凭证,对于填制有误的原始凭证负有更正和重新开具的义务,不得拒绝。原始凭证有错误的,应当由出具单位重开或者更正,更正处应当加盖出具单位印章。原始凭证金额有错误的,不得更正,应当由出具单位重开。

（二）记账凭证

记账凭证，又称记账凭单，是指会计人员根据审核无误的原始凭证，按照经济业务的内容加以归类，并据以确定会计分录后所填制的会计凭证，作为登记账簿的直接依据。记账凭证在会计资料的形成过程中，具有便于记账、减少差错、保证记账质量的作用，是原始凭证所记载的内容向会计账簿传递的重要中间环节。

1. 记账凭证的填制

记账凭证具有分类归纳原始凭证和满足登记会计账簿需要的作用，为此《会计法》第十四条第五款规定："记账凭证应当根据经过审核的原始凭证及有关资料编制。"此规定突出强调了两个方面：一是记账凭证必须以原始凭证及有关资料为编制依据；二是作为记账凭证编制依据的原始凭证和有关资料必须经过审核无误，以保证记账凭证质量。

2. 记账凭证的审核

作为登记账簿的重要依据，为了保证记账凭证的正确性，经过编制的记账凭证也需要进行审核。审核的内容主要包括：编制依据是否真实，填写项目是否齐全，科目是否正确，金额计算是否正确，书写是否清楚等。

实行电算化的单位，同样需要对机制记账凭证进行严格审核，做到会计科目使用正确，数据正确无误。打印出来的机制记账凭证要加盖制单人员、审核人员、记账人员及会计机构负责人、会计主管人员印章或者签字。

三、会计账簿

（一）会计账簿的概念和种类

会计账簿是指由一定格式的账页组成的，以经过审核的会计凭证为依据，全面、系统、连续地记录各项经济业务的簿籍。会计账簿按照用途可以分为总账、明细账、日记账和其他辅助账簿。

1. 总账

又称总分类账，是根据会计科目设置，用于分类登记单位的全部经济业务事项，提供资产、所有者权益、资本、费用、成本、收入和利润等总括核算的资料的账簿。总账一般使用订本账和活页账。

2. 明细账

又称明细分类账，是指根据总账科目所属的明细科目设置的，用于分类登记某一类经济业务事项，提供有关明细核算资料的账簿。明细分类账是会计资料形成的基础环节，它可以为了解会计资料的形成提供具体情况和有关线索。明细账一般使用活页账。

3. 日记账

又称序时账，是指按照经济业务事项发生时间的先后顺序，逐笔地进行登记的账簿,包括现金日记账和银行存款日记账。日记账是各单位加强现金和银行存款管理的重要账簿。现金日记账和银行存款日记账必须采用订本式的账簿,不得采用活页式或卡片式账簿,并逐日结出余额。

4. 其他辅助账簿

又称备查账簿,是指无法在上述账簿中登记的经济业务事项进行补充记录的账簿,为备忘备查而设置,主要包括各种租借设备以及物质的辅助登记,应收、应付款项的备查簿或担保、抵押备查簿等。

(二)会计账簿登记的基本要求

根据《会计法》和《会计基础工作规范》的要求,会计账簿的登记应当符合以下的基本要求:

(1)单位必须依据经过审核无误的会计凭证登记会计账簿。

(2)登记会计账簿必须按照记账规则进行。如根据《会计法》的规定:"会计账簿应当按照连续编号的页码顺序登记。会计账簿记录发生错误或者隔页、缺号、跳行的,应当按照国家统一的会计制度规定的方法更正,并由会计人员和会计机构负责人(会计主管人员)在更正处盖章。"

(3)实行会计电算化的单位,其会计账簿的登记、更正,也应当符合国家统一的会计制度的规定。

(4)会计账簿的设置和登记,应当符合有关法律、行政法规和国家统一的会计制度规定。

(5)禁止账外设账。根据《会计法》及其他会计法律法规的规定,各单位只能依法开设一套会计账簿,不得在正规、公开的会计账簿之外私设其他账套,用于登记原本应当纳入法定账簿统一核算的某些经济业务,以达到偷税漏税或资金体外循环等目的的违法行为。通常所讲的私设"小金库""内账"或者"小账"就是指的这种情况。

(三)会计账簿账目核对的要求

对账就是核对账目,是指在会计核算中,为保证账簿记录正确可靠,对账簿中的有关数据进行检查和核对的工作。会计人员应当定期将会计账簿记录的有关数字与相关财产物资、会计凭证和其他会计账簿进行相互核对,以保证账证相符、账账相符、账实相符,对账工作每年至少进行一次。

1. 账实相符

是指各项财产物资、债权债务等账面余额与实有数额之间的相符。如现金日记账需要每天与库存现金之间进行核对。

2. 账证相符

是指会计账簿记录与会计凭证有关内容核对相符,保证账证相符,也是会计核算的基本要求。

3. 账账相符

是指会计账簿记录之间对应记录核对相符的简称。保证具有勾稽关系的账簿之间记录的一致性,这也是会计核算的基本要求。

四、财务报告

财务会计报告应当根据经过审核的会计账簿记录和有关资料编制,由会计报表、会计报表附注和财务情况说明书组成。

(一) 财务报告的构成

1. 财务报表

财务报表是指在日常会计核算资料的基础上按照规定的格式、内容和方法,定期编制的综合反映其某一特定日期财务状况和某一特定日期经营成果、现金流量状况的书面文件。它是对企业财务状况经营成果和现金流量的结构性的表述,是外部信息使用者了解单位运行情况的主要依据之一。

会计报表根据所反映的单位经济内容的不同,又分为资产负债表、利润表、现金流量表和所有者权益变动表四种。

(1) 资产负债表。资产负债表是反映企业在某一特定日期(如年末、季末、月末)的财务状况的会计报表,企业编制资产负债表的目的是如实反映企业的资产负债和所有者权益的金额及其结构情况,从而有助于使用者评价企业资产的质量以及短期偿债能力、长期偿债能力和利润分配能力等。

(2) 利润表。利润表是反映企业在一定会计期间的经营成果的会计报表。企业编制利润表的目的是如实反映企业实现收入发生的费用和应该计入当期利润的利得和损失的金额和结构情况,从而有助于使用者分析评价企业的盈利能力及其构成与质量。

(3) 现金流量表。现金流量表是反映企业在一定会计期间的现金和现金等价物流入流出的会计报表。企业编制现金流量表的目的是如实反映企业各项活动的现金流入流出情况,从而有助于使用者评价企业的现金流量和资金周转情况。

(4) 所有者权益(或股东权益,下同)变动表。所有者权益变动表或股东权益变动表是反映构成所有者权益的各组成部分当前的增减变动情况的会计报表,它反映本期企业所有者权益股东权益总量的增减变动情况,还包括结构变动的情况,特别是要反应直接计入所有者权益的利得和损失。

2. 会计报表附注

会计报表附注即对在财务报表中列示项目所做的进一步说明,以及对未能在这些报表中列示项目的说明。企业编制附注的目的是通过对财务报表本身做补充说明,以更加全面、系统地反映企业财务状况经营成果和现金流量的全貌,从而有助于使用者提供更加有用的决策信息,帮助其做出更加科学合理的决策。

3. 财务情况说明书

财务情况说明书是指会计单位提供的财务情况,至少应当对下列情况作出说明:(1) 企业生产经营的基本情况;(2) 利润实现和分配情况;(3) 资金增减和周转情况;(4) 对企业财务状况、经营成果和现金流量有重大影响的其他事项。

(二) 财务报告的编制

财务会计报告的编制目标是向财务会计报告使用者提供与企业财务状况、经营成果和现金流量等有关的会计信息,反映企业管理层受托责任履行情况,有助于财务会计报告使用者作出经济决策。

财务会计报告应当根据经过审核的会计账簿记录和有关资料编制,并符合《会计法》和国家统一会计制度关于会计报告的编制要求、提供对象和提供期限的规定。

(三) 财务报告的对外提供

单位所编制的财务报告需要定期对外提供,在提供时需要遵循以下的基本要求:

(1) 对外提供的财务会计报告所反映的会计信息应当真实、完整。

(2) 财务会计报告的对外提供期限应当符合法律、行政法规和国家统一的会计制度的规定。具体为:月度财务会计报告应当于月份终了后6天内对外提供;季度财务会计报告应当于季度终了后15天内对外提供;半年度财务会计报告应当于半年度终了后60天内对外提供;年度财务会计报告应当于年度终了后4个月内对外提供。

(3) 国有企业、国有控股的或者占主导地位的企业,应当至少每年一次向本企业的职工代表大会公布财务会计报告,并重点说明有关事项。

(4) 企业依照《企业财务会计报告条例》的规定向有关各方提供的会计报告,其编制基础、依据、原则和方面应当一致。

(5) 财务会计报告须经注册会计师审计的,企业应当将注册会计师及其会计师事务所出具的审计报告随同财务会计报告一并对外提供。

(6) 财务会计报告应当由单位负责人和主管会计工作的负责人、会计机构负责人(会计主管人员)签名并盖章;设置总会计师的单位,还须由总会计师签名并盖章。

(7) 如果发现对外报送的财务会计报告有错误,应当及时办理更正手续。错误较多的,应当重新编报。

【例1-5】 为了满足不同信息使用者的需求,向不同的会计资料使用者提供的财务会计报告其编制依据可以不一致。(   )

答案：×

解析：向不同的会计资料使用者提供的财务会计报告其编制依据应当一致。

（四）财务报告的保管

财务会计报告属于企业重要的会计档案，必须按照有关规定妥善保管。企业和其他组织的月度、季度和半年度财务会计报告的保管期限为 10 年，年度财务会计报告的保管期限为永久。

五、会计档案管理

会计档案是指单位在进行会计核算等过程中接收或形成的，记录和反映单位经济业务事项的，具有保存价值的文字、图表等各种形式的会计资料，包括通过计算机等电子设备形成、传输和存储的电子会计档案。

为了加强会计档案管理，更好地为发展社会主义市场经济服务，财政部和国家档案局颁布了第 79 号令，自 2016 年 1 月 1 日起在全国范围内施行新的《会计档案管理办法》。

（一）会计档案的内容

会计档案内容具体包括以下几类：

（1）会计凭证类：包括原始凭证、记账凭证。

（2）会计账簿类：包括总账、明细账、日记账、固定资产卡片以及其他辅助性账簿。

（3）财务会计报告类：包括月度、季度、半年度、年度财务会计报告。

（4）其他类：包括银行存款余额调节表、银行对账单、纳税申报表、会计档案移交清册、会计档案保管清册、会计档案销毁清册、会计档案鉴定意见书及其他具有保存价值的会计资料。

需要特别指出的是，各单位的预算、计划、制度等文件资料不属于会计档案，而属于文书档案。

（二）会计档案的管理部门

财政部和国家档案局主管全国会计档案工作，共同制定全国统一的会计档案工作制度，对全国会计档案工作实行监督和指导。

县级以上地方人民政府财政部门和档案行政管理部门管理本行政区域内的会计档案工作，并对本行政区域内会计档案工作实行监督和指导。

（三）会计档案的归档

单位的会计机构或会计人员所属机构（以下统称单位会计管理机构）按照归档范围和归档要求，负责定期将应当归档的会计资料整理立卷，编制会计档案保管清册。

(四) 会计档案的移交

1. 单位内部会计档案移交

当年形成的会计档案,在会计年度终了后,可由单位会计管理机构临时保管一年,再移交单位档案管理机构保管。因工作需要确需推迟移交的,应当经单位档案管理机构同意。单位会计管理机构临时保管会计档案最长不超过三年。临时保管期间,会计档案的保管应当符合国家档案管理的有关规定,且出纳人员不得兼管会计档案。

单位会计管理机构在办理会计档案移交时,应当编制会计档案移交清册,详细登记所移交档案的名称、卷号、册数、起止年度、应保管期限、已保管期限等内容。纸质会计档案移交时应当保持原卷的封装。电子会计档案移交时应当将电子会计档案及其元数据一并移交,特殊格式的电子会计档案应当与其读取平台一并移交。单位档案管理机构接收电子会计档案时,应当对电子会计档案的准确性、完整性、可用性、安全性进行检测,符合要求的才能接收。

2. 单位之间会计档案移交

单位之间交接会计档案时,交接双方应当办理会计档案交接手续。交接会计档案时,交接双方应当按照会计档案移交清册所列内容逐项交接,并由交接双方的单位有关负责人负责监督。交接完毕后,交接双方经办人和监督人应当在会计档案移交清册上签名或盖章。

电子会计档案应当与其原数据一并移交,特殊格式的电子会计档案应当与其读取数据平台一并移交。

(五) 会计档案的查阅

单位保存的会计档案一般不得对外借出。确因工作需要且根据国家有关规定必须借出的,应当严格按照规定办理相关手续。借用单位应当妥善保管和利用借入的会计档案,确保借入会计档案的安全完整,并在规定时间内归还。

各单位应当建立健全会计档案查阅、复制登记制度。经本单位负责人批准后,可以提供查阅或者复制,并办理登记手续。查阅或者复制会计档案的人员,严禁篡改和损坏。

(六) 会计档案的保管期限

会计档案的保管期限会计档案的保管期限分为永久和定期两类。定期保管的会计档案期限一般分为10年和30年。会计档案的保管期限,从会计年度终了后的第一天算起。具体期限见表1-1所示。

表 1-1 企业和其他组织会计档案保管期限表

序号	档案名称	保管期限	备注
一、	会计凭证类		
1.	原始凭证	30 年	
2.	记账凭证	30 年	
二、	会计账簿类		
3.	总账	30 年	
4.	明细账	30 年	
5.	日记账	30 年	
6.	固定资产卡片		固定资产报废清理后保管 5 年
7.	其他辅助账簿	30 年	
三、	财务报告类		
8.	月、季度、半年度财务会计报告	10 年	
9.	年度财务报告（决算）	永久	
四、	其他类		
10.	银行存款余额调节表	10 年	
11.	银行对账单	10 年	
12.	纳税申报表	10 年	
13.	会计档案移交清册	30 年	
14.	会计档案保管清册	永久	
15.	会计档案销毁清册	永久	
16.	会计档案鉴定意见书	永久	

（七）会计档案的销毁

单位应当定期对已到保管期限的会计档案进行鉴定，并形成会计档案鉴定意见书。经鉴定，仍需继续保存的会计档案，应当重新划定保管期限；对保管期满，确无保存价值的会计档案，可以销毁。会计档案鉴定工作应当由单位档案管理机构牵头，组织单位会计、审计、纪检监察等机构或人员共同进行。

对于保管期满但未结清债权债务的原始凭证及涉及其他未了事项（如超过会计档案保管期限但尚未报废的固定资产购买凭证等）的原始凭证，不得销毁，应当单独抽出立卷，保管到未了事项完结时为止。单独抽出立卷的会计档案，应当在会计档案销毁清册和会计档案保管清册中列明。此外，正在建设期间的建设单位，其保管期满的会计档案不得销毁，必须妥善保管，等到项目办理竣工决算后按规定的交接手续移交给项目的接手单位进行妥善保管。

经鉴定可以销毁的会计档案，应当按照以下程序销毁：

1. 编制会计档案销毁清册

单位档案管理机构编制会计档案销毁清册，列明拟销毁会计档案的名称、卷号、册数、起止年度、档案编号、应保管期限、已保管期限和销毁时间等内容。

2. 会计档案销毁清册意见签署

单位负责人、档案管理机构负责人、会计管理机构负责人、档案管理机构经办人、会计管理机构经办人在会计档案销毁清册上签署意见。

3. 会计档案的销毁

经过审批的档案，由单位档案管理机构负责组织会计档案销毁工作，并与会计管理机构共同派员监销。监销人在会计档案销毁前，应当按照会计档案销毁清册所列内容进行清点核对；在会计档案销毁后，应当在会计档案销毁清册上签名或盖章。电子会计档案的销毁还应当符合国家有关电子档案的规定，并由单位档案管理机构、会计管理机构和信息系统管理机构共同派员监销。

六、会计核算的其他规定

我国会计法律制度还对会计年度、记账本位币、会计处理方法和会计记录文字等做了明确的规定。

（一）会计年度

会计年度，是指以年度为单位进行会计核算的时间区间，是反映单位财务状况、核算经营成果的时间界限。会计上将连续不断的经营过程人为地划分为若干相等的时段，分段进行结算，分段编制财务会计报告，分段反映单位的财务状况、经营成果及现金流量。这种分段进行会计核算的时间区分，在会计上称为会计期间。《企业财务会计报告条例》规定，会计期间分为年度、半年度、季度和月度。以一年为一个会计期间称为会计年度。小于年度的会计期间（如半年度、季度和月度）称为会计中期。

根据《会计法》规定："会计年度自公历1月1日起至12月31日止。"这一规定表明，我国是以公历年度为会计年度，即每年公历的1月1日起至12月31日止为一个会计年度。

我国的会计年度采用公历制，是为了与我国的财政、计划、统计、税务等年度保持一致，从而便于国家宏观经济管理。各单位按年度提供的会计资料是国家实施宏观调控的重要依据。

（二）记账本位币

记账本位币是登记会计账簿和编制财务会计报告时用以计量的货币，也就是单位主要会计核算业务所使用的货币，根据《会计法》第十二条的规定："会计核算以人民币为记账本位币。业务收支以人民币以外的货币为主的单位,可以选定其中一种货币作为记账本位币,但是编报的财务会计报告应当折算为人民币。"这是对我国记账本位币的法律规定。

我国境内的会计核算,应该以人民币为记账本位币。人民币是我国的法定货币,在我国境内具有广泛的流通性,以人民币作为记账本位币具有广泛的适应性,便于会计信息口径的一致。同时,也是国家主权的重要体现。

随着经济日益全球化,我国对外国的投资和对外贸易也日益增多,这就涉及两种或两种以上的货币的业务往来。为了便于这些单位对外开展业务,简化会计核算手续,方便我国境内财务会计报告使用者的阅读和使用,也便于税务、工商等部门通过财务会计报告计算应缴税款和进行工商年检,《会计法》规定可以选定其中一种货币作为记账本位币。但是,在选择人民币以外的货币作为记账本位币时,必须遵循"业务收支以人民币以外的货币为主"的原则,而且记账本位币一旦确定,不得随意变动。但是,在编报的财务会计报告时应当折算为人民币。

【例1-6】根据会计法规定,下列关于会计核算中记账本位币的说法中正确的是(   )。

A. 业务收支用人民币以外的货币的企业,可以选定其中一种货币作为记账本位币
B. 企业可以随意选用会计核算中的记账本位币
C. 业务收支以人民币以外的货币为主的单位,可以选定两种或以上货币作为记账本位币
D. 记账本位币一经选定,不得随意变动

答案:D

解析:业务收支以人民币以外的货币为主的企业,可以选定其中一种货币作为记账本位币。记账本位币一旦确定,不得随意变动。

(三) 会计处理方法

会计处理方法是指会计核算中所采用的具体方法,通常包括:收入确认方法、企业所得税的会计处理方法、存货计价方法、坏账损失的核算方法、固定资产折旧方法、编制合并会计报表的方法、外币折算的会计处理方法等。采用不同的会计处理方法,都会影响会计资料的一致性和可比性,进而影响会计资料的使用。

因此,《会计法》和国家统一的会计制度规定,各单位采用的会计处理方法,前后各期应当一致,不得随意变更;确有必要变更的,应当按照国家统一的会计制度规定变更,并将变更的原因、情况及影响在财务会计报告中说明。

(四) 正确使用会计记录文字

会计记录所使用的文字，是正确进行会计核算和表述各种会计资料的重要媒介。会计资料作为一种商业语言和信息资源，必须规范统一，而对会计资料起辅助说明作用的会计记录文字也必须通用，为广大资料使用者所熟悉。

在我国，中文是法定的官方语言文字。根据《会计法》第二十二条的规定："会计记录的文字应当使用中文。在民族自治地方，会计记录可以同时使用当地通用的一种民族文字。在中华人民共和国境内的外商投资企业、外国企业和其他外国组织的会计记录可以同时使用一种外国文字。"

这一规定表明，我国境内所有国家机关、社会团体、公司、企业、事业单位和其他组织的会计记录文字都应当使用中文；为了方便使用不同文字的人阅读会计资料，我国民族自治地方和境内的外国企业和组织可以在使用中文的前提下，选用其他一种文字——当地通用的民族文字或外国文字，作为会计记录文字。也就是说，使用中文是强制性的，使用其他文字是备选的，不能理解为可以使用中文，也可以使用其他通用文字。

第四节　会计监督

狭义的会计监督是指单位内部会计监督，即会计人员对单位经济活动的真实性、合法性、合理性所进行的审查，是会计的另一项基本职能。广义的会计监督在单位内部会计监督的基础上增加了政府监督和社会监督，它们是对单位内部会计监督的再监督。

我国《会计法》以法律的形式确立了与社会主义市场经济相适应的"三位一体"的会计监督体系。"三位"是指会计监督体系包括了三个层次：单位内部会计监督、政府监督和社会监督；"一体"是指各层次监督之间互相联系、相互协调形成一个有机整体。

单位内部会计监督的本质是内部控制，是内部管理的重要组成部分，也是政府监督和社会监督有效进行的基础；社会监督是对单位内部监督的再监督，其特征是监督行为的独立性和有偿性；政府监督是对单位内部监督和社会监督的再监督，是社会监督有效进行的保证，其特征是强制性和无偿性。

一、单位内部会计监督

(一) 单位内部会计监督的概念与要求

单位内部会计监督是指会计机构、会计人员依照法律的规定，通过会计手段对经济活动的合法性、合理性和有效性进行的一种监督。它是内部控制制度的重要组成部分,各单位应当建立健全本单位的内部会计监督制度。

1. 单位内部会计监督主体和对象

会计监督主体是指会计监督工作的实施者,监督的对象则是监督的具体内容。《会计法》规定各单位的会计机构、会计人员对本单位的经济活动实行会计监督。这一规定指明了单位内部会计监督的主体是各单位的会计机构和会计人员,而监督的对象就是本单位的经济活动。实施会计监督是会计职能的一个方面,是会计机构和会计人员除核算外的另一项重要的工作。

当然,内部会计监督不仅仅是会计机构、会计人员的事,单位负责人也应当积极支持,保证会计机构、会计人员更好地行使其监督权。根据《会计法》规定,单位负责人负责单位内部会计监督制度的组织实施,对本单位内部会计监督制度的建立及有效实施承担最终责任。

2. 单位内部会计监督制度的基本要求

会计监督的实施前提在于一套完善的会计监督制度的构建,单位必须牢牢遵循合法性、适应性、规范性及科学性的基本原则来完成建设工作,以保证内部会计监督制度适应管理的要求。

会计监督制度在具体设计时,应符合下列要求:

(1) 明确经济业务事项或会计事项相关人员的职责权限相互分离、相互制约。

《会计法》第二十七条规定:"记账人员与经济业务事项或会计事项的审批人员、经办人员、财务保管人员的职责应当明确,并相互分离、相互制约。"为此,单位在进行人员的岗位分工时要充分考虑职务分离,记账人员不得同时兼任经济事项、会计事项的审批、经办工作,以防止职务重叠,当自己监督自己时,往往监督是无效的。不仅如此,记账人员与其他人员之间还应当相互制约。职务分离是相互制约的前提条件,在职务分离的基础上,通过赋予各职务岗位人员具体的职责,从而达到相互制约的目的,将失误、舞弊等问题控制到最低。

【例1-7】某单位出纳人员兼管应收账款的登记工作,该做法违反了(   )。

A. 会计机构内部稽核制度的规定
B. 会计机构内部牵制制度的规定
C. 会计岗位责任制的规定
D. 会计社会监督制度的规定

答案:B

解析:根据内部牵制制度的要求,出纳人员不得兼任稽核、会计档案保管和收入、支出、费用、债权债务账目登记工作。

(2) 明确对外投资、资产处置、资金调度和其他重大经济业务事项的决策和执行的相互监督、相互制约的程序。

《会计法》第二十七条规定："重大对外投资、资产处置、资金调度和其他重大经济业务事项的决策和执行的相互监督、相互制约的程序应当明确。"重大对外投资、资产处置、资金调度等经济业务事项，既是各单位重大的经济活动，也是重要的财务管理问题。盲目对外投资、擅自处理资产或随意调度资金不仅影响国家、单位和社会公众的利益，也会削弱会计管理职能本身，使会计秩序和会计信息质量受到损害。

（3）明确财产清查的范围、期限和组织程序。

财产清查制度是对单位各项财产物资、货币资金、债权债务进行定期或不定期的盘点，将其与账簿记录进行核对，以保证实存数和账面数相符的一种会计方法，它是会计人员实现监督的重要手段，是保护财产的安全完整的必要途径。

财产清查制度的建立健全依赖于财产清查范围、期限和组织程序的明确。从实施清查的时间上来看，既可定期也可不定期，但在编报年度财务会计报告前，必须进行，以确保财务报告上数据的真实性；从清查的范围上，既可全面进行也可局部进行，这与单位的管理需要相关。在财产清查时，当出现账实不符，除了进行账簿上的调整，使账实相符外，还应查明不符的原因和责任，查找管理上的漏洞。

（4）明确对会计资料定期进行内部审计的办法和程序。

内部审计是单位的内部审计机构所实施的审计和评价活动，它着眼于单位内部控制的有效性、财务信息的真实、完整性以及经营活动的效率效果，是单位内部控制的一个组成部分，又是内部控制的一种特殊形式。

完整的内部审计根据审计对象的不同分为内部财务审计和内部经营管理审计两种。其中，内部财务审计是对会计工作和会计资料所实行的控制和监督。《会计法》明确规定，"对会计资料定期进行内部审计的办法和程序应当明确。"也就是说，在单位内部应当有除会计机构、会计人员以外的专门机构和人员对会计资料进行再监督，而设置了内部审计机构或人员的单位，该项工作交由内部审计机构或人员进行。没有设置的单位，可由其他负责监督的机构、人员进行，如公司制企业的监事会。

3. 会计机构和会计人员在单位内部会计监督中的职责

会计机构和会计人员是单位内部会计监督的主体，其具体的监督职责在《会计法》第二十八至三十一条中做了明确规定：

（1）依法开展会计核算和监督，对违反《会计法》和国家统一的会计制度规定的会计事项，有权拒绝办理或者按照权职予以纠正。

会计机构和会计人员在处理会计业务中实施监督，可以有效防范单位违法行为的发生。对违法行为应当制止和纠正，当制止和纠正无效时，应及时向单位领导人提出书面意见请求处理。

为了确保会计机构、会计人员依法行使职权，单位内外相关方面都有责任给予支持，不得阻碍，更不得违法干预。《会计法》也规定，任何单位或者个人不得对依法履行职责、抵制违反本法规定行为的会计人员实行打击报复。

在会计监督方面，单位负责人也负有义务：其一，应当保证会计机构、会计人员依法履行职责；其二，不得授意、指使、强令会计机构、会计人员违法办理会计事项。即，单位负责人一方面要坚决支持会计人员依法履行职责；另一方面，单位负责人自己也不得非法干涉会计机构、会计人员行使职权。

（2）对单位内部会计资料和财产物资实施监督。

为保证会计资料的真实、完整，会计机构和会计人员必须对单位内部的会计资料和财产物资实施监督。各单位应当定期将会计账簿记录与实物、款项及有关资料互相核对，保证会计账簿记录与实物及款项的实有数额相符。对账实不符的，应及时做出处理。《会计法》第二十九条规定，"会计机构、会计人员发现会计账簿记录与实物、款项及有关资料不相符的，按照国家统一的会计制度的规定有权自行处理的，应当及时处理；无权处理的，应当立即向单位负责人报告，请求查明原因，作出处理。"

（二）内部控制

1. 内部控制的概念

内部控制是指一个单位为了实现其经营目标，保护资产的安全完整，保证会计信息资料的正确可靠，确保经营方针的贯彻执行，保证经营活动的经济性、效率性和效果性而在单位内部采取的自我调整、约束、规划、评价和控制的一系列方法、手段与措施的总称。

对企业而言，内部控制是指企业董事会、监事会、经理层和全体员工实施的，旨在实现控制目标的过程。对行政事业单位而言，内部控制是指单位为了实现控制目标，通过制定制度、实施措施和执行程序，对经济活动的风险进行防范和管控。

国家先后颁布了《企业内部控制基本规范》（自2009年7月1日起实施。）和《行政事业单位内部控制规范（试行）》（自2014年1月1日起施行），以加强和规范企业和行政事业单位的内部控制，提高其管理水平和风险防范能力。

2. 内部控制的目标

针对企业和行政事业单位，进行内部控制的目标有所差异，其中，企业内部的控制目标主要包括：合理保证企业经营管理合法合规、资产安全、财务报告及相关信息真实完整，提高经营效率和效果，促进企业实现发展战略。

而行政事业单位内部控制的目标则主要包括：合理保证单位经济活动合法合规、资产安全和使用有效、财务信息真实完整、有效防范舞弊和预防腐败，提高公共服务的效率和效果。

3. 内部控制的原则

企业、行政事业单位建立与实施内部控制，应遵循以下原则：

（1）全面性原则。即内部控制应当贯穿决策、支持性和监督全过程，覆盖企业及其所属单位的各种业务事项。

（2）重要性原则。即内部控制应当在全面的基础上，关注重要业务事项和高风险领域。

（3）制衡性原则。即内部控制应当在治理结构、机构设置即权责分配、业务流程等方面形成相互制约、相互监督，同时兼顾运营效率。

（4）适应性原则。即内部控制应当与企业经营规模、业务范围、竞争状况和风险水平等相适应，并随着经营情况和市场环境的变化而调整。

（5）成本效益原则。即内部控制应当权衡实施成本与预期效益，以适当的成本实现有效的控制。该原则主要针对企业而言。

4. 内部控制的责任人

内部控制的建立与实施离不开明确的责任主体和明晰的职责划分，而对于企业和行政事业单位其责任人有所不同：

对企业而言，董事会负责内部控制的建立健全和有效实施；监事会对董事会建立与实施内部控制进行监督；经理层负责组织领导企业内部控制的日常运行。企业应当成立专门机构或者指定适当的机构具体负责组织协调内部控制的建立实施及日常工作。

对行政事业单位而言，单位负责人对本单位内部控制的建立健全和有效实施负责。单位应当建立适合本单位实际情况的内部控制体系，并组织实施。

只有各部门各人员各司其职，充分配合，才能保证整个内部控制体系的有效运转。

5. 内部控制的内容

（1）企业内部控制的内容。企业建立与实施有效的内部控制，应当包括下列要素：

①内部环境。内部环境一般包括治理结构、机构设置及权责分配、内部审计、人力资源政策、企业文化等，内部控制环境的打造是企业实施内部控制的基础。

②风险评估。风险评估是企业识别、系统分析经营活动中与实现内部控制目标相关的风险，合理确定风险应对策略。

③控制活动。控制活动是企业根据风险评估结果，采用相应的控制措施，将风险控制在可承受的范围之内。控制措施一般包括：不相容职务分离控制、授权审批控制、会计系统控制、财产保护控制、预算控制、运营分析控制和绩

效考评控制等。

④信息与沟通。信息与沟通是企业及时、准确地收集、传递与内部控制相关的信息，确保信息在企业内部、企业与外部之间进行有效沟通。

⑤内部监督。内部监督是企业对内控建立与实施情况进行的监督检查，评价内部控制的有效性，发现内部控制的缺陷，并及时改善。

（2）行政事业内部控制的内容。行政事业单位建立与实施内部控制的具体工作包括：梳理单位各类经济活动的业务流程，明确业务环节，系统分析经济活动风险，确定风险点，选择风险应对策略，在此基础上根据国家有关规定建立健全单位各项内部管理制度并督促相关工作人员认真执行。

6. 内部控制的控制方法

（1）企业内部控制的方法。

①不相容职务分离控制。不相容职务是指那些如果由一个人担任，既可能发生错误和舞弊行为，又可能掩盖其错误和弊端行为的职务。如出纳与记账、业务经办与业务审批、业务审批与记账、财务保管与记账、业务操作与业务审核等。不相容职务分离的核心是"内部牵制"，它要求每项经济业务都要经过两个或两个以上的部门或人员的处理，使得单个个人或部门的工作必须与其他个人或部门的工作相一致或相联系，并受其监督和制约。

②授权审批控制。授权审批控制要求单位明确规定涉及会计及相关工作的授权批准的范围、权限、程序、责任等内容，单位内部的各级管理层必须在授权范围内行使职权、承担责任，经办人员也必须在授权范围内办理业务。

③会计系统控制。会计系统控制要求单位根据《会计法》和国家统一会计制度，制定适合本单位的会计制度，明确会计凭证、会计账簿和财务会计报告的处理程序，建立和完善会计档案保管和会计工作交接办法，实行会计人员岗位责任制，充分发挥会计监督的职能。

④财产保护控制。财产保护控制要求单位限制未经授权人员对财产的直接接触，同时，采取定期盘点、财产记录、账实核对、财产保险等措施，确保各种财产的安全完整。

⑤预算控制。预算控制要求单位建立预算管理制度，加强预算编制、执行、分析、考核等环节的管理，明确预算项目，建立预算标准，规范预算环节，及时分析和控制预算差异，采取改进措施。预算内资金实行责任人限额审批，限额以上资金实行集体审批。严格控制无预算的资金支出。

⑥运营分析控制。要求企业建立运营情况分析制度，综合运用生产、购销、投资、筹资、财务等方面的信息，通过因素分析、对比分析、趋势分析等方法，定期开展运行分析，发现存在的问题，及时查明原因并加以改进。

⑦绩效考评控制。绩效考评控制要求企业科学设置业绩考核指标体系，对

照预算指标、盈利水平、投资回报率、安全生产目标等方面的业绩指标，对各部门和员工当期业绩进行考核和评价，通过奖惩强化对各部门和员工的激励和约束。它是解决企业内部控制公平性的必要条件。

（2）行政事业单位内部控制的方法。

行政事业单位的内部控制方法与企业的内部控制方法有着很多的相似点，如岗位设置时都强调不相容职务分离的控制；上下级之间实施内部授权审批控制；预算控制贯穿单位经济活动的全过程；同样强化财产保护控制，确保资产安全完整；同样突出会计控制的地位，要求加强会计机构建设，提高会计人员的业务水平等。除此以外，行政事业单位内部控制的方法上也有一些自身独有的特点：

①归口管理。归口管理要求单位根据自身实际情况，按照权责对等的原则，成立联合工作小组并确定牵头部门及牵头人员等，对有关经济活动实行统一管理。

②单据控制。单据控制要求单位根据国家有关规定和单位的经济活动业务流程，在内部管理制度中明确界定各项经济活动所涉及的表单和票据，要求相关工作人员按照规定填制、审核、归档、保管单据。

③信息内部公开。信息内部公开要求单位建立健全经济活动相关信息内部公开制度，根据国家有关规定和单位的实际情况，确定信息内部公开的内容、范围、方式和程序。

（三）内部审计

1. 内部审计的概念

内部审计是指单位内部的一种独立客观的监督和评价活动，它通过单位内部独立的审计机构和审计人员审查和评价本部门、本单位财务收支和其他经营活动以及内部控制的适当性、合法性和有效性来促进单位目标的实现。内部审计机构设置在企业或单位内部，是站在独立公正的立场上对本部门、本单位的财政财务收支和其他经济活动进行的事前、事后的审查评价，它是为加强管理而进行的一项内部经济监督工作。

2. 内部审计的内容

内部审计的内涵在不断发展，内部审计的内容也是一个不断发展变化的范畴，目前，其主要内容包括：财务审计、经营审计、经济责任审计、管理审计和风险管理等。

（1）财务审计，即按照规定的程序和方法对单位资产、负债、损益的真实、合法、有效进行审计监督，对会计报表反映的会计信息依法作出客观、公正的评价，其目的是揭露和反映企业资产负债构成和盈利亏损的真实情况。

（2）经营审计，即经济性、效率性、建设性的审计，经营审计要对企业生产、经营、管理的全过程进行审计。其任务是揭露经营管理过程中存在的问题和薄弱环节，探求堵塞漏洞、解决问题的有效途径，提高改善经营管理、提高经济效益的措施。

（3）经营责任审计，即对经济责任人所承担的经济责任的执行情况进行审计。内部审计人员进行的经济责任审查是结合日常的财务审计及经营审计进行的，侧重于对经营责任目标完成情况的审查。

（4）管理审计，即以计划、组织、决策和控制等管理职能为对象的一种经济效益审计。它通过对各种管理职能的健全性和有效性的评估，考查管理水平的高低、管理素质的优劣以及管理活动的经济性、效率性，并针对管理中所存在的问题，提出改进建议和意见。

（5）风险管理，即对影响组织目标实现的各种不确定性事件进行识别与评估，并采取应对措施将其影响控制在可接受范围内的过程。风险管理旨在为组织目标的实现提供合理保证，包括风险识别、风险评估、风险应对三个阶段。

3. 内部审计的特点与作用

内部审计的执行机构和人员都设在本单位内部，专门执行审计监督的职能，审计的内容更侧重于经营成果是否有效、各项制度是否得到遵守与执行，不承担其他经营管理工作。内部审计具有以下特点：

（1）审计机构和审计人员都设在各单位内部。相对于外部审计来讲，内部审计在机构设置上隶属于单位内部，为本单位服务。

（2）审计的内容更侧重于经营过程是否有效、各项制度是否得到遵守与执行。

（3）服务的内向性和相对独立性。所谓服务的内向性是指内部审计机构直接隶属于部门、单位最高管理当局，一般在本单位主要负责人领导下进行工作，只向本单位领导负责。而相对独立性则是指内部审计在部门、单位内部保持组织上的独立地位，在行使审计监督职责和权限时，内部各级组织不得干预。

（4）审计结果的客观性和公正性较低，并且以建议性意见为主。内部审计机构设在单位内部，其独立性上的欠缺使得它所出具的审计报告在客观性和公正性上相对较低，一般只供部门、单位内部使用，且以建议性意见为主，在社会上不起公正作用。

内部审计在单位内部会计监督制度中的重要作用体现在以下三个方面：

（1）预防保护作用。内部审计机构通过会计部门工作的再监督，有助于强化单位内部管理控制制度，及时发现问题，纠正错误，堵塞管理漏洞，减少损失，保护资产的安全与完整，提高会计资料的真实性、可靠性。

（2）服务促进作用。作为企业内部的一个职能部门，内部审计人员更加熟悉企业的经营活动和经营特点，利用其专业特长，内部审计可在企业改善管理、挖掘潜力、降低生产成本、提高经济效益等方面起到积极的促进作用。

（3）评价鉴证作用。内部审计是经营管理分权制的产物。内部审计可以对各部门活动作出客观、公正的审计结论和意见，发挥其评价、鉴证的作用。

当然，要提高内部审计作用的发挥效果，一方面要加强内部审计的行业自律与引导，另一方面企业的管理当局要赋予内部审计机构足够的权力。

二、会计工作的政府监督

（一）政府监督的概念

会计工作的政府监督主要是指财政部门代表国家对有关单位和单位中相关人员的会计行为实施的监督检查，以及对发现的违法会计行为实施行政处罚。政府监督是一种外部监督，该项监督以我国相关法律法规为依据，是我国经济监督体系的一个重要方面，它与单位内部会计监督相辅相成。

根据《会计法》规定，县级以上地方各级人民政府财政部门是政府监督的主体，对本行政区域内各单位的会计工作实施监督检查，并依法对违法会计行为进行行政处罚。

财政部门实施会计监督检查，可以在被检查单位的业务场所进行，必要时，经财政部门负责人批准，也可以将被检查单位以前会计年度的会计凭证、会计账簿、财务会计报告和其他有关资料调回财政部门检查，但须由组织检查的财政部门向被检查单位开具调用会计资料清单，并在3个月内完整退还。

除财政部门以外，审计、税务、人民银行、银行监管、证券监管、保险监管等部门应当依照有关法律、行政法规规定的职责和权限，可以对有关单位的会计资料实施监督检查。但他们的检查与财政部门实施的会计监督在监督范围、监督目的上有所差异。在政府监督中，财政部门可以对所有单位进行监督，其目的是规范会计行为、保证会计资料的真实完整，对于被检查单位及相关人员的违法行为，可根据《会计法》作出相应处罚。而审计、税务、人民银行、银行监管、证券监管、保险监管等部门则只能按照法律、行政法规的授权和部门的职责，从行业管理、履行职责的角度出发，对有关单位的会计资料实施监督检查，不能超越既定权限。如，税务机关一般只针对纳税人和扣缴义务人的账簿、记账凭证、报表等有关资料进行监督检查；证券监督管理部门只针对证券发行人、上市公司、证券公司、证券投资基金管理公司、证券服务机构、证券交易所等的会计资料进行监督检查；审计部门，这里主要是政府审计，只能对行政事业单位、国有金融机构、国有企业等单位的会计资料进行监督检查，对于被审计单位不直接涉及财政收支和财务收支的会计违法行为，审计机关无权作出处罚，而应移送财政部门处理。

各单位必须依照有关法律、行政法规的规定，接受有关部门依法实施的监督检查，如实提供会计凭证、会计账簿、财务会计报告和其他会计资料以及有关情况，不得拒绝、隐匿、谎报。同时，实施监督检查的部门及其工作人员，对在监督检查过程中知悉的国家秘密和商业秘密负有保密义务。

（二）财政部门会计监督的主要内容

根据《会计法》的规定，财政部门对各单位实施的会计监督检查主要包括以下几个方面：

1. 对单位依法设置会计账簿的检查

对各单位依法设置会计账簿的监督检查具体包括：（1）应当设置会计账簿的是否按规定设置；（2）是否存在违反《会计法》和国家统一的会计制度的规定私设会计账簿的行为；（3）是否存在伪造、变造会计账簿的行为；（4）设置会计账簿是否存在其他违反法律、行政法规和国家统一会计制度的行为。

2. 对单位会计资料的真实性、完整性的监督检查

对单位会计资料真实性、完整性的监督检查具体包括：（1）应当办理会计手续，进行会计核算的经济业务事项是否如实在会计凭证、会计账簿、财务会计报告和其他会计资料上反映；（2）填制的会计凭证、登记的会计账簿、编制的财务会计报告与实际发生的经济业务事项是否相符；（3）财务会计报告是否符合法律、行政法规和国家统一的会计制度的要求；（4）其他会计资料是否真实、完整等。

3. 对单位会计核算情况的监督检查

对单位会计核算情况的监督检查具体包括：（1）采用会计年度、使用记账本位币和会计记录文字是否符合法律、行政法规和国家统一的会计制度的规定；（2）填制或者取得原始凭证、编制记账凭证、登记会计账簿是否符合法律、行政法规和国家统一的会计制度的规定；（3）财务会计报告的编制程序、报送对象和报送期限是否符合法律、行政法规和国家统一的会计制度的规定；（4）会计处理方法的采用和变更是否符合法律、行政法规和国家统一的会计制度的规定；（5）使用的会计软件及其生成的会计资料是否符合法律、行政法规和国家统一的会计制度的规定；（6）是否按照法律、行政法规和国家统一的会计制度的规定建立并实施内部会计控制制度；（7）会计档案的保管是否符合法定的要求等。

4. 对单位会计人员任职资格的监督检查

对单位会计人员从业资格和任职资格的监督检查具体包括：（1）从事会计工作的人员，是否具备专业能力、遵守职业道德；（2）单位会计机构负责人（会计主管人员）是否具备法律、行政法规和国家统一会计制度规定的任职资格等。

5. 对会计师事务所出具的审计报告的程序和内容的监督检查

根据《注册会计师法》的规定，国务院财政部门和省、自治区、直辖市人

民政府财政部门，依法对注册会计师、会计师事务所和注册会计师协会进行监督、指导。根据《会计法》的规定，财政部门有权对会计师事务所出具审计报告的程序和内容进行检查。

会计师事务所和注册会计师存在下列情形之一的，财政部和省级财政部门应当进行重点监督检查：（1）被投诉或者举报的；（2）未保持设立条件的；（3）在执业中有不良记录的；（4）采取不正当竞争手段承接业务的。

三、会计工作的社会监督

（一）会计工作社会监督的概念

会计工作的社会监督是指注册会计师及其所在的会计师事务所依法对委托单位的经济活动进行审计、鉴证的一种外部监督。注册会计师是指依法取得注册会计师证书并接受委托从事审计和会计咨询、会计服务业务的执业人员。我国实行注册会计师全国统一考试制度，考试成绩合格并从事审计业务工作两年以上的人员，才可以申请成为注册会计师。注册会计师执行业务，应当加入会计师事务所。注册会计师承办业务，由其所在的会计师事务所统一受理并与委托人签订委托合同。会计师事务所对本所注册会计师承办的业务，承担民事责任。

根据《公司法》规定："公司在每一个会计年度终了时，需编制财务会计报告并依法经会计师事务所审计，财务会计报表应该按法律法规制定。"经注册会计师进行审计的单位，应当向受托的会计师事务所如实提供会计凭证、会计账簿、财务会计报告和其他会计资料以及有关情况。任何单位或者个人不得以任何方式要求或者示意注册会计师及其所在的会计师事务所出具不实或者不当的审计报告。

此外，单位和个人检举违反《会计法》和国家统一的会计准则制度规定的行为，也属于会计工作社会监督的范畴。根据《会计法》的规定，任何单位和个人对违反本法和国家统一的会计制度规定的行为，有权检举。收到检举的部门有权处理的，应当依法按照职责分工及时处理；无权处理的，应当及时移送有权处理的部门处理。收到检举的部门、负责处理的部门应当为检举人保密，不得将检举人姓名和检举材料转给被检举单位和被检举人个人。

（二）注册会计师审计与内部审计的关系

注册会计师审计与内部审计既有联系又有区别。两者之间的联系包括以下几个方面：

（1）两者都是现代审计体系的组成部分。现代审计体系包括了政府审计、注册会计师审计和内部审计三种，其中，政府审计和注册会计师审计又可称之为外部审计。

(2) 两者都注重内部控制的健全性和有效性。

(3) 注册会计师审计中可能会涉及内部审计成果的利用等。为了提高工作效率，外部审计在对一个单位进行审计时，都要对其内部审计的情况进行了解并考虑是否利用其工作成果。

两者之间的区别又表现在：

(1) 审计独立性不同。内部审计为组织内部服务，接受总经理或董事会的领导，独立性较弱。注册会计师审计为第三方提供服务，受被审计单位管理层的制约较少、独立性较强。

(2) 审计方式不同。内部审计由本单位组织，遵循的是《内部审计准则》，具有较大灵活性；注册会计师审计是受被审计单位委托审计，遵循的是《中国注册会计师执业准则》及相关规则。

(3) 审计的职责和作用不同。内部审计的结果只对本部门、本单位公布，作为本部门、本单位加强和改进经营管理的参考，不对外公开；注册会计师审计需要对投资者、债权人及其他利益相关者负责，其出具的审计报告具有鉴证作用。

(4) 接受审计的自愿程度不同。内部审计是代表总经理或董事会实施的组织内部监督，是内部控制的重要组成部分，单位内部的组织必须接受内部审计人员的监督；注册会计师审计是以独立第三方的身份对被审计单位进行的审计，委托人可自由选择会计师。

(三) 注册会计师的业务范围

注册会计师可以承办审计业务和会计咨询、会计服务业务。根据《注册会计师法》第十四条的规定，注册会计师事务所的业务范围主要包括以下几个方面：

1. 审计业务

具体包括：审查企业会计报表，出具审计报告；验证企业资本，出具验证报告；办理企业合并、分立、清算事宜中的审计业务，出具有关的报告；法律、行政法规规定的其他审计业务。

审计业务是会计师事务所的基本业务，需要注意的是，注册会计师进行审计，仅对其出具的审计报告负责。注册会计师的审计不能替代或减轻单位负责人对会计资料真实性、完整性承担的责任。

2. 会计咨询、会计服务业务

注册会计师及其所在的会计师事务所承办的会计咨询、会计服务业务，主要包括：设立会计制度，担任会计顾问，提供会计、管理咨询；代理纳税申报，提供税务咨询；代理申请工商登记，拟定合同、章程和其他业务文件；办理投资评估、资产评估和项目可行性研究中的有关业务；培训会计、审计和财务管理人员;其他会计咨询、会计服务业务。

【例1-8】 注册会计师及其所在的会计师事务所依法承办的审计业务有（　　）。

A. 审查企业财务会计报告,出具审计报告

B. 验证企业资本,出具验资报告

C. 办理企业合并中的审计业务

D. 提供税务咨询

答案:ABC

解析:选项D属于注册会计师及其所在的会计师事务所提供的会计咨询、服务业务的内容。

第五节　会计机构与会计人员

会计机构是指各单位内部设置的办理会计事务的职能部门。会计人员是从事会计工作的人员。建立并完善会计机构,配备一定数量符合要求的会计人员,是做好会计工作、充分发挥会计职能作用的前提条件。《会计法》和《会计基础工作规范》等对会计机构设置和会计人员配备作出了具体规定。

一、会计机构的设置

《会计法》第三十六条规定:"各单位应当根据会计业务的需要,设置会计机构,或者在有关机构中设置会计人员并指定会计主管人员;不具备设置条件的,应当委托经批准设立从事会计代理记账业务的中介机构代理记账。"由此可见对于会计机构的设置要求,《会计法》提出了三个层次的原则:

(一) 单独设置会计机构

单独设置会计机构是对会计机构设置的第一层次的要求。按照《会计法》的规定,各单位应当根据会计业务的需要设置会计机构,进行独立的会计核算,这是会计机构设置的最基本的要求。

(二) 在有关机构中设置专职会计人员

《会计法》规定,不单独设置会计机构的单位,应当在有关机构中设置会计人员并指定会计主管人员。这种形式一般在财务收支数额不大、会计业务比较简单的企业、机关、团体、事业单位和个体工商户中比较多见。为了适应其内部管理需要和组织结构特点,虽然没有独立的会计部门,但应当配备专职会计人员开展会计工作,从而强化责任制度,保障单位健康运作。

(三) 实行代理记账

《会计法》规定,对于不具备设置会计机构和会计人员条件的单位,应当委托经批准设立从事会计代理记账业务的中介机构代理记账。此规定适应于不具备设置会计机构、配备会计人员的小型经济组织,以解决记账、算账、报账的要求。

代理记账是指从事代理记账业务的社会中介机构(会计咨询服务机构、会计师事务所)接受委托人(独立核算单位)的委托办理代理记账、算账、报账业务。

(1) 代理记账机构应具备的设立条件。除国家法律、行政法规另有规定外,在我国从事代理记账业务的机构,应具备下列条件:

① 3 名以上持有会计从业资格证书的专职从业人员。
② 主管代理记账业务的负责人必须具有会计师以上专业技术职务资格。
③ 有固定的办公场所。
④ 有健全的代理记账业务规范和财务会计管理制度。

(2) 代理记账机构的业务范围。代理记账机构可以接受委托,受托办理委托人的以下业务:

① 根据委托人提供的原始凭证和其他资料,按照国家统一的会计制度的规定进行会计核算,包括审核原始凭证、填制记账凭证、登记会计账簿、编制财务会计报告等。
② 对外提供财务会计报告。代理记账机构为委托人编制的财务会计报告,经代理记账机构负责人和委托人签名并盖章后,按照有关法律、行政法规和国家统一的会计制度的规定对外提供。
③ 向税务部门提供税务资料。
④ 委托人委托的其他会计业务。

(3) 委托代理记账的委托人的义务。委托代理记账的委托人应当履行以下义务:

① 对本单位发生的经济业务事项,应当填制或者取得符合国家统一的会计制度规定的原始凭证。
② 应当配备专人负责日常货币收支和保管。
③ 及时向代理记账机构提供真实、完整的原始凭证和其他相关资料。
④ 退回的要求按照国家统一的会计制度规定进行更正补充的原始凭证,应当及时予以更正、补充。

(4) 代理记账机构及其从业人员的义务。代理记账机构及其从业人员应当履行以下业务:

① 按照委托合同办理代理记账业务,遵守有关法律、行政法规和国家统一

的会计制度的规定。

②对在执行业务中知悉的商业秘密应当保密。

③对委托人示意其作出不当的会计处理，提供不实的会计资料，以及其他不符合法律、行政法规和国家统一的会计制度的规定的要求，应当拒绝。

④对委托人提出的有关会计处理原则问题应当予以解释。

（5）法律责任。根据《代理记账管理办法》的有关规定，代理记账机构应当承担以下法律责任：

①代理记账机构对其专职从业人员和兼职从业人员的业务活动承担责任。

②代理记账机构及其从事代理记账业务人员在办理业务中违反会计法律、行政法规和国家统一的会计制度规定的，由县级以上人民政府财政部门依据《会计法》及相关法规的规定处理。

③对于未经批准从事代理记账业务的，由县级以上人民政府财政部门责令其限期改正，并予以公告。

④代理记账机构违反本法和国家有关规定造成委托人会计核算混乱、损害国家和委托人利益，或者会同委托人共同提供不真实会计资料的，应当承担相应法律责任。

《会计法》中三个层次的做法对会计机构设置进行了原则性的规定，而对于一个具体的单位，如何进行设置往往取决于下列各因素：

（1）单位规模的大小。一个单位的规模，往往决定了这个单位内部职能部门的设置，也决定了会计机构的设置与否。一般来说，从有效发挥会计职能作用的角度看，大中型企业（包括集团公司、股份有限公司、有限责任公司等）和具有一定规模、实行企业化管理的事业单位，都应单独设置会计机构，以便及时组织本单位各项经济活动和财务收支的核算，实行有效的会计监督。

（2）经济业务和财务收支的繁简。财务收支数额较大、会计业务较多的行政单位和社会团体及其他经济组织，有必要单独设置会计机构，以保证会计工作的效率和会计信息的质量。

（3）经营管理的要求。一个单位在经营管理上的要求越高，对会计信息的需求也越多，对会计信息系统的要求也越高，从而决定了该单位设置会计机构的必要性。

二、会计工作岗位设置

（一）会计工作岗位的概念

会计工作岗位是指单位会计机构内部根据业务分工而设置的从事会计工作、办理会计事项的具体职位。在会计机构内部设置会计工作岗位，是建立岗位责任制的前提，是提高会计工作效率和质量的重要保证。

会计工作岗位一般分为：总会计师岗位；会计机构负责人（会计主管人员）岗位；出纳岗位；稽核岗位；资本、基金核算岗位；收入、支出、费用、成本核算岗位；债权债务核算岗位；工资核算、成本费用核算、财务成果核算岗位；财产物资的收发、增减核算岗位；总账岗位；对外财务会计报告编制岗位；会计电算化岗位；会计档案管理岗位。

有一些岗位与会计工作密切相关，但却不属于会计岗位的范畴。如医院门诊收费员、住院处收费员、药房收费员、药品库房记账员和商场收银员等均不属于会计岗位；单位内部审计、社会审计、政府审计工作也不属于会计岗位；特别值得注意的是，对于会计档案管理岗位，在会计档案正式移交之前，属于会计岗位。当正式移交档案管理部门后，不属于会计岗位，即档案管理部门的人员管理会计档案，不属于会计岗位。

【例1-9】下列各项中，不属于会计岗位的有（　　）。

A. 会计主管　　　　　　　　B. 库管员
C. 内部审计岗位　　　　　　D. 成本会计报告的编制岗位

答案：BC

解析：选项B和C均不是会计工作岗位，而会计主管和成本报告的编制则是会计部门的一种分工，属于会计工作岗位。

（二）会计工作岗位设置的要求

1. 按需设岗

一个单位需要设置多少会计工作岗位，需要配备多少会计人员，应与其业务活动规模、特点和管理要求相适应。配备数量适当的会计人员，是提高会计工作效率和质量的重要保证。通常，业务活动规模大、业务过程复杂、管理严格的单位，会计机构会相应较大，会计人员相应也较多，岗位职业分工也相应更细；相反，业务活动规模小、业务过程简单、管理要求不高的单位，会计机构就会相应较小，会计人员相应较少，会计机构内部的岗位职责分工也相应较粗。

会计工作岗位可以一人一岗、一人多岗或一岗多人。通常，在小型企业中，"一岗一人"、"一人多岗"的现象较多；而在大中型企业中，"一岗多人"的现象较多、较普遍。

2. 符合内部牵制制度的要求

内部牵制制度是指凡是涉及款项和财务收付、结算及登记的任何一项工作，必须由两人或两人以上分工办理，以起到相互制约作用的一种工作制度。会计机构内部牵制制度，在国际上也称为会计责任分离，实际上是我国传统的"钱、账分管"制度。它是内部控制制度的重要组成部分。

在一个单位中，会计人员的舞弊行为主要牵涉对现金的贪污、挪用，会计机构内部牵制制度的目的主要是保证货币资金的安全。在设置会计工作岗位时，必须遵循"不相容职务相分离原则"。《会计基础工作规范》第十二条规定："会计工作岗位，可以一人一岗、一人多岗或者一岗多人。但出纳人员不得兼任稽核、会计档案保管和收入、支出、费用、债权债务账目的登记工作"。这是会计机构内部牵制制度最基本的要求。出纳人员是单位重要的财务保管人员，从事着货币资金收付和管理，根据复式记账的记账规则，一笔货币资金收付业务的发生，伴随着资金的收付以及收入、费用或者债务、债权等有关账簿的登记，账户之间相互关联，如果这些账簿登记工作都由出纳人员一人承担，就会造成既管钱又记账、监管制约的缺失。同理，如果稽核、会计档案保管工作由出纳人员担任，很难防止利用抽换单据、涂改记录等手段进行舞弊。

3. 建立岗位责任制度

会计工作岗位责任制是指明确各项会计工作的职责范围、具体内容和要求，并落实到每个会计工作岗位或会计人员的一种会计工作责任制度。通过会计岗位责任制的建立，能够厘清每一位会计人员的权利和责任，做到事事有人管、人人有专责，从而提高会计工作效率，保证会计信息质量。

4. 建立轮岗制度

会计人员轮岗不仅是会计工作本身的需要，也是加强会计队伍建设的需要。《会计基础工作规范》第十三条规定："会计人员的工作岗位应有计划地进行轮换"。定期或不定期地轮换会计人员的工作岗位，从会计工作本身来讲，有利于岗位之间的相互监督，从而促进单位内部控制制度的完善。而站在会计人员自身的角度，通过轮岗接触不同的岗位任务，也有利于会计人员全面熟悉单位的整套会计核算与监督业务，不断提高其业务技能和素质。同时，轮岗还有利于增强会计人员之间的团结合作意识，达到完善内部会计控制制度的目的。

三、会计工作交接

会计工作交接是指会计人员因工作调动、离职或生病暂时不能工作时，需要与接管人员办理交接手续的一种工作程序。做好会计交接工作，可以保证会计工作的连续性，使得会计工作前后衔接，防止因人员更换而出现的账目不清、财务混乱等现象。规范的工作交接是分清移交人员和接管人员责任的有效措施。

（一）交接的范围

《会计法》第四十一条规定："会计人员调动工作或者离职，必须与接管人员办清交接手续。"可见，会计人员凡是需要离开原工作岗位的都需要办理交接手续。对此，《会计基础工作规范》作出了以下明确规定：

（1）会计人员临时离职或者因病不能工作且需要接替或者代理的，会计机构负责人（会计主管人员）或者单位负责人必须指定有关人员接替或者代理，并办理会计工作交接手续。

（2）临时离职或者因病不能工作的会计人员恢复工作的，应当与接替或者代理人员办理交接手续。

（3）移交人员因病或者其他特殊原因不能亲自办理移交手续的，经单位负责人批准，可由移交人员委托他人代办移交，但委托人应当对所移交的会计凭证、会计账簿、财务会计报告和其他有关资料的真实性、完整性承担法律责任。

（二）交接的程序

1. 提出移交申请

会计人员在向单位或者有关机关提出调动工作或者离职的申请时，应当同时向会计机构提出交接申请，并等待会计机构进行移交安排。为了防止发生会计交接手续不办理或办理不规范的情况，单位和有关机关在批准该申请前，应主动与单位会计机构的负责人沟通相关交接情况。

2. 办理移交手续前的准备工作

为了保证移交的过程顺利实施，会计人员在办理移交手续前必须及时做好以下准备工作：

（1）已经受理的经济业务尚未填制会计凭证的，应当填制完毕。

（2）尚未登记的账目应当登记完毕，并在最后一笔余额后加盖经办人员印章。

（3）整理应该移交的各项资料，对未了事项和遗留问题写出书面说明材料。

（4）编制移交清册，列明应当移交的会计凭证、会计账簿、财务会计报告、印章、现金、有价证券、支票簿、发票、文件、其他会计资料和物品等内容。实行会计电算化的单位，从事该项工作的移交人员还应当在移交清册中列明会计软件及密码、会计软件数据、磁带等内容。

（5）会计机构负责人（会计主管人员）移交时，应将财务会计工作、重大财务收支问题和会计人员的情况等向接替人员介绍清楚。对需要移交的遗留问题，应当写出书面材料。

【例1-10】 会计人员办理交接前应将尚未登记的账目登记完毕，并在最后一笔发生额后加盖经办人员印章。（　　）

答案：×

解析：尚未登记的账目应当登记完毕，并在最后一笔余额后加盖经办人员印章，而非发生额。

3. 移交点收

移交人员在离职前必须将经管的会计工作，在规定的期限内全部向接替人员移交清楚。移交人员在办理移交时，要按移交清册逐项移交，而接替人员则按移交清册逐项核对点收。具体要求如下：

（1）现金要根据会计账簿有关记录进行当面点交，不得短缺，接管人员发现不一致或者"白条抵库"现象时，移交人员必须在规定期限内查清处理。

（2）有价证券的数量要与会计账簿记录一致，有价证券面额与发行价不一致时，按照会计账簿余额交接。

（3）会计凭证、会计账簿、财务会计报告和其他会计资料必须完整无缺。如有短缺，必须查清原因，并在移交清册中注明，由移交人员负责。

（4）银行存款账户余额要与银行对账单核对，如不一致，有未达账项的，应当编制银行存款余额调节表并调节相符；各种财产物资和债权债务的明细账户余额要与总账有关账户余额核对相符；重要实物要实地盘点；对余额较大的往来账户要与往来单位、个人核对。

（5）移交人员经管的公章、收据、空白支票、发票、科目印章及其他实物等，必须交接清楚。

（6）实现会计电算化的单位，移交双方应在电子计算机上对有关电子数据进行实际操作，确认有关数字正确无误后方可交接。

此外，会计机构负责人（会计主管人员）移交时，还必须将全部财务会计工作、重大财务收支和会计人员的情况等向接替人员详细介绍。

4. 专人负责监交

为了明确责任，会计人员办理工作交接，必须由专人负责监交。通过监交，保证双方都按照国家有关规定认真办理交接手续，防止流于形式；保证会计工作不因人员变动而受影响；保证交接双方处在平等的法律地位上享有权利和承担义务。对监交的具体要求如下：

（1）一般会计人员办理交接手续，由会计机构负责人（会计主管人员）监交。

（2）会计机构负责人（会计主管人员）办理交接手续，由单位负责人监交，必要时主管单位可以派人会同监交。这里所谓的"必要时"，是指有些交接需要主管部门监交和主管部门认为需要参与监交的。通常有三种情况：第一，所属单位负责人不能监交，需要由主管单位派人监交。如因单位撤并而办理交接手续等；第二，所属单位负责人不能尽快监交的，需要由主管部门派人督促监交。如主管部门责成所属单位撤换不合格的会计机构负责人（会计主管人员），所属单位领导人以种种借口拖延不办交接手续；第三，所属单位领导人不宜单独监交的，需要主管部门派人会同监交。如所属单位领导与办理交接手续的会计机构负责人（会计主管人员）有矛盾，交接时需要主管部门派人会同监交，以防单位领导借机刁难。

5. 交接后的有关事宜

（1）会计工作交接完毕后，交接双方和监交人员要在移交清册上签名或者盖章，并应在移交清册上注明：单位名称，交接日期，交接双方和监交人员的职务、姓名，移交清册，移交清册页数以及需要说明的问题和意见等。

（2）接替人员应当继续使用移交的会计账簿，不得自行另立新账，以保持会计记录的前后衔接、内容完整。

（3）移交清册一般应当填制一式三份，交接双方各执一份，存档一份。

（三）交接人员的责任

根据《会计基础工作规范》第三十五条规定，移交人对自己经办且已移交的会计凭证、会计账簿、财务会计报告和其他会计资料的真实性、完整性承担法律责任。移交人员所移交的会计资料是在其经办会计工作期间内所发生的，应当对这些会计资料负责。即便接替人员在交接时因疏忽没有发现所接会计资料在合法性、真实性方面存在的问题，如事后发现，仍应由原移交人员负责，原移交人员不应以会计资料已经移交而推脱责任。

四、会计人员继续教育制度

会计人员继续教育是指具备任职资格的会计人员持续接受一定形式的、有组织的会计理论、会计法律制度、会计专业技能和会计职业道德的教育和培训活动，从而保持和提高其专业胜任能力和职业道德水平。会计人员负有参加继续教育的权利和接受继续教育的义务。财政部于2017年6月修订并印发了《会计专业技术人员继续教育规定》，对会计人员继续教育提出了明确的要求。

（一）会计人员继续教育的管理部门

财政部负责制定全国会计专业技术人员继续教育政策，会同人力资源社会保障部监督指导全国会计专业技术人员继续教育工作的组织实施，人力资源社会保障部负责对全国会计专业技术人员继续教育工作进行综合管理和统筹协调。

县级以上地方人民政府财政部门、人力资源社会保障部门共同负责本地区会计专业技术人员继续教育工作。

新疆生产建设兵团按照财政部、人力资源社会保障部有关规定，负责所属单位的会计专业技术人员继续教育工作。中共中央直属机关事务管理局、国家机关事务管理局（以下统称中央主管单位）按照财政部、人力资源社会保障部有关规定，分别负责中央在京单位的会计专业技术人员继续教育工作。

（二）会计人员继续教育的内容和形式

会计专业技术人员继续教育内容包括公需科目和专业科目。

公需科目包括专业技术人员应当普遍掌握的法律法规、政策理论、职业道德、技术信息等基本知识，专业科目包括会计专业技术人员从事会计工作应当掌握的财务会计、管理会计、财务管理、内部控制与风险管理、会计信息化、会计职业道德、财税金融、会计法律法规等相关专业知识。

财政部会同人力资源社会保障部根据会计专业技术人员能力框架，定期发布继续教育公需科目指南、专业科目指南，对会计专业技术人员继续教育内容进行指导。会计人员可以自愿选择参加《会计人员继续教育规定》规定的继续教育形式。

根据《会计人员继续教育规定》第十三条的规定，会计人员继续教育的形式主要有：

（1）参加县级以上地方人民政府财政部门、人力资源社会保障部门，新疆生产建设兵团财政局、人力资源社会保障局，中共中央直属机关事务管理局，国家机关事务管理局（以下统称继续教育管理部门）组织的会计专业技术人员继续教育培训、高端会计人才培训、全国会计专业技术资格考试等会计相关考试、会计类专业会议等。

（2）参加会计继续教育机构或用人单位组织的会计专业技术人员继续教育培训。

（3）参加国家教育行政主管部门承认的中专以上（含中专，下同）会计类专业学历（学位）教育；承担继续教育管理部门或行业组织（团体）的会计类研究课题，或在有国内统一刊号（CN）的经济、管理类报刊上发表会计类论文；公开出版会计类书籍；参加注册会计师、资产评估师、税务师等继续教育培训。

（4）继续教育管理部门认可的其他形式。

会计专业技术人员继续教育采用的课程、教学方法，应当适应会计工作要求和特点。同时，积极推广网络教育等方式，提高继续教育教学和管理的信息化水平。

（三）会计人员继续教育的管理制度

具有会计专业技术资格的人员应当自取得会计专业技术资格的次年开始参加继续教育，不具有会计专业技术资格但从事会计工作的人员应当自从事会计工作的次年开始参加继续教育。会计专业技术人员参加继续教育实行学分制管理，每年参加继续教育取得的学分不少于90学分。其中，专业科目一般不少于总学分的三分之二。会计专业技术人员参加继续教育取得的学分，在全国范围内当年度有效，不得结转以后年度。对未按规定参加继续教育或者参加继续教育未取得规定学分的持证人员，继续教育管理部门应当责令其限期改正。

参加继续教育，其学分计量标准如下：

（1）参加全国会计专业技术资格考试等会计相关考试，每通过一科考试或被录取的，折算为90学分。

（2）参加会计类专业会议，每天折算为10学分。

（3）参加国家教育行政主管部门承认的中专以上会计类专业学历（学位）

教育，通过当年度一门学习课程考试或考核的，折算为90学分。

（4）独立承担继续教育管理部门或行业组织（团体）的会计类研究课题，课题结项的，每项研究课题折算为90学分；与他人合作完成的，每项研究课题的课题主持人折算为90学分，其他参与人每人折算为60学分。

（5）独立在有国内统一刊号（CN）的经济、管理类报刊上发表会计类论文的，每篇论文折算为30学分；与他人合作发表的，每篇论文的第一作者折算为30学分，其他作者每人折算为10学分。

（6）独立公开出版会计类书籍的，每本会计类书籍折算为90学分；与他人合作出版的，每本会计类书籍的第一作者折算为90学分，其他作者每人折算为60学分。

（7）参加其他形式的继续教育，学分计量标准由各省、自治区、直辖市、计划单列市财政厅（局）（以下称省级财政部门）、新疆生产建设兵团财政局会同本地区人力资源社会保障部门、中央主管单位制定。

（四）会计人员继续教育管理实行登记制度

对会计专业技术人员参加继续教育情况实行登记管理。用人单位应当对会计专业技术人员参加继续教育的种类、内容、时间和考试考核结果等情况进行记录，并在培训结束后及时按照要求将有关情况报送所在地县级以上地方人民政府财政部门、新疆生产建设兵团财政局或中央主管单位。

省级财政部门、新疆生产建设兵团财政局、中央主管单位应当建立会计专业技术人员继续教育信息管理系统，对会计专业技术人员参加继续教育取得的学分进行登记，如实记载会计专业技术人员接受继续教育情况。

继续教育登记可以采用以下方式：

（1）会计专业技术人员参加继续教育管理部门组织的继续教育和会计相关考试，县级以上地方人民政府财政部门、新疆生产建设兵团财政局或中央主管单位应当直接为会计专业技术人员办理继续教育事项登记。

（2）会计专业技术人员参加会计继续教育机构或用人单位组织的继续教育，县级以上地方人民政府财政部门、新疆生产建设兵团财政局或中央主管单位应当根据会计继续教育机构或用人单位报送的会计专业技术人员继续教育信息，为会计专业技术人员办理继续教育事项登记。

（3）会计专业技术人员参加继续教育采取上述以外其他形式的，应当在年度内登陆所属县级以上地方人民政府财政部门、新疆生产建设兵团财政局或中央主管单位指定网站，按要求上传相关证明材料，申请办理继续教育事项登记；也可持相关证明材料向所属继续教育管理部门申请办理继续教育事项登记。

五、会计专业技术资格与职务

会计工作的专业性要求会计人员具备一定的专业知识和专业技能。会计专业职务和会计专业技术资格,是我国用于考核和评价会计人员的专业知识和业务技能的制度,目的是通过考核,合理评价会计人员的技术等级,促使其加强业务学习,提高会计技能。

(一)会计专业技术资格

会计专业技术资格是担任会计专业职务的任职资格,分为初级资格、中级资格和高级资格三个级别,分别对应会计员和助理会计师、会计师和高级会计师。其中,初级、中级会计专业技术资格的取得实行全国统一的考试制度,高级资格的取得实行考试与评审相结合的制度。

1. 会计专业技术资格的考试科目

(1)会计专业技术初级资格考试科目为初级会计实务、经济法基础两个科目。参加初级资格考试的人员,必须在一个考试年度内通过全部科目的考试,方可获得会计专业技术初级资格证书。

(2)会计专业技术中级资格考试科目为中级会计实务、财务管理、经济法三个科目。参加会计专业技术中级资格考试人员,在连续的两个考试年度内,全部科目考试均合格者,可获得会计专业技术中级资格证书。

(3)凡申请参加高级会计师资格评审的人员,须经考试合格后,方可参加评审。考试科目为高级会计实务,考试方式采取开卷笔答方式进行,主要考核应试者运用会计、财务、税收等相关的理论知识、政策法规,对所提供的有关背景资料进行分析、判断和处理业务的综合能力。参加考试并达到国家合格标准的人员,由全国会计专业技术资格考试办公室核发高级会计师资格考试成绩合格证,该证在全国范围内三年有效。

2. 会计专业技术资格证书的管理

会计专业技术资格考试合格者,由省级人事部门颁发由人事部、财政部统一印制的会计专业技术资格证书,该证书在全国范围内有效。对伪造学历、会计从业资格证书和资历证明,或者在考试期间有违纪行为的,由会计专业技术资格管理机构吊销其会计专业技术资格,由发证机关收回会计技术资格证书,2年内不得参加会计专业技术资格考试。

3. 会计专业职务的评聘

通过全国统一考试取得初级或中级会计专业技术资格的会计人员,表明其已具备担任相应级别会计专业技术职务的任职资格。用人单位可根据工作需要和德才兼备的原则,从获得会计专业技术资格的会计人员中择优聘任。

其中,取得初级会计资格的人员,如大专毕业或以上且担任会计员职务满5

年并符合国家有关规定的,可聘任助理会计师职务。不符合以上条件的人员,可聘任会计员职务。取得中级会计资格并符合国家有关规定的会计人员,可聘任会计师职务。申请参加高级会计师资格评审的人员,通过后即表示其已具备担任高级会计师资格,经单位聘任或任命后担任高级会计师。

(二) 会计专业职务

会计专业职务是区分会计人员业务技能的技术等级。会计专业职务分为高级会计师、会计师、助理会计师和会计员。高级会计师为高级职务。目前,我国部分省份实行正高级会计师职务评审试点工作,该职务也属于高级职务;会计师为中级职务;助理会计师和会计员为初级职务。

不同级别会计专业职务的任职条件及其基本职责都不一样,国家对此都有相应的规定,如会计员的基本职责是负责具体审核和办理财务收支、编制记账凭证、登记会计账簿、编制财务会计报告和办理其他会计事项;助理会计师的基本职责是负责草拟单位内部一般性的财务会计制度、规定、办法,分析检查某一方面或某些项目的财务收支和预算的执行情况等。

第六节 法律责任

一、法律责任的概述

法律责任是指违反法律规定的行为应当承担的法律后果。借助于法律责任可以强制当事人的行为与法律所要求的标准统一起来,符合已经确定的秩序,从而保障法律的遵守与执行。广义的法律责任通常可分为民事责任、行政责任、刑事责任、违宪责任和国家赔偿责任五种。而针对会计违法行为,《会计法》规定了两种法律责任:一是行政责任;二是刑事责任。

(一) 行政责任

行政责任,是指行政法律关系主体在国家行政管理活动中因违反了行政法律规范,不履行行政上的义务而应承担的法律责任。《会计法》规定的行政责任的形式有两种:行政处罚和行政处分。

1. 行政处罚

行政处罚是指特定的行政主体(国家行政机关)基于其行政管理职权,对构成行政违法行为行政管理相对人(公民、法人和其他组织)所实施的行政法上的制裁措施。《会计法》中涉及的行政处罚的种类主要有罚款、责令限期改正等。

值得注意的是,相关人员违反《会计法》,同时违反其他法律规定的,由有关部门在各自职权范围内依法进行处罚。但是，对同一违法当事人的同一违法行为，不得给予两次及以上行政处罚。

2. 行政处分

行政处分是国家工作人员违反行政法律规范所应承担的一种行政法律责任，是行政机关对国家工作人员故意或者过失侵犯行政相对人的合法权益所实施的法律制裁。行政处分的形式有：警告、记过、记大过、降级、撤职和开除等。

（二）刑事责任

刑事责任是指行为人因触犯《中华人民共和国刑法》（以下简称《刑法》）所必须承受的，由司法机关代表国家所确定的否定性法律后果。刑事责任，包括两类问题：一是犯罪，二是刑法。

1. 犯罪

我国《刑法》第十三条规定，一切危害国家主权、领土完整和安全，分裂国家、颠覆人民民主专政政权和推翻社会主义制度，破坏社会秩序和经济秩序，侵犯国有财产或者劳动群众集体所有财产，侵犯公民私人所有的财产，侵犯公民的人身权利、民主权利和其他权利，以及其他危害社会的行为，依照法律应当受刑罚处罚的，都是犯罪。但是情节显著轻微、危害不大的，不认为是犯罪。

2. 刑罚

根据《刑法》的规定，刑罚分为主刑和附加刑。

（1）主刑是对犯罪分子适用的主要刑罚方法，只能独立适用，不能附加适用。主刑的种类包括：管制、拘役、有期徒刑、无期徒刑、死刑。

（2）附加刑是既可独立适用又可以附加适用的刑罚方法，即对同一犯罪分子可以在主刑之后判处一个或两个及以上的附加刑。附加刑是补充主刑适用的刑罚方法。附加刑的种类包括：罚金、剥夺政治权利、没收财产。对于犯罪的外国人，也可以独立或附加适用驱逐出境。

刑事责任与行政责任不同，两者的主要区别如下：

（1）追究的违法行为不同：追究刑事责任的是犯罪行为；追究行政责任的是一般违法行为。

（2）追究责任的机关不同：追究刑事责任职能由司法机关依照《刑法》的规定决定；追究行政责任由国家特定的行政机关依照有关法律的规定决定。

（3）承担法律责任的后果不同：追究刑事责任是最严厉的制裁，最高可以判处死刑；追究行政责任，承担的法律后果相对刑事责任要轻很多。

二、不依法设置会计账簿等会计违法的法律责任

根据《会计法》第四十二条的规定，有下列行为之一的，由县级以上人民政府财政部门责令限期改正，可以对单位并处 3 000 元以上 5 万元以下的罚款；

第一章　会计法律制度

对其直接负责的主管人员和其他直接责任人员，可以处 2 000 元以上 2 万元以下的罚款；属于国家工作人员的，还应当由其所在单位或者有关单位依法给予行政处分。会计人员情节严重的，五年内不得从事会计工作。

具体违法行为包括：

（1）不依法设置会计账簿的行为。

（2）私设会计账簿的行为。

（3）未按照规定填制、取得原始凭证或者填制、取得的原始凭证不符合规定的行为。

（4）以未经审核的会计凭证为依据登记会计账簿或者登记会计账簿不符合规定的行为。

（5）随意变更会计处理方法的行为。

（6）向不同的会计资料使用者提供的财务会计报告编制依据不一致的行为。

（7）未按照规定使用会计记录文字或者记账本位币的行为。

（8）未按照规定保管会计资料，致使会计资料毁损、灭失的行为。

（9）未按照规定建立并实施单位内部会计监督制度，或者拒绝依法实施监督，或者不如实提供有关会计资料及有关情况的行为。

（10）任用会计人员不符合《会计法》规定的行为。

对于上述行为，我国《刑法》并没有单独明确规定为犯罪，但是，行为人为偷逃税款、骗取出口退税、贪污、挪用公款等目的，从事了上述行为，造成了严重后果，按照《刑法》的有关规定，构成犯罪的，依法追究刑事责任。

三、其他会计违法行为的法律责任

（一）伪造、变造会计凭证、会计账簿，编制虚假财务会计报告的法律责任

根据《会计法》第四十三条的规定："伪造、变造会计凭证、会计账簿，编制虚假财务会计报告，构成犯罪的，依法追究刑事责任。有前款行为，尚不构成犯罪的，由县级以上人民政府财政部门予以通报，可以对单位并处 5 000 元以上 10 万元以下的罚款；对其直接负责的主管人员和其他直接责任人员，可以处 3 000 元以上 5 万元以下的罚款；属于国家工作人员的，还应当由其所在单位或者有关单位依法给予撤职直至开除的行政处分；其中的会计人员，五年内不得从事会计工作。"

根据《刑法》的有关规定，上述行为构成犯罪的，依法追究刑事责任。

【例 1-11】对于伪造、变造会计凭证，应承担的法律责任有（　　）。

A. 构成犯罪的，依法追究刑事责任

B. 涉案的会计人员五年内不得从事会计工作

C. 对其中的国家工作人员，应当由其所在单位或者有关单位依法给予撤职

直至开除的行政处分

D. 尚不构成犯罪的，对单位处 3 000 元以上 10 万元以下的罚款

答案：ABC

解析：选项 D，尚不构成犯罪的，对单位应处 3 000 元以上 5 万元以下的罚款。

（二）隐匿或者故意销毁依法应当保存的会计凭证、会计账簿、财务会计报告的法律责任

隐匿或者故意销毁依法应当保存的会计凭证、会计账簿、财务会计报告是又一重大违法会计行为，这里所称的"隐匿"是指故意转移、隐藏应当保存的会计凭证、会计账簿、财务会计报告的行为；"故意销毁"是指故意将依法应当保存的会计凭证、会计账簿、财务会计报告予以毁灭的行为。

根据《会计法》第四十四条的规定："隐匿或者故意销毁依法应当保存的会计凭证、会计账簿、财务会计报告，构成犯罪的，依法追究刑事责任。有前款行为，尚不构成犯罪的，由县级以上人民政府财政部门予以通报，可以对单位并处 5 000 元以上 10 万元以下的罚款；对其直接负责的主管人员和其他直接责任人员，可以处 3 000 元以上 5 万元以下的罚款；属于国家工作人员的，还应当由其所在单位或者有关单位依法给予撤职直至开除的行政处分；其中的会计人员，五年内不得从事会计工作。"

根据《刑法》第一百六十二条的规定："隐匿或者故意销毁依法应当保存的会计凭证、会计账簿、财务会计报告情节严重的，处五年以下有期徒刑或者拘役，并处或者单处 2 万元以上 20 万元以下罚金。"

（三）授意、指使、强令会计机构、会计人员及其他人员伪造、变造会计凭证、会计账簿，编制虚假财务会计报告或者隐匿、故意销毁依法应当保存的会计凭证、会计账簿，编制虚假财务会计报告的法律责任

所谓"授意"是指暗示他人按其意思行事。所谓"指使"是指通过明示方式，指示他人按其意思行事。所谓"强令"是指明知其命令是违反法律的，而强迫他人执行其命令的行为。

根据《会计法》第四十五条的规定："授意、指使、强令会计机构、会计人员及其他人员伪造、变造会计凭证、会计账簿，编制虚假财务会计报告或者隐匿、故意销毁依法应当保存的会计凭证、会计账簿、财务会计报告，构成犯罪的，依法追究刑事责任；尚不构成犯罪的，可以处 5 000 元以上 5 万元以下的罚款；属于国家工作人员的，还应当由其所在单位或者有关单位依法给予降级、撤职、开除的行政处分。"

上述行为若构成犯罪的，根据《刑法》的有关规定，应当作为伪造、变造会计凭证、会计账簿，编制虚假财务会计报告或者隐匿、故意销毁依法应当保

存的会计凭证、会计账簿、财务会计报告的共同犯罪,定罪处罚。

(四) 单位负责人对依法履行职责、抵制违反《会计法》规定行为的会计人员实行打击报复的法律责任,以及对受打击报复的会计人员的补救措施

《会计法》第四十六条规定:"单位负责人对依法履行职责、抵制违反本规定行为的会计人员以降级、撤职、调离工作岗位、解聘或者开除等方式实行打击报复构成犯罪的,依法追究刑事责任;尚不构成犯罪的,由其所在单位或者有关单位依法给予行政处分。对受打击报复的会计人员,应当恢复其名誉和原有职务、级别。"这是对打击报复会计人员行为应当承担的法律责任及其补救措施的规定。

上述行为构成犯罪的,根据《刑法》第二百五十条规定:"对犯打击报复会计人员罪的,处三年以下有期徒刑或者拘役。"

对受打击报复的,除对单位负责人依法进行处罚外,还应当按照《会计法》第四十六条的规定,采取必要的补救措施,主要包括以下两点:

1. 恢复名誉

受打击报复的会计人员的名誉受到损害的,其所在单位或者其上级单位及其有关部门,应当要求打击报复者向受打击报复的会计人员赔礼道歉,并澄清事实,消除影响,恢复名誉。

2. 恢复原有的职位、级别

会计人员受到打击报复,被调离工作岗位、解聘或者开除的,应当在征得会计人员同意的前提下,恢复其工作;被撤职的,应当恢复其原有职务;被降级的,应当恢复其原有级别。

~~~~~ 本章小结 ~~~~~

会计法律制度是规范会计人员行为、调整各种会计关系的法律规范的总和,具体包括会计法律、会计行政法规、会计部门规章和地方性会计法规四个层次。其中,会计法律地位最高,是其他法规规章制定的依据,以《会计法》为代表。

《会计法》共七章五十二条,它对会计工作的各个方面进行了原则性的指导。本章以《会计法》为基础,选取其中关于会计工作管理体制、会计核算、会计监督、会计机构和会计人员以及违反会计法律的法律责任等五个方面内容进行了具体的学习。《会计法》是会计人员从事会计工作应知应会的最基本的法律规范,是会计从业的前提。

第二章　结算法律制度

【基本要求】

◆ 了解支付结算的相关概念及其法律构成
◆ 了解银行结算账户的开立、变更和撤销
◆ 熟悉票据的相关概念
◆ 熟悉各银行结算账户的概念、使用范围和开户要求
◆ 掌握现金管理的基本要求和现金的内部控制
◆ 掌握票据和结算凭证填写的基本要求
◆ 掌握支票、商业汇票、银行汇票、银行卡、汇兑、结算方式的规定，并能综合分析具体案例

第一节　现金结算

一、现金结算的概念与特点

（一）现金结算的概念

现金结算是指在商品交易、劳务供应等经济往来中，直接使用现金进行应收应付款结算的一种行为。

（二）现金结算的特点

现金结算具有直接便利、不安全性、不易宏观控制和管理、费用较高等特点。

（1）直接便利。在现金结算方式下，买卖双方一手交钱，一手交货，当面钱货两清，无须通过中介，因而对买卖双方来说是最为直接和便利的。

(2) 不安全性。由于现金使用非常便利和直接,很容易被不法分子偷盗、贪污和挪用。在现实生活中,绝大多数的经济犯罪活动都与现金有关。

(3) 不易宏观控制和管理。由于现金结算大部分不通过银行进行,因而使国家很难对其进行控制。过多的现金结算会使流通中的现钞过多,容易导致通货膨胀,增大对物价的压力。

(4) 费用较高。使用现金结算各单位虽然可以减少银行的手续费用,但其清点、运送、保管的费用很大。对于整个国家来说,过多的现金结算会增大整个国家印刷、保管、运送现金等工作的费用和损失,浪费人力、物力、财力。因此,国家实行现金管理,限制现金结算的范围。

二、现金结算的渠道

现金结算的渠道有两个:一个是付款人可以直接将现金支付给收款人,不通过银行等中介机构;二是付款人可以委托银行、非银行金融机构或者非金融机构将现金支付给收款人。

三、现金结算的范围

为了控制现金流量,加强现金管理,根据《现金管理暂行条例》的规定,开户单位可以在下列范围内使用现金:

(1) 职工工资、津贴。
(2) 个人劳务报酬。
(3) 根据国家规定颁发给个人的科学技术、文化艺术、体育等各种奖金。
(4) 各种劳保、福利费用以及国家规定的对个人的其他支出。
(5) 向个人收购农副产品和其他物资的价款。
(6) 出差人员必须随身携带的差旅费。
(7) 结算起点以下的零星支出。
(8) 中国人民银行确定需要支付现金的其他支出。

上述款项结算起点为1 000元。结算起点的调整,由中国人民银行确定,报国务院备案。除上述第5、6项外,开户单位支付给个人的款项,超过使用现金限额的部分,应当以支票或者银行本票支付;确需全额支付现金的,经开户银行审核后,予以支付现金。

【例2-1】下列事项中,单位开户银行可以直接全额使用现金的有( )。
A. 发给公司甲某的800元奖金
B. 支付给公司临时工王某的2 000元劳务报酬
C. 向农民收购农产品的10 000元收购款
D. 出差人员出差必须随身携带的2 000元差旅费

答案：ACD

解析：本题考核现金管理的有关规定。选项B，支付给公司临时工王某的2 000元劳务报酬因为超过了结算起点，因此不得使用现金全额支付。

四、现金使用的限额

现金使用的限额是指为了保证开户单位日常零星开支的需要，允许单位留存现金的最高数额。根据《现金管理暂行条例实施细则》的规定，现金使用的限额由开户行根据单位的实际需要核定，一般按照单位3天至5天日常零星开支所需确定。边远地区和交通不便地区的开户单位的库存现金限额，可按多于5天、但不得超过15天的日常零星开支的需要确定。经核定的库存现金限额，开户单位必须严格遵守。

对没有在银行单独开立账户的附属单位也要实行现金管理，必须保留的现金也要核定限额，其限额包括在开户单位的库存限额之内。

商业和服务行业的找零备用现金也要根据营业额核定定额，但不包括在开户单位的库存现金限额之内。

五、现金收支的基本要求

单位应当按照《现金管理暂行条例》的规定，加强现金收支管理，具体如下：

（1）各单位现金收入应于当日送存银行；如当日送存确有困难，由开户银行确定送存时间。

（2）开户单位支付现金，可以从本单位库存现金限额中支付或者从开户银行提取，不得从本单位的现金收入中直接支付（即不准"坐支"现金）。因特殊情况需要坐支现金的单位，应当事先报经开户银行审查批准，由开户银行核定坐支范围和限额。坐支单位必须在现金账上如实反映坐支金额，并按月向开户银行报送坐支金额和使用情况。

（3）从银行提取现金，应当写明用途，由本单位财会部门负责人签字盖章，经开户银行审核后，予以支付现金。

（4）因采购地点不固定、交通不便、抢险救灾以及其他特殊情况，办理转账结算不够方便，必须使用现金的开户单位，开户单位应当向开户银行提出申请，由本单位财会部门负责人签字盖章，经开户银行审核后，予以支付现金。

（5）开户单位有下列情形之一的，开户银行应当依照中国人民银行的规定，予以警告或罚款；情节严重的，可在一定期限内停止对该单位的贷款或停止对该单位的现金支付：

①对现金结算给予比转账结算优惠待遇的。

②拒收支票、银行汇票和银行本票的。

③违反本条例第八条规定,不采取转账结算方式购置国家规定的专项控制商品的。

④用不符合财务会计制度规定的凭证顶替库存现金的。

⑤用转账凭证套取现金的。

⑥编造用途套取现金的。

⑦互相借用现金的。

⑧利用账户替其他单位和个人套取现金的。

⑨将单位的现金收入按个人储蓄方式存入银行的。

⑩保留账外公款的。

⑪未经批准坐支或者未按开户银行核定的坐支范围和限额坐支现金的。

六、建立健全现金核算与内部控制

现金是企业流动性最强的资产,为了加强企业货币资金的内部控制和管理,保证企业货币资金的安全、完整,2001年6月22日,财政部颁发了《内部会计控制规范——货币资金(试行)》。其中,《内部会计控制规范——货币资金(试行)》第四条、第五条规定:"国务院有关部门可以根据国家有关法律法规和本规范,制定本部门或本系统的货币资金内部控制规定。"

(一)建立单位货币资金内部控制制度

单位应当建立货币资金业务的岗位责任制,明确相关部门和岗位的职责权限,确保办理货币资金业务的不相容岗位相互分离、制约和监督,确保货币资金的安全。单位负责人对本单位货币资金内部控制的建立健全和有效实施以及货币资金的安全完整负责。出纳人员不得兼任稽核、会计档案保管和收入、支出、费用、债权债务账目的登记工作。

(二)加强货币资金业务岗位管理

单位不得由一人办理货币资金业务的全过程。单位办理货币资金业务,应当配备合格的人员,并根据单位具体情况进行岗位轮换。

(三)严格货币资金的授权管理

严禁未经授权的机构或人员办理货币资金业务或直接接触货币资金。单位应当对货币资金业务建立严格的授权批准制度,明确审批人对货币资金业务的授权批准方式、权限、程序、责任和相关控制措施,规定经办人办理货币资金业务的职责范围和工作要求。审批人应当根据货币资金授权批准制度的规定,在授权范围内进行审批,不得超越审批权限。经办人应当在职责范围内,按照审批人的批准意见办理货币资金业务。对于审批人超越授权范围审批的货币资金业务,经办人员有权拒绝办理,并及时向审批人的上级授权部门报告。

(四) 按照规定程序办理货币资金支付业务

单位应当按照规定的程序办理货币资金支付业务,如图 2-1 所示。

图 2-1 办理货币资金支付业务的程序

(1) 支付申请。单位有关部门或个人用款时,应当提前向审批人提交货币资金支付申请,注明款项的用途、金额、预算、支付方式等内容,并附有效经济合同或相关证明。

(2) 支付审批。审批人根据其职责、权限和相应程序对支付申请进行审批。对不符合规定的货币资金支付申请,审批人应当拒绝批准。

(3) 支付复核。复核人应当对批准后的货币资金支付申请进行复核,复核货币资金支付申请的批准范围、权限、程序是否正确,手续及相关单证是否齐备,金额计算是否准确,支付方式、支付单位是否妥当等。复核无误后,交由出纳人员办理支付手续。

(4) 办理支付。出纳人员应当根据复核无误的支付申请,按规定办理货币资金支付手续,及时登记现金和银行存款日记账。

【例 2-2】经办人应当在职责范围内,按照审批人的批准意见办理货币资金业务,对于审批人超越授权范围审批的货币资金业务,经办人员有权拒绝办理,并及时向财务负责人报告。( )

答案:×

解析:经办人应当在职责范围内,按照审批人的批准意见办理货币资金业务,对于审批人超越授权范围审批的货币资金业务,经办人员有权拒绝办理,并及时向审批人的上级授权部门报告。

第二节 支付结算概述

一、支付结算的概念与特征

(一) 支付结算的概念

支付结算是指单位、个人在社会经济活动中使用票据、信用卡和汇兑、托收承付、委托收款等结算方式进行货币给付及其资金清算的行为。支付结算的本质是完成资金从一方划到另外一方,而要完成这一资金划转,需要具体采用支付方式和结算方式来实现,支付方式主要包括三票一卡,即支票、汇票、本票和信用卡，结算方式包括汇兑、托收承付和委托收款。

银行、城市信用合作社、农村信用合作社（以下简称银行）以及单位（含个体工商户）和个人是办理支付结算的主体。其中，银行是支付结算和资金清算的中介机构。非银行金融机构未经批准不得作为中介机构参与办理支付结算业务。

（二）支付结算的特征

支付结算的特征主要有：

1. 支付结算必须通过中国人民银行批准的金融机构进行

《支付结算办法》第六条规定："银行是支付结算和资金清算的中介机构。未经中国人民银行批准的非银行金融机构和其他单位不得作为中介机构经营支付结算业务。但法律、行政法规另有规定的除外。"这表明，支付结算与一般的货币给付及资金清算行为不同。

我国金融机构体系是以中央银行为核心，政策性银行与商业性银行相分离，国有商业银行为主体，多种金融机构并存的现代金融体系。中国人民银行是我国的中央银行，是国务院领导下制定和执行货币政策、对金融业实施监督管理的国家机关，是我国的货币发行的银行、银行的银行和政府的银行。政策性银行是由政府投资设立的，不以盈利为目的，根据政府的决策和意图专门充实政策性金融业务的银行，包括国家开发银行、中国进出口银行和中国农业发展银行。国有独资商业银行包括中国工商银行、中国农业银行、中国建设银行和中国银行四家银行。股份制商业银行包括交通银行、招商银行等。非银行金融机构主要包括保险公司、信托投资公司、证券公司和财务公司等。因此，未经中国人民银行批准的非银行金融机构和其他单位不得作为中介机构经营支付结算业务。

2. 支付结算的发生取决于委托人的意志

银行在支付结算中是充当中介机构的角色，在办理结算时，银行处于受托人地位，银行必须遵循委托人的意愿，按照委托人的委托，保证所收款项支付给委托人确定的收款人。因此，银行只要以善意且符合规定的正常操作程序审查，对伪造、变造的票据和结算凭证上的签章以及需要交验的个人有效身份证件，未发现异常而支付金额的，对出票人或付款人不再承担受委托付款的责任，对持票人或收款人不再承担付款的责任。

3. 支付结算实行统一领导和分级管理相结合的管理体制

支付结算是一项政策性强，与当事人利益息息相关的活动，因此，必须对其实行统一的领导。《支付结算办法》第二十条规定："中国人民银行总行负责制定统一的支付结算制度，组织、协调、管理、监督全国的支付结算工作，调解、处理银行之间的支付结算纠纷。中国人民银行省、自治区、直辖市分行根据统一的支付结算制度制定实施细则,报总行备案;根据需要可以制定单项支付结算办法,报经中国人民银行总行批准后执行。中国人民银行分、支行负责组织、协调、管理、监督本辖区的支付结算工作,调解、处理本辖区银行之间的支付结算纠纷。"

4. 支付结算是一种要式行为

所谓要式行为是指法律规定必须依照一定形式进行的行为。根据《支付结算办法》第九条的规定:"票据和结算凭证是办理支付结算的工具,必须使用按中国人民银行统一规定印制的票据凭证和统一规定的结算凭证。未使用按中国人民银行统一印制的票据,票据无效;未使用中国人民银行统一规定格式的结算凭证,银行不予受理。"

中国人民银行除了对票据和结算凭证的格式有统一的要求外,还就正确填写票据和结算凭证作出了基本规定(具体内容见本节"办理支付结算的具体要求")。

5. 支付结算必须依法进行

《支付结算办法》第五条规定:"银行、城市信用合作社、农村信用合作社以及单位和个人(含个体工商户),办理支付结算必须遵守国家的法律、行政法规和本办法的各项规定,不得损害社会公共利益。"

二、支付结算的主要法律依据

支付结算方面的法律、法规和制度主要包括:《中华人民共和国票据法》(以下简称《票据法》)《票据管理实施办法》《支付结算办法》《中国人民银行银行卡业务管理办法》《人民币银行结算账户管理办法》《异地托收承付结算办法》《电子支付指引(第一号)》等。

三、支付结算的基本原则

支付结算的基本原则是指单位、个人和银行在进行支付结算活动时所必须遵循的行为准则。根据社会经济的发展和结算工作的实际情况,中国人民银行颁布的《银行结算办法》确定了三项基本原则。

由于支付结算涉及三方,即委托双方及金融机构,因此,我们分别站在三方的角度来规范三方。

(一)恪守信用,履约付款

根据该原则,各单位之间、单位与个人之间发生交易往来,产生支付结算行为时,结算当事人必须依照双方约定的民事法律关系内容依法承担义务和行使权利,严格遵守信用,履行付款义务,特别是应当按照约定的付款金额和付款日期进行支付。结算双方办理款项收付完全建立在自觉自愿、相互信用的基础上。这一原则对履行付款义务的当事人具有约束力，是维护合同秩序、保障当事人经济利益的重要保证。

(二) 谁的钱进谁的账，由谁支配

根据该原则，银行在办理结算时，必须按照存款人的委托，将款项支付给其指定的收款人；对存款人的资金，除国家法律另有规定外，必须由其自由支配，其他任何单位、个人以及银行本身都不得对其资金进行干预和侵犯、不得随意冻结票据款，剥夺客户对票据的支配权。这一原则主要在于维护存款人对存款资金的所有权，保证其对资金支配的自主权。

(三) 银行不垫款

即银行在办理结算过程中，只负责办理结算当事人之间的款项划拨，不承担垫付任何款项的责任。这一原则主要在于划清银行资金与存款人资金的界限，保护银行资金的所有权和安全，有利于促使单位和个人直接对自己的债权债务负责。

以上三个原则既可单独发挥作用，也是一个有机的整体。分别从不同的角度强调了委托双方及金融机构在结算过程中的权利和义务，从而切实保障了结算活动的正常进行。

四、办理支付结算的要求

(一) 办理支付结算的基本要求

根据《支付结算办法》的规定，单位、个人和银行办理支付结算的基本要求包括：

1. 单位、个人和银行办理支付结算，必须使用中国人民银行统一规定印制的票据和结算凭证

《支付结算办法》第九条规定："票据和结算凭证是办理支付结算的工具。单位、个人和银行办理支付结算，必须使用按中国人民银行统一规定印制的票据凭证和统一规定的结算凭证。未使用按中国人民银行统一规定印制的票据，票据无效；未使用中国人民银行统一规定格式的结算凭证，银行不予受理。"

2. 办理支付结算必须按统一的规定开立和使用账户

单位、个人和银行应当按照《人民币银行结算账户管理办法》的规定开立、使用账户。银行依法为单位、个人在银行开立的存款账户中的存款保密，维护其资金的自主支配权。除国家法律、行政法规另有规定外，银行不得为任何单位或者个人查询财产情况，不得为任何单位或者个人冻结、扣划款项，不得停止单位、个人存款的正常支付。

3. 填写票据和结算凭证应当全面规范，做到数字正确，要素齐全，不错不漏，字迹清楚，防止涂改

票据和结算凭证的金额、出票或者签发日期、收款人名称不得更改，更改的票据无效；更改的结算凭证，银行不予受理。对票据和结算凭证上的其他记载事项，原记载人可以更改，更改时应当由原记载人在更改处签章证明。

票据和结算凭证金额以中文大写和阿拉伯数码同时记载，两者必须一致，两者不一致的，票据无效；两者不一致的结算凭证，银行不予受理。

4. 票据和结算凭证上的签章和记载事项必须真实，不得变造伪造

票据和结算凭证上的签章，为签名、盖章或者签名加盖章；单位、银行在票据上的签章和单位在结算凭证上的签章，为该单位、银行的盖章加其法定代表人或者其授权的代理人的签名或者盖章；个人在票据和结算凭证上的签章，应为该个人本人的签名或盖章。

票据的"伪造"是指无权限人假冒他人或虚构他人名义签章的行为。"变造"是指无权更改票据内容的人，对票据上签章以外的记载事项加以改变的行为。票据上有伪造、变造的签章的，不影响票据上其他当事人真实签章的效力。

（二）支付结算凭证填写的要求

1. 出票日期的填写规则

（1）票据的出票日期必须使用中文大写。为了防止变造票据的出票日期，在填写支付结算凭证时，月为壹、贰和壹拾的，日为壹至玖和壹拾、贰拾和叁拾的，应在其前加"零"；日为拾壹至拾玖的，应在其前加"壹"。例如2月12日，应写成零贰月壹拾贰日；10月20日，应写成零壹拾月零贰拾日。

【例2-3】某单位于2014年10月19日开出一张支票。下列有关支票日期的写法中，符合要求的是（　　）。

A. 贰零壹肆年零壹拾月壹拾玖日　　　B. 贰零壹肆年壹拾月壹拾玖日
C. 贰零壹肆年拾月拾玖日　　　　　　D. 贰零壹肆年零壹拾月拾玖日

答案：A

解析：票据的出票日期必须使用中文大写。月为壹、贰和壹拾的，日为壹至玖和壹拾、贰拾和叁拾的，应在其前加"零"。日为拾壹至拾玖的，应在其前加"壹"。因此，选项A正确。

（2）票据出票日期使用小写填写的，银行不予受理。大写日期未按要求规范填写的，银行可予受理；但由此造成损失的，由出票人自行承担。

2. 中文大写金额数字

中文大写金额数字应用正楷或行书填写，不得自造简化字。如果金额数字书写中使用繁体字，也应受理。

3. "人民币"字样和"￥"符号

（1）中文大写金额数字前应标明"人民币"字样，大写金额数字应紧接"人民币"字样填写，不得留有空白。大写金额数字前未印"人民币"字样的，

应加填"人民币"三字。在票据和结算凭证大写金额栏内不得预印固定的"万、仟、佰、拾、元、角、分"字样。

（2）阿拉伯小写金额数字前面，均应填写人民币符号"￥"。阿拉伯小写金额数字要认真填写，不得连写分辨不清。

4."整（正）"字的添加规则

中文大写金额数字到"元"为止的，在"元"之后应写"整"（或"正"）字；到"角"为止的，在"角"之后可以不写"整"（或"正"）字；大写金额数字有"分"的，"分"后面不写"整"（或"正"）。

5."零"的书写规则

阿拉伯小写金额数字中有"0"的，中文大写应按照汉语语言规律、金额数字构成和防止涂改的要求进行书写。具体举例如下：

（1）阿拉伯数字中间有"0"时，中文大写金额要写"零"字。如￥4 409.50，应写成人民币肆仟肆佰零玖元伍角。

（2）阿拉伯数字中间连续有几个"0"时，中文大写金额中间可以只写一个"零"字。如￥6 007.13，应写成人民币陆仟零柒元壹角叁分。

（3）阿拉伯金额数字万位或元位是"0"，或者数字中间连续有几个"0"，万位、元位也是"0"，但千位、角位不是"0"时，中文大写金额中可以只写一个"零"字，也可以不写零字。如￥1 680.32，应写成人民币壹仟陆佰捌拾元零叁角贰分，或者写成人民币壹仟陆佰捌拾元叁角贰分；又如￥102 000.53，应写成人民币壹拾万贰仟元零伍角叁分，或者写成人民币壹拾万零贰仟元伍角叁分。

（4）阿拉伯金额数字角位是"0"，而分位不是"0"时，中文大写金额"元"后面应写"零"字。如￥16 409.02，应写成人民币壹万陆仟肆佰零玖元零贰分；又如￥325.04，应写成人民币叁佰贰拾伍元零肆分。

【例2-4】填写票据金额时，￥20 050.37，其中文大写应写成（　　　）。

A. 贰万零伍拾元叁角柒分整

B. 人民币贰万零零伍拾元零叁角柒分

C. 人民币贰万零伍拾元叁角柒分整

D. 人民币贰万零伍拾元零叁角柒分

答案：D

解析：对于选项A，中文大写金额数字前应标明"人民币"字样，因此A不正确；阿拉伯小写金额数字中有"0"的，中文大写应按照汉语语言规律、金额数字构成和防止涂改的要求进行书写。因此，选项D正确。

第三节　银行结算账户

为了加强和完善银行结算账户的管理，维护金融秩序的稳定，中国人民银行于 2003 年 4 月 10 日发布了《人民币银行结算账户管理办法》（以下简称《账户管理法》），并于 2003 年 9 月 1 日起施行；2005 年 1 月 19 日发布了《人民币银行结算账户管理办法实施细则》（以下简称《账户管理法实施细则》），并于 2005 年 1 月 31 日起施行，对人民币银行结算账户的开立、使用和管理作出了具体规定。

一、银行结算账户的概念与分类

（一）银行结算账户的概念

人民币银行结算账户（以下简称"银行结算账户"）是指存款人在经办银行开立的办理资金收付结算的人民币活期存款账户。它是存款人办理存、贷款和资金收付活动的基础。这里的"存款人"是指在中国境内开立银行结算账户的单位和个人。而这里的"银行"，是指在中国境内经中国人民银行批准经营支付结算业务的银行业金融机构，如政策性银行、商业银行（含外资独资银行、中外合资银行、外国银行分行）、城市信用合作社、农村信用合作社。银行结算账户具有以下特点：

1. 办理人民币业务

银行结算账户与外币存款账户不同，外币存款账户的办理是外币业务，其开立和使用应遵守国家外汇管理局的有关规定，而银行结算账户的办理是人民币业务，其开立和使用应遵守中国人民银行的有关规定。

2. 办理资金收付结算业务

银行结算账户与储蓄账户不同，储蓄账户的基本功能是存取本金和支取利息，储蓄账户不具有办理资金收付结算的功能。

3. 是活期存款账户

银行结算账户与单位定期存款账户不同，单位定期存款账户不具有结算功能，该类账户的开立和使用应遵守《人民币单位存款管理办法》的规定。

（二）银行结算账户的分类

1. 银行结算账户按存款人不同，分为单位银行结算账户和个人银行结算账户

单位银行结算账户是指存款人以单位名称开立的银行结算账户。这里的"单位"包括：机关、团体、部队、企业事业单位和其他组织等。根据《账户管

理办法》的有关规定，个体工商户凭营业执照以字号或经营者姓名开立的银行结算账户纳入单位银行结算账户管理。

个人银行结算账户是指存款人凭个人身份证件以自然人名称开立的银行结算账户。这里的"个人"包括：中国公民（含中国香港、中国澳门、中国台湾地区居民）和外国公民。个人因使用借记卡、信用卡在银行或邮政储蓄机构开立的银行结算账户，纳入个人银行结算账户管理。

2. 单位银行结算账户按用途不同，分为基本存款账户、一般存款账户、专用存款账户和临时存款账户

基本存款账户是存款人因办理日常转账结算和现金收付需要开立的银行结算账户。一般存款账户是指存款人因借款或其他结算需要，在基本存款账户开户银行以外的银行营业机构开立的银行结算账户。专用存款账户是指存款人按照法律、行政法规和规章，对其特定用途资金进行专项管理和使用而开立的银行结算账户。临时存款账户是指存款人因临时需要并在规定期限内使用而开立的银行结算账户。

3. 银行结算账户根据开户地的不同，分为本地银行结算账户和异地银行结算账户

本地银行结算账户是指存款人在注册地或住所地开立的银行结算账户；异地银行结算账户是指存款人根据规定的条件在异地（跨省、市、县）开立的银行结算账户。

二、银行结算账户管理的基本原则

（一）一个基本账户原则

一个基本账户原则是指单位银行结算账户的存款人只能在银行开立一个基本存款账户，不得多头开立基本银行账户。中国人民银行对基本存款账户开立实行核准制，即存款人开立基本存款账户首先应向中国人民银行当地分支机构申请开户许可证，之后才可向商业银行申请开立账户。

（二）自主选择银行开立银行结算账户原则

自主选择银行开立银行结算账户原则是指存款人可以根据需要自主选择银行开立银行结算账户，除国家法律、行政法规和国务院规定外，任何单位和个人不得强令存款人到指定银行开立银行结算账户。

（三）守法合规原则

守法合规原则是指银行结算账户的开立和使用应当遵守法律、行政法规，不得利用银行结算账户进行偷逃税款、逃废债务、套取现金及其他违法犯罪活动。

（四）存款信息保密原则

存款信息保密原则是指银行必须依法为存款人的银行结算账户信息保密。根据《账户管理办法》的规定，对单位银行结算账户的存款和有关资料，除国家法律、行政法规另有规定外，银行有权拒绝任何单位或个人查询。

三、银行结算账户的开立、变更与撤销

（一）银行结算账户的开立

存款人开立的银行结算账户，需要核准的，应及时报送中国人民银行当地分支行核准；不需要核准的，应在开户之后的法定期限内向中国人民银行当地分支行备案。

存款人开立基本存款账户、临时存款账户（因注册验资和增资验资需要开立的临时存款账户除外）和预算单位开立专用存款账户实行核准制，经中国人民银行核准后由银行核发开户许可证。开户许可证是中国人民银行依法准予申请人在银行开立核准类银行结算账户的行政许可证件，是核准类银行结算账户合法性的有效证明。其他账户一般无需中国人民银行核准，只需在中国人民银行备案，即备案制。

1. 开立银行结算账户的程序

（1）存款人提交开户申请书。存款人开立银行结算账户时，应填写开户申请书，并提交有关证明文件。

（2）开户银行审查开户申请资料。存款人开立银行结算账户应当以实名开立，并对其出具的开户申请资料实施内容的真实性负责，但法律、行政法规另有规定的除外。银行应对存款人的开户申请书填写的事项和证明文件的真实性、完整性、合规性进行认真审查。

（3）中国人民银行审核、核准。开户申请书填写的事项齐全，符合开立基本存款账户、临时存款账户和预算单位专用存款账户条件的，银行应将存款人的开户申请书、相关的证明文件和银行审核意见等开户资料报送中国人民银行当地分支行，中国人民银行于两个工作日内对银行报送的基本存款账户、临时存款账户和预算单位专用存款账户的开户资料的合规性予以审核，符合开户条件的，予以核准后办理开户手续；不符合开户条件的，应在开户申请书上签署意见，连同有关证明文件一并退回报送银行，由报送银行转送开户申请人。银行为存款人办理账户开户手续后，应给存款人出具开户登记证。开户登记证是记载单位银行结算账户信息的有效证明，存款人应按规定使用，并妥善保管。

符合开立一般存款账户、其他专用存款账户和个人银行结算账户条件的，银行应办理开户手续，并于开户之日起5个工作日内向中国人民银行当地分支行备案。

（4）签订银行结算账户管理协议。银行为存款人开立银行结算账户，应与存款人签订银行结算账户管理协议，明确双方的权利与义务。除中国人民银行另有规定的以外，应建立存款人预留印鉴章卡片，并将印鉴章式样和有关证明文件的原件或复印件留存归档。如图2-2所示。

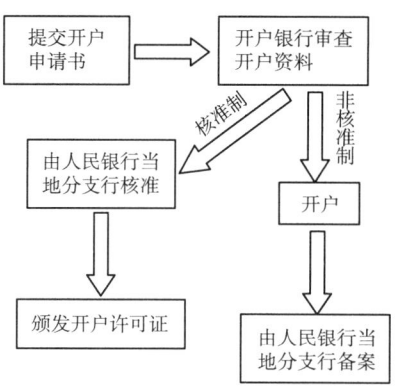

图2-2 开立银行结算账户的程序

2. 开立银行结算账户应当注意的问题

（1）存款人的预留签章。存款人为单位的，其预留签章为该单位的公章或财务专用章加其法定代表人（单位负责人）或其授权的代理人的签名或者盖章。存款人为个人的，其预留签章为该个人的签名或者盖章。

（2）账户名称、存款人名称与预留银行签章中的公章或财务专用章的名称的一致性。存款人申请开立的银行结算账户的账户名称、出具的开户证明文件上记载的存款人名称以及预留银行签章中的公章或财务专用章的名称应当保持一致。但是，在下列情形下可以不一致：

①因注册验资开立的临时存款账户，其账户名称为工商行政管理部门核发的企业名称预先核准通知书或政府有关部门批文中注明的名称，其预留银行签章中公章或财务专用章的名称应是存款人与银行在银行结算账户管理协议中约定的出资人名称。

②预留银行签章中公章或财务专用章的名称依法可使用简称的，账户名称应与其保持一致。

③没有字号的个体工商户开立的银行结算账户，其预留签章中公章或财务专用章应是个体户字样加营业执照上载明的经营者的签字或盖章。

（3）注册验资资金或增资验资资金的退还。存款人因注册验资或增资验资开立临时存款账户后，需要在临时存款账户有效期届满前退还资金的，应出具工商行政管理部门的证明，无法出具证明的，应于账户有效期届满后办理销户退款手续。

（4）银行结算账户的信息查询。存款人开立基本存款账户后，中国人民银行当地分支行应当为存款人打印初始密码，由开户银行转交存款人。存款人可以向中国人民银行当地分支行或者基本存款账户开户行，在提交基本存款账户开户许可证后，使用密码查询其已经开立的所有银行结算账户的相关信息。

3. 开立银行结算账户的使用

存款人开立单位银行结算账户，自正式开立之日起3个工作日后，方可办理付款业务。但注册验资的临时存款账户转为基本存款账户和因借款转存开立的一般存款账户除外。对于核准制银行结算账户，"正式开立之日"具体是指中国人民银行当地分支行的核准日期；对于非核准制银行结算账户，"正式开立之日"具体是指银行为存款人办理开户手续的日期。

（二）银行结算账户的变更

银行结算账户的变更，是指存款人名称、单位法定代表人、住址以及其他开户资料发生变化而应到原开户行办理相应的变更手续。

存款人更改名称，但不改变开户银行及账号的，应于5个工作日内向开户银行提出银行结算账户的变更申请，并出具有关部门的证明文件。

单位的法定代表人或主要负责人、住址以及其他开户资料发生变更时，应于5个工作日内书面通知开户银行并提供有关证明。

银行接到存款人的变更通知后，应及时办理变更手续，并于2个工作日内向中国人民银行当地分支行报告。

企业银行账户发生改变的应在改变后15日内向主管税务机关书面报告。

（三）银行结算账户的撤销

银行结算账户的撤销是指存款人因开户资格或其他原因终止银行结算账户使用的行为。

存款人有以下情形之一的，应向开户银行提出撤销银行结算账户的申请：

（1）被撤并、解散、宣告破产或关闭的。

（2）注销、被吊销营业执照的。

（3）因迁址，需要变更开户银行的。

（4）其他原因需要撤销银行结算账户的。

存款人有本条第（1）（2）项情形的，应于5个工作日内向开户银行提出撤销银行结算账户的申请。

未获得工商行政管理部门核准的单位，在验资期满后，应向银行申请撤销注册验资临时存款账户，其账户资金应退还给原汇款人账户。注册资金以现金方式存入，出资人需提取现金的，应出具缴存现金时的现金缴款单原件及其有效身份证。

存款人尚未清偿其开户银行债务的，不得申请撤销银行结算账户。

存款人撤销银行结算账户，必须与开户银行核对银行结算账户存款余额，交回各种重要空白票据及结算凭证和开户登记证，银行核对无误后方可办理销户手续。

开户银行对已开户一年，但未发生任何业务且未欠开户行债务的单位银行结算账户，应通知存款人自发出通知30日内到开户银行办理销户手续，逾期视同自愿销户，未划转款项列入久悬未取专户管理。

【例2-5】关于银行结算账户的变更与撤销，下列表述中，不正确的有（ ）。

A. 存款人更改名称但不改变开户银行及账号的，应于5个工作日内向开户银行提出变更申请，并出具相关证明
B. 单位的法定代表人发生变更时，应于3个工作日内书面通知开户银行并提供有关证明
C. 存款人注销、被吊销营业执照的，应于5个工作日内向开户银行提出撤销银行结算账户的申请
D. 存款人尚未结清其开户银行债务的，不得申请撤销银行结算账户

答案：B

解析：单位的法定代表人发生变更时，应于5个工作日内书面通知开户银行并提供有关证明。

四、银行结算账户

（一）基本存款账户

基本存款账户是存款人因办理日常转账结算和现金收付需要开立的银行结算账户。

1. 基本存款账户使用范围

基本存款账户是存款人的主办账户。一个单位只能选择一家银行的一个营业机构开立基本存款账户，其他银行结算账户的开立必须以基本存款账户的开立为前提，必须凭基本存款账户开户登记证办理开户手续。其使用范围包括：存款人日常经营活动的资金收付及其工资、奖金和现金的支取，应通过该账户办理。

2. 基本存款账户开户要求

（1）申请开立基本存款账户的存款人资格。根据《账户管理办法》第十一条的规定，下列存款人可以申请开立基本存款账户：企业法人、非法人企业、机关、事业单位、团级（含）以上军队、武警部队及分散执勤的支（分）队、社会团体、民办非企业组织、异地常设机构、外国驻华机构、个体工商户、居

民委员会、村民委员会、社区委员会、单位设立的独立核算的附属机构、其他组织。

由此可见,《账户管理办法》对开立基本存款账户的存款人资格的规定比较宽泛,凡是具有民事权利能力和民事行为能力,并依法独立享有民事权利和承担民事义务的法人和其他组织,均可以开立基本存款账户。同时,有些单位虽然不是法人组织,但具有独立核算资格,有自主办理资金结算的需要,包括非法人企业(如具有营业执照的企业集团下属的分公司)、外国驻华机构、个体工商户、单位设立的独立核算的附属机构(单位附属独立核算的食堂、招待所、幼儿园)等,也可以开立基本存款账户。

《账户管理办法》对开立基本存款账户的存款人资格的规定比较宽泛,凡是具有民事权利能力和民事行为能力,并依法独立享有民事权利和承担民事义务的法人和其他组织,均可以开立基本存款账户。同时,有些单位虽然不是法人组织,但具有独立核算资格,有自主办理资金结算的需要,包括非法人企业(如具有营业执照的企业集团下属的分公司)、外国驻华机构、个体工商户、单位设立的独立核算的附属机构(单位附属独立核算的食堂、招待所、幼儿园)等,也可以开立基本存款账户。

(2)开立基本存款账户的证明文件。根据《账户管理办法》第十七条的规定,存款人申请开立基本存款账户,应向银行出具下列证明文件:

①企业法人,应出具企业法人营业执照正本。

②非法人企业,应出具企业营业执照正本。

③机关和实行预算管理的事业单位,应出具政府人事部门或编制委员会的批文或登记证书和财政部门同意其开户的证明;非预算管理的事业单位,应出具政府人事部门或编制委员会的批文或登记证书。

④军队、武警团级(含)以上单位以及分散执勤的支(分)队,应出具军队军级以上单位财务部门、武警总队财务部门的开户证明。

⑤社会团体,应出具社会团体登记证书,宗教组织还应出具宗教事务管理部门的批文或证明。

⑥民办非企业组织,应出具民办非企业登记证书。

⑦外地常设机构,应出具其驻地政府主管部门的批文。

⑧外国驻华机构,应出具国家有关主管部门的批文或证明;外资企业驻华代表处、办事处应出具国家登记机关颁发的登记证。

⑨个体工商户,应出具个体工商户营业执照正本。

⑩居民委员会、村民委员会、社区委员会,应出具其主管部门的批文或证明。

⑪独立核算的附属机构,应出具其主管部门的基本存款账户开户登记证和

批文。

⑫其他组织，应出具政府主管部门的批文或证明。

为了加强纳税人的税源控制和银行账户的管理，《税收征收管理法》及其细则规定，如果存款人为从事生产、经营活动的纳税人，还应出具税务部门颁发的税务登记证。若根据国家有关规定无法取得税务登记证的，在申请开立基本存款账户时可不出具税务登记证。

3. 开立基本存款账户的程序

根据《账户管理办法》的有关规定，存款人申请开立基本存款账户的，应填制开户申请书，提供规定的证明文件。

开户银行应对存款人的开户申请书填写的事项和证明文件的真实性、完整性、合规性进行认真审查。并将审查后的存款人提交的上述文件和审核意见等开户资料报送中国人民银行当地分支行，经其核准后办理开户手续。

中国人民银行应于两个工作日内对银行报送的基本存款账户开户资料的合规性以及唯一性进行审核，符合开户条件的，予以核准；不符合开户条件的，应在开户申请书上签署意见，连同有关证明文件一并退回报送银行。

（二）一般存款账户

一般存款账户是指存款人因借款或其他结算需要，在基本存款账户开户银行以外的银行营业机构开立的银行结算账户。

1. 一般存款账户的使用范围

一般存款账户用于办理存款人借款转存、借款归还和其他结算的资金收付。该账户可以办理现金缴存，但不得办理现金支取。

2. 一般存款账户的开户要求

（1）开立一般存款账户的存款人资格。开立基本存款账户的存款人都可以开立一般存款账户。只要存款人具有借款或其他结算需要，都可以申请开立一般存款账户，且没有数量限制。但需要明确的是，一般存款账户不能在基本存款账户的开户银行（同一家营业机构）开立。

（2）开立一般存款账户应出具的证明文件。存款人申请开立一般存款账户，应向开户银行出具下列证明文件：

①开立基本存款账户规定的证明文件。

②基本存款账户开户登记证。

③存款人因向银行借款需要，应出具借款合同。

④存款人因其他结算需要，应出具有关证明。

3. 开立一般存款账户的程序

开立一般存款账户，实行备案制，无需中国人民银行核准。根据《账户管理办法》的有关规定，存款人申请开立一般存款账户时，应填制开户申请书，提供规定的证明文件；银行应对存款人的开户申请书填写的事项和证明文件的真实性、完整性、合规性进行认真审查。符合一般存款账户条件的，银行应办理开户手续，同时应在其基本存款账户开户登记证上登记账户名称、账号、账户性质、开户银行、开户日期，并签章，于开户之日起5个工作日内向中国人民银行当地分支行备案。自开立一般存款账户之日起3个工作日内书面通知其基本存款账户开户银行。

【例2-6】 下列关于支付结算的各项表述中，符合规定的有（   ）。

A. 单位银行账户分为基本存款账户、一般存款账户、临时存款账户和专用存款账户

B. 存款人只能选择一家银行的一个营业机构开立一个基本存款账户

C. 存款人可以通过基本存款账户办理工资、奖金等现金的支取

D. 存款人可以通过一般存款账户办理工资、奖金等现金的支取

答案： ABC

解析： 对于选项D，存款人可以通过基本存款账户办理工资、奖金等现金的支取。

（三）专用存款账户

专用存款账户是指存款人按照法律、行政法规和规章，对其特定用途资金进行专项管理和使用而开立的银行结算账户。

1. 专用存款账户的使用范围

根据《账户管理办法》第十三条的规定，对下列"特定用途"资金的管理与使用，存款人可以申请开立专用存款账户：（1）基本建设资金；（2）更新改造资金；（3）财政预算外资金；（4）粮、棉、油收购资金；（5）证券交易结算资金；（6）期货交易保证金；（7）信托基金；（8）金融机构存放同业资金；（9）政策性房地产开发资金；（10）单位银行卡备用金；（11）住房基金；（12）社会保障基金；（13）收入汇缴资金；（14）业务支出资金；（15）党、团、工会设在单位的组织机构经费等专项管理和使用的资金。

开立专用存款账户的目的是保证特定用途的资金专款专用，并有利于监督管理。《账户管理办法》强调，只有法律、行政法规和规章规定要专户存储和使用的资金，才纳入专用存款账户管理，专用存款账户支取现金应按照具体规定办理，针对不同的专用资金，《账户管理办法》规定了不同的使用范围：

（1）单位银行卡账户的资金必须由其基本存款账户转账存入。该账户不得办理现金收付业务。

（2）财政预算外资金、证券交易结算资金、期货交易保证金和信托基金专用存款账户，不得支取现金。

（3）基本建设资金、更新改造资金、政策性房地产开发资金、金融机构存

放同业资金账户需要支取现金的,应在开户时报中国人民银行当地分支行批准。中国人民银行当地分支行应根据国家现金管理的规定审查批准。

(4) 粮、棉、油收购资金,社会保障基金,住房基金和党、团、工会经费等专用存款账户支取现金应按照国家现金管理的规定办理。

(5) 收入汇缴账户除向其基本存款账户或预算外资金财政专用存款户划缴款项外,只收不付,不得支取现金。业务支出账户除从其基本存款账户拨入款项外,只付不收,其现金支取必须按照国家现金管理的规定办理。

2. 开立专用存款账户应出具的证明文件

存款人申请开立专用存款账户,应向银行出具其开立基本存款账户规定的证明文件、基本存款账户开户登记证和下列证明文件:

(1) 基本建设资金、更新改造资金、政策性房地产开发资金、住房基金、社会保障基金,应出具主管部门批文。

(2) 财政预算外资金。应出具财政部门的证明。

(3) 粮、棉、油收购资金,应出具主管部门批文。

(4) 单位银行卡备用金,应按照中国人民银行批准的银行卡章程的规定出具有关证明和资料。

(5) 证券交易结算资金,应出具证券公司或证券管理部门的证明。

(6) 期货交易保证金,应出具期货公司或期货管理部门的证明。

(7) 金融机构存放同业资金,应出具其证明。

(8) 收入汇缴资金和业务支出资金,应出具基本存款账户存款人有关的证明。

(9) 党、团、工会设在单位的组织机构经费,或有关部门的批文或证明。

(10) 其他按规定需要专项管理和使用的资金,应出具该单位或有关部门的批文或证明。

此外,根据《账户管理办法》的规定,合格境外机构投资者在境内从事证券投资开立的人民币特殊账户和人民币结算资金账户纳入专用存款账户管理,其开立人民币特殊账户时应出具国家外汇管理部门的批复文件,开立人民币结算资金账户时应出具证券管理部门证券投资业务的许可证。

3. 开立专用存款账户的程序

根据《账户管理办法》的有关规定,存款人申请开立专用存款账户时,应填制开户申请书,提供规定的证明文件,银行应对存款人的开户申请书填写的事项和证明文件的真实性、完整性、合规性进行认真审查。如果专用存款账户属于预算单位专用存款账户的,银行应将存款人的开户申请书、相关的证明文件和银行审核意见等开户资料报送中国人民银行当地分支行,经其对申报资料进行合规性审查,并核准后办理开户手续,该核准程序与基本存款账户的核准程序相同。

如果属于预算单位专用存款账户之外的其他专用存款账户的,银行应办理开户手续,并于开户之日起5个工作日内向中国人民银行当地分支行备案。

银行在办理专用存款账户开户手续时,同时应在其基本存款账户开户登记证上登记账户名称、账号、账户性质、开户银行、开户日期,并签章,自开立专用存款账户之日起3个工作日内书面通知基本存款账户开户银行。

(四)临时存款账户

临时存款账户是指存款人因临时需要并在规定期限内使用而开立的银行结算账户。

1. 临时存款账户的使用范围

临时存款账户用于办理临时机构以及存款人临时经营活动发生的资金收付。根据《账户管理办法》及其细则的规定,有下列情况的,存款人可以申请开立临时存款账户:

(1)设立临时机构,如设立工程指挥部、筹备领导小组、摄制组等。

(2)异地临时经营活动,如建筑施工及安装单位等异地的临时经营活动。

(3)注册验资。

(4)境外(含港澳台地区)机构在境内从事经营活动等。

2. 临时存款账户的开户要求

开立临时存款账户应按照规定的程序办理并提交有关证明文件。存款人申请开立临时存款账户,应向银行出具下列证明文件:

(1)临时机构,应出具其驻在地主管部门同意设立临时机构的批文。

(2)异地建筑施工及安装单位,应出具其营业执照正本或其隶属单位的营业执照正本,以及施工及安装地建设主管部门核发的许可证或建筑施工及安装合同。

(3)异地从事临时经营活动的单位,应出具其营业执照正本以及临时经营地工商行政管理部门的批文。

(4)注册验资资金,应出具工商行政管理部门核发的企业名称预先核准通知书或有关部门的批文。

存款人申请开立上述第(2)、(3)项还应出具其基本存款账户开户登记证。

3. 开立临时存款账户的程序

根据《账户管理办法》的有关规定,存款人申请开立临时存款账户时,首先应填制开户申请书,提供规定的证明文件,而银行应对存款人的开户申请书填写的事项和证明文件的真实性、完整性、合规性进行认真审查。对于开户申请书、相关的证明文件和银行审核意见等开户资料银行应及时报送中国人民银行当地分支行,中国人民银行在对申报资料进行合规性审查并核准后,办理开户手续。该核准程序与基本存款账户的核准程序相同。

银行在办理临时存款账户开户手续时，同时应在其基本存款账户开户许可证上登记账户名称、账号、账户性质、开户银行、开户日期并签章。但临时机构和注册验资需要开立的临时存款账户除外。银行自开立临时存款账户之日起3个工作日内应书面通知基本存款账户开户银行。

4. 临时存款账户使用中应注意的问题

（1）临时存款账户支取现金，应按照国家现金管理的规定办理。

（2）注册验资的临时存款账户在验资期间只收不付，注册验资资金的汇缴人应与出资人的名称一致。

（3）临时存款账户的有效期最长不得超过2年。存款人在账户使用中需要延长期限的，应在有效期限届满前向开户银行提出申请，并由开户银行报中国人民银行当地分支行核准后办理展期，并由该分支行收回原临时存款账户开户许可证，颁发新的临时存款账户许可证。中国人民银行当地分支行不核准展期申请的，存款人应当及时办理该临时存款账户的撤销手续。

（五）个人银行结算账户

个人银行结算账户是自然人因投资、消费、结算等而开立的可办理支付结算业务的存款账户。

1. 个人银行结算账户的使用范围

个人银行结算账户用于办理个人转账收付和现金支取，储蓄账户仅限于办理现金存取业务，不得办理转账结算。根据《人民币银行结算账户管理办法》的规定，下列款项可以转入个人银行结算账户：（1）工资、奖金收入；（2）稿费、演出费等劳务收入；（3）债券、期货、信托等投资的本金和收益；（4）个人债权或产权转让收益；（5）个人贷款转存；（6）证券交易结算资金和期货交易保证金；（7）继承、赠与款项；（8）保险理赔、保费退还等款项；（9）纳税退还；（10）农、副、矿产品销售收入；（11）其他合法款项。

2. 个人银行结算账户的开户要求

（1）开户人资格。自然人可根据需要申请开立个人银行结算账户，也可以在已开立的储蓄账户中选择并向开户银行申请确认为个人银行结算账户。有下列情况的，可以申请开立个人银行结算账户：

①使用支票、信用卡等信用支付工具的。

②办理汇兑、定期借记、定期贷记、借记卡等结算业务的。

（2）证明文件。存款人申请开立个人银行结算账户，应向银行出具下列证明文件：

①中国居民，应出具居民身份证或临时身份证。

②中国人民解放军军人，应出具军人身份证件。

③中国人民武装警察，应出具武警身份证件。

④中国香港、中国澳门居民，应出具港澳居民往来内地通行证；中国台湾居民，应出具台湾居民来往大陆通行证或者其他有效旅行证件。

⑤外国公民，应出具护照。

⑥法律、法规和国家有关文件规定的其他有效证件。

此外，银行为个人开立银行结算账户时，根据需要还可要求申请人出具户口簿、驾驶执照、护照等有效证件。

3. 开立个人银行结算账户的程序

根据《账户管理办法》有关规定，存款人申请开立个人银行结算账户的，应填制开户申请书，提供规定的证明文件。银行应对存款人的开户申请书填写的事项和证明文件的真实性、完整性、合规性进行认真审查。符合开户条件的，银行应办理开户手续，并于开户之日起5个工作日内向中国人民银行当地分支行备案。

4. 个人银行结算账户使用中应注意的问题：

（1）单位从银行结算账户支付给个人银行结算账户的款项，每笔超过5万元的（不含5万元），应向其开户银行提供付款依据（即对应前面个人银行结算账户使用范围的相关证明）。

（2）从单位银行结算账户支付给银行结算账户的款项应纳税的，税收代扣单位付款时，应向其开户银行提供完税证明。

（3）个人持出票人为单位的支票向开户银行委托收款，将款项转入其个人结算银行账户的或者个人持申请人为单位的银行汇票和银行本票向开户银行提示付款，将款项转入其个人结算银行账户的，个人应当提供有关收款依据。

（4）个人持出票人（或申请人）为单位，且一手或多手背书人为单位的支票、银行汇票或银行本票，向开户银行提示付款并将款项转入其个人银行结算账户的，应当提供有关最后一手背书人为单位且被背书人为个人的收款依据。

（5）单位银行结算账户支付给个人银行结算账户款项的，单位银行结算账户的开户银行应认真审查付款依据或收款依据原件的真实性、合法性，并留存复印件，按会计档案保管。未提供相关依据或相关依据不符合规定的，银行应拒绝办理。

（6）储蓄账户仅限于办理现金存取业务，不得办理转账结算。

（六）异地银行结算账户

异地银行结算账户是指存款人符合法定条件，根据需要在异地开立相应的银行结算账户。包括异地单位银行结算账户和异地个人银行结算账户。

1. 异地银行结算账户的使用范围

《账户管理办法》规定单位或个人只要符合相关条件，均可根据需要在异地开立相应的银行结算账户。

2. 异地银行结算账户的开户要求

存款人有下列情形之一的,可以在异地开立有关银行结算账户:

(1) 营业执照注册地与经营地不在同一行政区域(跨省、市、县)需要开立基本存款账户的。

(2) 办理异地借款和其他结算需要开立一般存款账户的。

(3) 存款人因附属的非独立核算单位或派出机构发生的收入汇缴或业务支出需要开立专用存款账户的。

(4) 异地临时经营活动需要开立临时存款账户。

(5) 自然人根据需要在异地开立个人银行结算账户的。

开立异地单位银行结算账户,存款人还应出具下列相应的证明文件:

(1) 经营地与注册地不在同一行政区域的存款人,在异地开立基本存款账户的,应出具注册地中国人民银行分支行的未开立基本存款账户的证明。该情况主要适用于:①注册地与经营地均未运行账户管理系统;②注册地运行账户管理系统,经营地未运行账户管理系统;③经营地运行账户管理系统,注册地未运行账户管理系统的。

(2) 异地借款的存款人,在异地开立一般存款账户的,应出具在异地取得贷款的借款合同。

(3) 因经营需要在异地办理收入汇缴和业务支出的存款人,在异地开立专用存款账户的,应出具隶属单位的证明。

其中,属上述第(2)、第(3)种情况的,还应出具其基本存款账户开户许可证。

存款人需要在异地开立个人银行结算账户,应出具的证明文件与前述开立个人存款账户要求的证明文件相同。

3. 开立异地银行结算账户的程序

开立异地银行结算账户的,根据其账户的种类不同,开立程序与前述相关账户开立的程序相同。

五、银行结算账户的管理

(一) 中国人民银行的管理

中国人民银行是银行结算账户的监督管理部门,负责对银行结算账户的开立、使用、变更和撤销进行检查监督。其对银行结算账户的管理具体内容如下:

(1) 负责对银行结算账户的开立和使用实施监控和管理。

(2) 负责基本存款账户、临时存款账户和预算单位专用存款账户开户登记证的管理。

（3）负责监督、检查银行结算账户的开立和使用，对存款人、银行违反银行结算账户管理规定的行为予以处罚。

（二）开户银行的管理

开户银行负责对开户单位的管理，具体内容如下：

（1）负责所属营业机构银行结算账户开立和使用的管理，监督和检查其执行本办法的情况，纠正违规开立和使用银行结算账户的行为。

（2）明确专人负责银行结算账户的开立、使用和撤销的审查和管理，负责对存款人开户申请资料的审查，并按照本办法的规定及时报送存款人开销户信息资料，建立健全开销户登记制度，建立银行结算账户管理档案，按会计档案进行管理。银行结算账户管理档案的保管期限为银行结算账户撤销后10年。

（3）应对已开立的单位银行结算账户实行年检制度，检查开立的银行结算账户的合规性，核实开户资料的真实性；对不符合本办法规定开立的单位银行结算账户，应予以撤销。对经核实的各类银行结算账户的资料变动情况，应及时报告中国人民银行当地分支行。

（4）银行应对存款人使用银行结算账户的情况进行监督，对存款人的可疑支付应按照中国人民银行规定的程序及时报告。

（三）存款人的管理

1. 存款人应加强对预留银行签章的管理

（1）单位遗失预留公章或财务专用章的，应向开户银行出具书面申请、开户登记证、营业执照等相关证明文件。

（2）单位存款人申请更换预留公章或财务专用章，应向开户银行出具书面申请、原预留公章或财务专用章等相关证明文件。

（3）个人遗失或更换预留个人印章或更换签字人时，应向开户银行出具经签名确认的书面申请，以及原预留印章或签字人的个人身份证件。银行应留存相应的复印件，并凭以办理预留银行签章的变更。

2. 存款人应妥善保管其密码

存款人在收到开户银行转交的初始密码之后，应到中国人民银行当地分支行或基本存款账户开户银行办理密码变更手续。存款人遗失密码的，应持其开户时需要出具的证明文件和基本账户开户许可证到中国人民银行当地分支行申请重置密码。

3. 存款人应加强对开户许可证的管理

开户许可证遗失或毁损时，存款人应填写"补（换）发开户许可证申请书"，并加盖单位公章，比照《账户管理办理》及其实施细则有关开立银行结算账户的规定，通过开户银行向中国人民银行当地分支行提出补（换）发开户许可证的申请。申请换发开户许可证的，存款人应缴回开户许可证。

六、违反银行账户管理法律制度的法律责任

(一) 存款人违反银行账户管理制度的处罚

(1) 存款人在开立、撤销银行结算账户时,有下列违法行为之一的,非经营性的存款人,给予警告并处以 1 000 元的罚款;经营性的存款人,给予警告并处以 1 万元以上 3 万元以下的罚款;构成犯罪的,移交司法机关依法追究刑事责任:

①违反规定开立银行结算账户。

②伪造、变造证明文件欺骗银行开立银行结算账户。

③违反规定不及时撤销银行结算账户。

(2) 存款人在使用银行结算账户时,有下列违法行为之一的,对非经营性的存款人,给予警告并处以 1 000 元罚款;经营性的存款人,给予警告并处以 5 000 元以上 3 万元以下的罚款:

①违反规定将单位款项转入个人银行结算账户。

②违反规定支取现金。

③利用开立银行结算账户逃避银行债务。

④出租、出借银行结算账户。

⑤从基本存款账户之外的银行结算账户转账存入、将销货收入存入或现金存入单位信用卡账户。

(3) 法定代表人或主要负责人、存款人地址及其他开户资料的变更事项未在规定期限内通知银行,给予警告并处以 1 000 元的罚款。

(4) 存款人违反规定,伪造、变造、私自印制开户登记证的,属非经营性的处以 1 000 元罚款;属经营性的处以 1 万元以上 3 万元以下的罚款;构成犯罪的,移交司法机关依法追究刑事责任。

(二) 银行及其有关人员违反银行账户管理制度的处罚

(1) 银行在银行结算账户的开立中,有下列行为之一的,给予警告,并处以 5 万元以上 30 万元以下的罚款;对该银行直接负责的高级管理人员、其他直接负责的主管人员、直接责任人员按规定给予纪律处分;情节严重的,中国人民银行有权停止对其开立基本存款账户的核准,责令该银行停业整顿或者吊销经营金融业务许可证;构成犯罪的,移交司法机关依法追究刑事责任:

①违反规定为存款人多头开立银行结算账户。

②明知或应知是单位资金,而允许以自然人名称开立账户存储。

(2) 银行在银行结算账户的使用中,有下列行为之一的,给予警告,并处以 5 000 元以上 3 万元以下的罚款;对该银行直接负责的高级管理人员、其他直接负责的主管人员、直接责任人员按规定给予纪律处分;情节严重的,中国人

民银行有权停止对其开立基本存款账户的核准,构成犯罪的,移交司法机关依法追究刑事责任:

①提供虚假开户申请资料欺骗中国人民银行许可开立基本存款账户、临时存款账户、预算单位专用存款账户。

②开立或撤销单位银行账户,未按规定在其基本存款账户许可证上予以登记、盖章或通知相关开户银行。

③违反规定办理个人银行结算账户转账结算。

④为储蓄户办理转账结算。

⑤违反规定为存款人支付现金或办理现金存入。

⑥超过期限或未向中国人民银行报送账户开立、变更、撤销等资料。

第四节　票据结算方式

一、票据结算概述

(一) 票据的概念与种类

票据在概念上有广义和狭义之分。广义的票据包括有价证券和凭证,如股票、国库券、企业债券、发票、提单等;狭义上的票据是指《票据法》上规定的票据。

根据《票据法》的规定,票据是由出票人依法签发的,约定自己或者委托付款人在见票时或指定的日期向收款人或持票人无条件支付一定金额的有价证券。在我国,《票据法》规定的票据仅包括银行汇票、商业汇票、银行本票和支票。

(二) 票据的特征与功能

1. 票据的特征

票据作为一种有价证券,具有有价证券的一般特征,但它又是区别于其他有价证券的一类独立的有价证券。与其他有价证券相比,票据主要具有以下法律特征。

(1) 票据是债券凭证。也是一种金钱凭证。票据是以支付一定金额为目的的有价证券,当票据上记载的金额得以全部支付时,票据上的权利和义务也就消灭了。

(2) 票据是设权证券。票据权利的发生必须首先作成票据。票据的签发,不是为了证明已经存在权利,而是为了创设一种权利。

(3) 票据是文义证券。票据上所创设的权利和义务,均依票据上记载的文字内容来确定，不得以票据以外的任何事由变更其效力。

（4）票据是无因证券。票据权利的产生是有因的，票据权利的行使是无因的。票据关系是基于票据行为而发生在当事人相互之间的债权债务关系，即票据上的权利义务关系。票据关系以票据为载体，虽然以基础关系为前提，但票据关系又与其赖以建立的基础关系相分离，票据关系的成立、有效并不以授受票据的基础关系的成立、有效为必要，票据关系的存在与否并不以基础关系（原因关系、资金关系、预约关系）的不成立、被撤销、无效为转移。

（5）票据是要式证券。是指票据上所记载的事项通过法律的形式加以规定，如果缺少规定要件，票据就无法律效力。具体来讲，票据的做成格式和记载事项，必须按照相关法规的规定的严格格式进行相关事项的记载，否则就会影响该票据的效力，甚至会导致票据的无效。

2. 票据的功能

（1）支付功能。即票据可以充当支付工具，代替现金使用。对于当事人而言，用票据支付可以消除现金携带的不便，节省计算现金的时间。

（2）汇兑功能。即一国货币所具有的购买外国货币的能力。

（3）信用功能。即票据当事人可以凭借自己的信誉，将未来才能获得的金钱作为现在的金钱来使用。

（4）结算功能。即债务抵消功能。简单的结算是互有债务的双方当事人各签发一张本票，待两张本票都到到期日相互抵消债务。若有差额，由一方以现金支付。

（5）融资功能。即融通资金或调度资金。票据的融资功能是通过票据的贴现、转贴现和再贴现实现的。

（三）票据行为

票据行为是指票据当事人以发生票据债务为目的、以在票据上签名或盖章为权利与义务成立要件的法律行为，包括出票、背书、承兑和保证四种。

（1）出票是指出票人签发票据并将其交付给收款人的行为。出票包括两个行为：一是出票人依照《票据法》的规定作成票据，即在原始票据上记载法定事项并签章；二是交付票据，即将作成的票据交付给他人占有。这两者缺一不可。

（2）背书是指持票人为将票据权利转让给他人或者将一定的票据权利授予他人行使，而在票据背面或者粘单上记载有关事项并签章的行为。按照票据权利是否转移，背书分为转让背书和非转让背书，前者票据权利转移，后者不发生转移。非转让背书按照发生的原因又分为委托收款背书和质押背书，委托收款背书是指以委托他人代替自己行使票据权利、收取票据金额为目的的背书；质押背书是以设定质权、提供债务担保为目的在票据上进行的背书。

(3) 承兑是指汇票付款人承诺在汇票到期日支付汇票金额并签章的行为。承兑行为只发生在远期汇票的有关活动中。承兑行为是针对汇票而言的，并且只是远期汇票才可能承兑。本票、支票和即期汇票都不可能发生承兑。

(4) 保证是指票据债务人以外的人，为担保特定债务人履行票据债务而在票据上记载有关事项并签章的行为。

（四）票据当事人

票据当事人是指票据法律关系中享有票据权利、承担票据义务的当事人，也称票据法律关系主体。票据当事人可分为基本当事人和非基本当事人。

1. 基本当事人

票据基本当事人是指在票据作成和交付时就已经存在的当事人，是构成票据法律关系的必要主体，包括出票人、付款人和收款人。

(1) 出票人是指依法定方式签发票据并将票据交付给收款人的人。

(2) 收款人是指票据到期后有权收取票据所载金额的人，又称票据权利人。

(3) 付款人是指由出票人委托付款或自行承担借款责任的人。付款人付款后，票据上的一切债务责任解除。

汇票和支票的基本当事人有出票人、付款人与收款人；本票的基本当事人有出票人与收款人（因为银行本票的付款人与出票人相同，都是银行）。

2. 非基本当事人

票据非基本当事人是指在票据作成并交付后，通过一定的票据行为加入票据关系而享有一定权利、承担一定义务的当事人。非基本当事人包括承兑人、背书人、被背书人、保证人等。

(1) 承兑人是指接受汇票出票人的付款委托同意承担支付票款义务的人。

(2) 背书人与被背书人。背书人是指在转让票据时，在票据背面签字或盖章并将该票据交付给受让人的票据收款人或持有人。被背书人是指被记名受让票据或接受票据转让的人。

(3) 保证人是指为票据债务提供担保的人，由票据债务人以外的第三人担当。保证人在被保证人不能履行票据付款责任时，以自己的金钱履行票据付款义务，然后取得持票人的权利，向票据债务人追索。

并非所有的票据当事人一定同时出现在某一张票据上，除基本当事人外，非基本当事人是否存在，取决于相应票据行为是否发生。不同票据上可能出现的票据当事人也有所不同。

（五）票据权利与责任

1. 票据权利

票据权利是指票据持票人向票据债务人请求支付票据金额的权利，包括付款请求权和追索权。

（1）付款请求权是指持票人向汇票的承兑人、本票的出票人、支票的付款人出示票据要求付款的权利，是第一顺序权利，又称主要票据权利。行使付款请求权的持票人可以是票据记载的收款人或最后的被背书人。担负付款请求权付款义务的主要是主债务人。

（2）票据追索权是指票据当事人行使付款请求权遭到拒绝或其他法定原因存在时，向其前手请求偿还票据金额及其他法定费用的权利，是第二顺序权利，又称偿还请求权。行使追索权的当事人除票据记载收款人和最后被背书人外，还可能是代为清偿票据债务的保证人、背书人。再追索权是指被追索人清偿票款后，对其前手当事人享有的再行追索的权利。

2. 票据权利的时效

票据权利的时效是指票据权利在时效期间内不行使，即引起票据权利丧失。《票据法》规定，票据权利在下列期限内不行使而消灭：

（1）持票人对票据的出票人和承兑人的权利，自票据到期日起 2 年。

（2）见票即付的汇票、本票，持票人对票据出票人和承兑人的权利是自出票日起 2 年。

（3）持票人对支票出票人的权利，自出票日起 6 个月。

（4）持票人对前手的追索权，自被拒绝承兑或者被拒绝付款之日起 6 个月。

（5）持票人对前手的再追索权，自清偿日或者被提起诉讼之日起 3 个月。

持票人因超过票据权利时效或因票据记载事项欠缺而丧失票据权利的，仍享有民事权利，可以请求出票人或承兑人返还其与未支付的票据金额相当的利益。

3. 票据义务

票据义务是指票据债务人向持票人支付票据金额的责任。它是基于债务人特定的票据行为（如出票、背书、承兑等）而应承担的义务，不具有制裁性质，主要包括付款义务和偿还义务。实务中，票据债务人承担的义务一般有以下四种情况：

（1）汇票承兑人因承兑而应承担的付款义务。

（2）本票出票人因出票而承担自己付款的义务。

（3）支票付款人在与出票人有资金关系时承担的付款义务。

（4）汇票、支票、本票的背书人，汇票、支票的出票人、保证人，在票据不获承兑或不获付款时的付款清偿义务。

（六）票据记载事项

票据记载事项是指依法在票据上记载票据相关内容的行为。票据记载事项可分为绝对记载事项、相对记载事项和任意记载事项等。

1. 绝对记载事项

是指《票据法》明文规定必须记载的，如不记载，票据即为无效的事项。

如表明票据种类的事项，必须记明"汇票""本票""支票"字样，否则票据无效。各类票据共同、绝对记载的事项包括：(1) 票据的种类；(2) 确定的金额；(3) 收款人名称；(4) 出票日期；(5) 出票人签章。

2. 相对记载事项

是指《票据法》规定应该记载而未记载时，适用法律的有关规定而不使票据失效的事项。如汇票上未记载付款日期的为见票即付，这属于相对记载事项。

3. 非法定记载事项

是指《票据法》不强制当事人必须记载而允许当事人自行选择，不记载时不影响票据效力，记载时则产生票据效力的事项。如出票人在汇票记载"不得转让"字样的，汇票则不得转让，但如果不记载则不产生法律效力。其中"不得转让"事项即为任意记载事项。

(七) 票据丧失的补救

票据丧失是指票据因灭失、遗失、被盗等原因而使票据权利人脱离其对票据的占有。由于票据权利与票据不可分离，因此，票据丧失后可以采取挂失止付、公示催告、普通诉讼三种形式进行补救。

1. 挂失止付

是指失票人将丧失票据的情况通知付款人，由接受通知的付款人审查后暂停支付的一种方式。挂失止付并不是票据丧失后采取的必经措施，而只是一种暂时的预防措施，最终要通过申请公示催告或提起普通诉讼。根据《票据法》的规定，失票人应当在通知挂失止付后的 3 日内，也可以在票据丧失后，依法向人民法院申请公示催告，或者向人民法院提起诉讼。

2. 公示催告

是指在票据丧失后由失票人向人民法院提出申请，请求人民法院以公告方式通知不确定的利害关系人限期申报权利，逾期未申报者，则权利失效，而由法院通过除权判决宣告所丧失的票据无效的一种制度或程序。

3. 普通诉讼

是指丧失票据的失票人为原告，以承兑人或出票人为被告，请求法院判决其向失票人付款的诉讼活动。如果与票据上的权利有利害关系的人是明确的，无须公示催告，可按一般的票据纠纷向法院提起诉讼。

(八) 票据的签章

票据签章是指票据有关当事人在票据上签名、盖章或签名加盖章的行为。票据签章是票据行为生效的重要条件，也是票据行为表现形式中必须记载的事项。如果票据缺少当事人的签章，该项票据行为便无效。

票据上的签章因票据行为的性质不同，签章当事人不同。票据签发时，由出票人签章；票据转让时，由背书人签章；票据承兑时，由承兑人签章；票据保证时，由保证人签章；持票人行使票据权利时，由持票人签章。签章当事人在票据上的签章不符合规定的，其签章无效，但不影响其他符合规定的签章的效力。

二、支票

(一) 支票的概念及适用范围

支票是指由出票人签发的、委托办理支票存款业务的银行在见票时无条件支付确定的金额给收款人或者持票人的票据。单位和个人的各种款项结算，均可以使用支票。2007年7月8日，中国人民银行宣布，支票可以实现全国范围内互通使用。

支票的基本当事人包括出票人、付款人和收款人。支票可以背书转让，但用于支取现金的支票不能背书转让。支票的出票人，即存款人，是经中国人民银行批准办理支票业务的银行机构开立可以使用的支票的存款账户的单位和个人；付款人，即出票人的开户银行；收款人，即票面上填明的收款人，也可以是经背书转让的被背书人。出票人可以在支票上记载自己为收款人。

(二) 支票的种类

按照支付票款的方式不同，支票分为现金支票、转账支票和普通支票。

1. 现金支票

支票上印有"现金"字样的为现金支票，现金支票只能用于支取现金。

2. 转账支票

支票上印有"转账"字样的为转账支票，转账支票只能用于转账，不得支取现金。

3. 普通支票

支票上未印有"现金"或"转账"字样的为普通支票，普通支票可以用于支取现金，也可用于转账。在普通支票左上角划两条平行线的，为划线支票，划线支票只能用于转账，不能支取现金。

(三) 支票的出票

支票的出票是指出票人委托银行无条件向持票人支付一定金额的票据行为。出票包括两个行为：一是作成票据，即在原始票据上记载法定事项并签章；二是交付票据，即将作成票据交付给他人占有。两者缺一不可。在出票时，最基本的环节是填制票据，而一张支票上需要记载的事项包括绝对记载事项和相对记载事项。

1. 支票的绝对记载事项

支票的绝对记载事项是指签发支票时必须记载的事项。包括：（1）表明"支票"的字样；（2）无条件支付的委托；（3）确定的金额；（4）付款人名称；

（5）出票日期；（6）出票人签章。欠缺记载上列事项之一的，支票无效。其中支票的金额、收款人名称可以由出票人授权补记，未补记前不得背书转让和提示付款。

2. 支票的相对记载事项

支票的相对记载事项有：（1）付款地。支票上未记载付款地的，付款人的营业场所为付款地；（2）出票地。支票上未记载出票地的，出票人的营业场所、住所或者经常居住地为出票地。

此外，支票上可以记载非法定记载事项，但这些事项并不发生支票上的效力。

3. 出票的效力

出票人作成支票并交付之后，出票人必须在付款人处存有足够可处分的资金，以保证支票票款的支付；当付款人对支票拒绝付款或者超过支票付款提示期限，出票人应向持票人承担付款责任。支票票据权利的时效是自出票日起 6 个月。

（四）支票的付款

支票的付款是指付款人根据持票人的请求向其支付支票金额的行为。具体操作流程主要包括两个方面，一是提示付款；二是付款。

1. 提示付款期限

支票属于见票即付的票据，因而没有到期日的规定，支票的出票日实质上就是到期日。我国《票据法》第九十条规定："支票限于见票即付，不得另行记载付款日期，另行记载付款日期的，该记载无效。"因此，出票人在付款人处的存款足以支付支票金额时，付款人应当在见票当日足额付款。支票的持票人应当自出票日起 10 日内提示付款；异地使用的支票，其提示付款的期限由中国人民银行另行规定。超过提示付款期限的，依照《票据法》规定，付款人可以不予付款，但是付款人不予付款的，出票人仍应当对持票人承担票据责任。

2. 付款

持票人在提示期间内向付款人提示票据，付款人在对支票进行审查之后，如未发现有不符规定之处，即应向持票人付款。《票据法》规定："出票人在付款人处的存款足以支付支票金额时，付款人应当在见票当日足额付款。"

3. 付款责任的解除

《票据法》第九十二条规定："付款人依法支付支票金额的，对出票人不再承担受委托付款的责任，对持票人不再承担付款的责任。但是，付款人以恶意或者有重大过失付款的除外。"所谓"恶意或重大过失付款"，主要是指付款人若进行通常的审查即可知持票人不是真正的票据权利人，而怠于此审查，并且支付票据金额的。具体表现为：付款人及其代理付款人，未履行对提示付款人合法身份证明或有效证件的审查义务,有条件审查而不进行审查的行为。在此情况下,付款人不能解除付款责任,由此造成损失的,由付款人承担赔偿责任。这是有关付款人付款责任解除的规定。

(五)支票的办理要求

存款人领购支票,必须填写"票据和结算凭证领用单"并签章,签章应与预留银行的签章相符。存款账户结清时,必须将全部剩余空白支票交回银行注销。

1. 签发支票的要求

根据《支付结算办法》的规定,签发和使用支票必须遵循以下规定:

(1)签发支票应当使用碳素墨水或墨汁填写,中国人民银行另有规定的除外。

(2)签发现金支票和用于支取现金的普通支票,必须符合国家现金管理的规定。

(3)支票的出票人签发支票的金额不得超过付款时在付款人处实有的存款金额。强调"付款时"付款人处有签发支票的金额。禁止签发空头支票。

(4)支票的出票人预留银行签章是银行审核支票付款的依据;银行也可以与出票人约定使用支付密码,作为银行审核支付支票金额的条件。

(5)出票人不得签发与其预留银行签章不符的支票;使用支付密码的,出票人不得签发支付密码错误的支票。

(6)出票人签发空头支票、签章与预留银行签章不符的支票,不以骗取财物为目的,由中国人民银行按票面金额处以5%但不低于1000元的罚款;持票人有权要求出票人赔偿支票金额2%的赔偿金。对屡次签发的,银行应停止其签发支票。

【例2-7】A公司向B公司签发一张金额为18 000元的支票。第5日,B公司提示付款时,A公司银行存款余额仅为15 000元。经查:出现银行存款余额不足付款的原因是A公司预计该日应存入该账户内的一笔销货款未进账所致。对A公司签发空头支票的行为,应给予的罚款是(   )元。

A. 360　　　　　　　　　　　　B. 750
C. 900　　　　　　　　　　　　D. 1 000

答案:D

解析:出票人签发空头支票,银行应予以退票,并按票面金额处以5%但不低于1 000元的罚款。

2. 兑付支票的要求

持票人兑付支票时应注意:

(1)持票人可以委托开户银行收款或直接向付款人提示付款。用于支取现金的支票仅限于收款人向付款人提示付款。

（2）持票人委托开户银行收款时，应作委托收款背书，在支票背面背书人签章栏签章，记载"委托收款"字样、背书日期，在被背书人栏记载开户银行名称，并将支票和填制的进账单送交开户银行。

三、商业汇票

汇票是出票人签发的，委托付款人在见票时或者在指定日期无条件支付确定的金额给收款人或者持票人的票据。根据出票人的不同，可以分为银行汇票和商业汇票。

（一）商业汇票的概念和种类

商业汇票是指由出票人签发的，委托付款人在指定日期无条件支付确定金额给收款人或者持票人的票据。商业汇票的付款期限，最长不得超过6个月。

商业汇票根据承兑人不同，分为商业承兑汇票和银行承兑汇票。商业承兑汇票由银行以外的付款人承兑，银行承兑汇票由银行承兑。商业汇票的付款人为承兑人。

（二）商业汇票的出票

商业汇票的出票是指出票人签发商业汇票并将其交付给收款人的票据行为。商业汇票的出票包括两个行为：一是作成票据，即在原始票据上记载法定事项并签章；二是交付票据，即将作成票据交付给他人占有。两者缺一不可。

1. 出票人的确定

商业汇票的出票人为在银行开立存款账户的法人以及其他组织，与付款人具有真实的委托付款关系，具有支付汇票金额的可靠资金来源。个人不能使用商业汇票。

2. 商业汇票的记载事项

（1）商业汇票的绝对记载事项。签发商业汇票必须记载下列事项，欠缺记载下列事项之一的，商业汇票无效：①表明商业承兑汇票或银行承兑汇票的字样；②无条件支付的委托；③确定的金额；④付款人名称；⑤收款人名称；⑥出票日期；⑦出票人签章。

（2）商业汇票的相对记载事项。相对记载事项的内容主要包括：①付款日期。汇票上未记载付款日期的，视为见票即付。②付款地。汇票上未记载付款地的，付款人的营业场所、住所或者经常居住地为付款地。③出票地。汇票上未记载出票地的，出票人的营业场所、住所或者经常居住地为出票地。

此外，汇票上可以记载非法定记载事项，但这些事项不具有汇票上的效力。

3. 商业汇票出票的效力

出票人依照《票据法》的规定完成出票行为之后，即产生票据上的效力。

包括：

（1）对收款人的效力。收款人取得汇票后，即取得票据权利。一方面就票面金额享有付款请求权；另一方面，在该请求权不能满足时，即享有追索权。

（2）对付款人的效力。出票行为是单方行为，付款人并不因此而有付款义务，而只有基于出票人的付款委托使其具有承兑人的地位，在对汇票承兑后，付款人才负有付款义务，成为汇票上的主债务人。

（3）对出票人的效力。出票人签发汇票后，即承担保证该汇票承兑和付款的责任。

（三）商业汇票的承兑

承兑是指汇票付款人承诺在汇票到期日支付汇票金额的票据行为。承兑是汇票特有的制度，本票和支票都没有承兑。商业承兑汇票可以由付款人签发并承兑，也可以由收款人签发交由付款人承兑。银行承兑汇票的承兑银行应按票面金额向出票人收取0.5‰的手续费。

1. 承兑的程序

承兑的程序主要包括两个方面，一是提示承兑；二是承兑成立。

（1）提示承兑。提示承兑是指持票人向付款人出示汇票，并要求付款人承兑付款的行为。提示是承兑的前提和条件，根据我国《票据法》的有关规定，因汇票付款日期的形式不同，提示承兑的期限也有所不同。

①定日付款或者出票后定期付款的汇票，持票人应当在汇票到期日前向付款人提示承兑。

②见票后定期付款的汇票，持票人应当自出票日起1个月内向付款人提示承兑。见票后定期付款的汇票是以见票日为起算日期来确定，汇票不经提示承兑，就无法确定见票日，也就无法确定付款日期，从而持票人无法行使票据权利。因此，该种汇票属于必须提示承兑的汇票。

③见票即付的汇票无需提示承兑。如我国的银行汇票属于见票即付的汇票，该汇票无需提示承兑。

（2）承兑成立。

①承兑时间。持票人向付款人提示承兑后，付款人应立即决定是否承兑。我国《票据法》第四十一条第一款规定："付款人对向其提示承兑的汇票，应当自收到提示承兑的汇票之日起3日内承兑或者拒绝承兑。"如果付款人在3日内不作承兑与否表示的，则应视为拒绝承兑。持票人可以请求其作出拒绝承兑证明，向其前手行使追索权。

②接受承兑。这是指持票人向付款人提示承兑时，付款人需要向持票人办理的收取汇票手续。付款人收到持票人提示承兑的汇票时，应当向持票人签发收到汇票的回单。回单上应当记明汇票提示承兑日期并签章。回单是付款人向

持票人出具的已收到请求承兑汇票的证明。

③承兑的格式。我国《票据法》第四十二条规定:"付款人承兑汇票的,应当在汇票正面记载'承兑'字样和承兑日期并签章;见票后定期付款的汇票,应当在承兑时记载付款日期"。汇票上未记载承兑日期的,以 3 天承兑期的最后一日为承兑日期。根据这一规定,付款人办理承兑手续时,应在汇票上记载的承兑事项包括承兑文句、承兑日期和承兑人签章。

其中,绝对记载事项为承兑文句和承兑人签章。相对记载事项为承兑日期。如果没有记载不影响承兑行为效力,推定为以付款人收到提示承兑汇票之日起的第 3 日为承兑日期。

根据《票据法》的上述规定,上列应记载事项必须记载于汇票的正面,不能记载于汇票的背面或粘单上。

④退回已承兑的汇票。付款人依承兑格式填写完毕应记载事项并将已承兑的汇票退回持票人后才产生承兑的效力。

2. 承兑的效力

我国《票据法》第四十四条规定:"付款人承兑汇票后,应当承担到期付款的责任。"这一到期付款的责任是一种绝对责任,主要表现在:

(1) 承兑人于汇票到期日必须向持票人无条件地支付汇票上的金额,否则其必须承担迟延付款责任。

(2) 承兑人必须对汇票上的一切权利人承担责任,该等权利人包括付款请求权人和追索权人。

(3) 承兑人不得以其与出票人之间的资金关系来对抗持票人,拒绝支付汇票金额。因为既然是承兑人,就应当承诺兑现,无论出票人在付款时账面资金是否充足,承兑银行都应无条件付款。

(4) 承兑人的票据责任不因持票人未在法定期限提示付款而解除。

3. 承兑不得附有条件

付款人承兑商业汇票,不得附有条件;承兑附有条件的,视为拒绝承兑。

(四) 商业汇票的付款

商业汇票的付款,是指付款人依据票据文义支付票据金额,以消灭票据关系的行为。包括了提示付款和付款两个方面。

1. 提示付款

提示付款是指持票人向付款人或承兑人出示票据,请求付款的行为。持票人按照下列法定期限提示付款的,才产生法律效力:

(1) 见票即付的汇票,自出票日起 1 个月内向付款人提示付款。

(2) 定日付款、出票后定期付款或者见票后定期付款的汇票,自到期日起 10 日内向承兑人提示付款。

持票人未按照上述规定期限提示付款的,在作出说明后,承兑人或者付款人仍应当继续对持票人承担付款责任。

2. 支付票款

持票人付款提示后,付款人依法审查无误后必须无条件地在当日按票据金额足额支付给持票人。否则,应承担迟延付款的责任。

3. 付款的效力

根据《票据法》第六十条的规定:"付款人依法足额付款后,全体汇票债务人的责任解除。付款人依照票据文义支付票据金融之后,票据关系随之消灭,汇票上的全体债务人的责任予以解除。"

(五) 商业汇票的背书

商业汇票的背书,是指以转让商业汇票权利或者将一定的商业汇票权利授予他人行使为目的,按照法定的事项和方式在商业汇票背面或者粘单上记载有关事项并签章的票据行为。我国《票据法》规定,汇票转让只能采用背书方式,而不能仅凭单纯交付方式,否则不产生票据转让的效力。票据与其所表示的权利不可分割。

1. 背书的记载事项

背书是一种要式行为,其记载的事项必须符合法律规定,根据《票据法》规定,背书的记载事项包括:

(1) 绝对记载事项:①背书人签章。背书人背书时,必须在票据上签章,背书才能成立,否则背书行为无效。②被背书人名称。如果背书人不作成记名背书,即不记载被背书人名称,汇票转让将不能成立,背书行为无效。

但根据《高法审理票据纠纷案司法解释》的有关规定,背书人未记载被背书人名称即将票据交付他人的,持票人在票据被背书人栏内记载自己的名称与背书人记载具有同等法律效力。

(2) 相对记载事项:背书日期。背书未记载日期的,并不因此而无效,而是依照《票据法》的规定,视为在汇票到期日前背书。

2. 禁止背书的记载

背书人的禁止背书是指出票人或者背书人在票据上记载"不得转让"等字样,以禁止票据权利的转让,包括出票人的禁止背书和背书人的禁止背书两种。

(1) 出票人的禁止背书:出票人的禁止背书应记载在汇票的正面。出票人在汇票上记载"不得转让"字样的,汇票不得转让,丧失流通性。

(2) 背书人的禁止背书:背书人的禁止背书应记载在汇票的背面。背书人在汇票上记载"不得转让"字样,其后手再背书转让的,原背书人对后手的被背书人不承担保证责任,其只对直接的被背书人承担责任。

3. 背书不得记载的事项

根据我国《票据法》第三十三条的规定，背书不得记载的内容有两项：一是附有条件的背书；二是部分背书。根据规定，汇票背书附有条件的，所附条件不具有汇票上的效力。部分背书是指背书人在背书时，将汇票金额的一部分进行转让或者将汇票金额分别转让给两人以上的背书。我国《票据法》规定，部分背书无效。

4. 背书连续

一张票据可以多次背书、多次转让，但背书必须连续。背书连续是指在票据转让中，转让汇票的背书人与受让汇票的被背书人在汇票上的签章依次前后衔接。

我国《票据法》规定，以背书转让的汇票，背书应当连续。如果背书不连续，付款人可以拒绝向持票人付款，否则付款人自行承担责任。

背书连续主要是指形式上的连续，如果背书在实质上不连续，如有伪造签章等，付款人仍应对持票人付款。但是，如果付款人明知持票人不是真正票据权利人，则不得向持票人付款，否则自行承担责任。对于非经背书转让，而以其他合法方式取得汇票，如因税收、继承、赠与等方式取得票据的，只要取得票据的人依法举证，表明其合法取得票据方式，证明其汇票权利，就能享有票据权利。

5. 粘单的使用

粘单是指在票据凭据不能满足背书人记载事项的需要时，粘附于票据凭证上的专用空白纸张。票据进行多次背书转让，由于票据的背面可用于背书人签章和记载被背书人名称的地方有限，当票据上已经记满而无处可再进行背书记载时，持票人可以将专用的空白纸张粘附于票据上，以弥补票据余白的不足，使其后的持票人可以继续背书转让。这种粘贴于票据上的专用空白纸张，即是粘单。

粘单一旦附于票据上，即是票据的一个组成部分，在该粘单上所作记载就等同于在票据上所作的记载，产生票据上的效力。粘单只能用于记载背书事项，而出票的记载事项和承兑、付款时的有关事项，应当记载于票据的正面，而不能记载于粘单上。粘单是为补充票据本身的不足而粘附于票据之上的，为了使粘单与票据本体紧密相连，防止发生分离和撤换，第一位使用粘单的背书人必须将粘单粘接在票据上，并且在汇票和粘单的粘接处签章。

6. 法定禁止背书

法定禁止背书是指根据《票据法》的规定而禁止背书转让的情形。法定禁止背书的情形下有三种：（1）被拒绝承兑的汇票；（2）被拒绝付款的汇票；（3）超过付款提示期限的汇票。以上情形，汇票不得背书转让。如果背书人将此类汇票背书转让的,背书人应当承担汇票责任。

7. 委托收款背书和质押背书

(1) 委托收款背书,指持票人以行使票据上的权利为目的,而授予被背书人以代理权的背书。以此可见,该背书方式不以转让票据权利为目的,而是以授予他人一定的代理权为目的,其确立的法律关系不属于票据上的权利转让与被转让关系,而是背书人(原持票人)与被背书人(代理人)之间在民法上的代理关系,该关系形成后,被背书人可以代理行使票据上的一切权利。在此情形下,被背书人只是代理人,而未取得票据权利,背书人仍是票据权利人。

委托收款背书与其他背书一样,持票人依据法律规定的记载事项作成背书并交付,才能生效。按《票据法》的规定,背书人可以记载"委托收款"字样,但如果记载"收款""托收""代理"等字样的,也应该认为有效。

(2) 质押背书,指以设定质权提供债务担保为目的在票据上进行的背书。被背书人依法实现其债权时,可以行使票据权利。在质押背书中,背书人为出质人,被背书人为质权人。质押背书确立的是一种担保关系,即在背书人与被背书人之间产生的一种质押关系,而不是一种票据权利的转让与被转让关系。因此,质押背书成立后,即背书人作成背书并交付,背书人仍然是票据权利人,被背书人并不因此而取得票据权利。但是,被背书人取得质权人地位后,在背书人不履行其债务的情况下,可以行使票据权利,并从票据金额中按担保债权的数额优先得到偿还。换言之,如果背书人履行了所担保的债务,被背书人则必须将票据返还背书人。

【例 2-8】根据规定,下列关于背书表述正确的有(   )。

A. 汇票转让只能采用背书的方式

B. 在汇票上记载"不得转让"字样的,汇票仍可转让,但前手不再承担责任

C. 背书是一种要式行为,必须符合法定的形式

D. 背书不得记载的内容包括附有条件的背书和部分背书两项

答案:ACD

解析:对于选项 B,当汇票上一旦记载"不得转让"字样后,汇票则不可转让。

(六)商业汇票的保证

保证是指票据债务人以外的第三人,以担保特定债务人履行票据债务为目的,而在票据上所为的一种附属票据行为。保证的作用在于加强持票人票据权利的实现,确保票据付款义务的履行,促进票据流通。

1. 保证的当事人

保证的当事人为保证人与被保证人。保证应由汇票债务人以外的他人承担。

已成为票据债务人的，不得再充当票据上的保证人。

2. 保证的格式

根据《票据法》第四十六条的规定，办理保证手续时，保证人必须在汇票或粘单上记载下列事项：(1) 表明"保证"的字样；(2) 保证人名称和住所；(3) 被保证人的名称；(4) 保证日期；(5) 保证人签章。

有关保证的记载事项和记载方法问题，可以具体分析如下：

(1) 票据保证必须作成于汇票或粘单之上。保证是一种书面行为，并须作成于汇票或粘单之上，如果另行签订保证合同或者保证条款的，不属于票据保证。

(2) 票据保证记载的事项，有绝对应记载事项和相对应记载事项。其中，绝对应记载事项包括保证文句和保证人签章两项；相对应记载事项包括被保证人的名称、保证日期和保证人住所。未记载被保证人的名称，已承兑的汇票，承兑人为被保证人；未承兑的汇票，出票人为被保证人。未记载保证日期，出票日期为保证日期。未记载保证人住所，为保证人的营业场所或住所。

(3) 保证的记载方法。如果是为出票人、承兑人保证的，则应记载于汇票的正面；如果是为背书人保证，则应记载于汇票的背面或者粘单上。

(4) 保证不得记载的内容。《票据法》第四十八条规定："保证不得附有条件；附有条件的，不影响对汇票的保证责任。"此规定表明，保证不得附条件，保证附有条件，条件无效，保证本身依然有效。

3. 保证的效力

保证一旦成立，保证人必须对保证行为承担相应的责任。

(1) 保证人的责任。《票据法》第四十九条规定："保证人对合法取得汇票的持票人所享有的汇票权利，承担保证责任。但是，被保证人的债务因汇票记载事项欠缺而无效的除外。"根据这一规定，保证行为成立之后，保证人必须向被保证人的一切后手承担票据责任，满足被保证人票据权利的实现。即被保证的汇票，保证人应当与被保证人对持票人承担连带责任。汇票到期后得不到付款的，持票人有权向保证人请求付款，保证人应当足额付款。

(2) 共同保证人的责任。共同保证是指保证人为两人以上的办证。《票据法》第五十一条规定："保证人为两人以上的，保证人之间承担连带责任。"在共同保证下，持票人可以不分先后向保证人中的一人或者数人或者全体就全部票据金额及有关费用行使票据权利，共同保证人不得拒绝。

(3) 保证人的追索权。这是指保证人在向持票人清偿债务后，依照法律规定取得持票人对被保证人及其前手的追索权。这一偿还请求权不是从持票人处获得的，而是根据法律规定而获得。

四、银行汇票

（一）银行汇票的概念和适用范围

银行汇票是由出票银行签发的，在见票时按照实际结算金额无条件支付给收款人或者持票人的票据。单位和个人在异地、同城或同一票据交换区域的各种款项结算，均可使用银行汇票。

（二）银行汇票的记载事项

银行汇票的绝对记载事项有：（1）表明"银行汇票"的字样。（2）无条件支付的承诺；（3）确定的金额；（4）付款人名称；（5）收款人名称；（6）出票日期；（7）出票人签章。

汇票上未记载上述事项之一的，汇票无效。

（三）银行汇票的基本规定

（1）银行汇票可以用于转账，标明现金字样的"银行汇票"也可以提取现金。

（2）银行汇票的付款人为银行汇票的出票银行，银行汇票的付款地为代理付款人或出票人所在地。

（3）银行汇票的出票人在票据上的签章，应为经中国人民银行批准使用的该银行汇票专用章加其法定代表人或其授权经办人的签名或者盖章。

（4）银行汇票的提示付款期限自出票日起一个月内。持票人超过付款期限提示付款的，代理付款人（银行）不予受理。

（5）银行汇票可以背书转让，但填明"现金"字样的银行汇票不得背书转让。银行汇票的背书转让以不超过出票金额的实际结算金额为准。未填写实际结算金额或实际结算金额超过出票金额的银行汇票不得背书转让。

（6）填明"现金"字样和代理付款人的银行汇票丧失，可以由失票人通知付款人或者代理付款人挂失止付。

（7）银行汇票丧失，失票人可以凭人民法院出具的其享有票据权利的证明，向出票银行请求付款或退款。

（四）银行汇票申办和兑付的基本规定

（1）收款人受理银行汇票依法审查无误后，应在出票金额以内，根据实际需要的款项办理结算，并将实际结算金额和多余金额填入银行汇票和解讫通知的有关栏内。未填明实际结算金额和多余金额或实际结算金额超过出票金额的，银行不予受理。银行汇票的实际结算金额不得更改，更改实际结算金额的银行汇票无效。

（2）持票人向银行提示付款时，必须同时提交银行汇票和解讫通知，缺少任何一联，银行不予受理。

（3）持票人超过提示付款期限向代理付款银行提示付款不获付款的，必须在票据权利时效内向出票银行作出说明，并提供本人身份证件或单位证明，持银行汇票和解讫通知向出票银行请求付款。

【例2-9】下列关于银行汇票的说法，正确的有（   ）。
A. 填明"现金"字样的银行汇票可以背书转让
B. 银行汇票的背书转让以不超过出票金额的实际结算金额为准
C. 未填写实际结算金额的汇票不得背书转让
D. 实际结算金额超过出票金额的银行汇票不得背书转让

答案：BCD
解析：对于选项A，银行汇票可以背书转让，但填明"现金"字样的银行汇票不得背书转让。

五、银行本票

（一）银行本票的概念

银行本票是出票银行签发的，承诺自己在见票时无条件支付确定的金额给收款人或者持票人的票据。银行本票按照其金额是否固定可分为不定额和定额两种，其中定额银行本票由中国人民银行发行，各大国有商业银行代理签发，不定额银行本票由各大国有商业银行签发。与其他银行结算方式相比，银行本票结算具有如下特点：（1）使用方便。我国现行的银行本票使用方便灵活，单位和个人在同一票据交换区域所有商品交易、劳务供应以及其他款项的结算都可以使用银行本票；（2）信誉度高，支付能力强，一般不存在得不到正常支付的问题。

（二）银行本票的适用范围

单位和个人在同一票据交换区域需要支付的各种款项，均可以使用银行本票。银行本票可以用于转账，注明"现金"字样的银行本票可以用于支取现金。现金银行本票的申请人和收款人均为个人。申请人或收款人为单位的，不得申请签发现金银行本票。

（三）银行本票的记载事项

银行本票必须记载下列事项：（1）表明"银行本票"的字样；（2）无条件支付的承诺；（3）确定的金额；（4）收款人名称；（5）出票日期；（6）出票人签章。欠缺记载上述事项的，银行本票无效。

（四）银行本票的付款

银行本票见票即付。银行本票的提示付款期限自出票日起最长不得超过2个月。持票人超过付款期限提示付款的，代理付款人不予受理。本票的出票人在持票人提示见票时，必须承担付款的责任。持票人超过提示付款期限不获付款的，在票据权利时效内向出票银行做出说明，并提供本人身份证件或单位证明，可持银行本票向出票银行请求付款。

本票的持票人未按照规定期限提示见票的，丧失对出票人以外的前手的追索权。

第五节　银行卡

一、银行卡的概念与分类

（一）银行卡的概念

银行卡是指经批准由商业银行（含邮政金融机构）向社会发行的具有消费信用、转账结算、存取现金等全部或部分功能的信用支付工具。

（二）银行卡的分类

（1）按照发行主体是否在境内分为境内卡和境外卡。境内卡是指由境内商业银行发行的，既可以在境内使用，也可以在境外使用的银行卡；境外卡是指由境外设立的外资金融机构或者外资非金融机构发行的，可以在境内使用的银行卡。

（2）按照是否给予持卡人授信额度分为信用卡和借记卡。信用卡是指发卡银行向持卡人签发的，给予持卡人一定信用额度，持卡人可以在信用额度内先消费、后还款的银行卡。信用卡按照是否向发卡银行交存备用金分为贷记卡和准贷记卡，贷记卡是指发卡行给予持卡人一定信用额度，持卡人可在信用额度内先消费后还款的信用卡；准贷记卡是指持卡人须先按发卡银行要求交存一定金额的备用金，当备用金账户余额不足支付时，可在发卡银行规定的信用额度内透支的信用卡。

（3）按照账户币种的不同分为人民币卡、外币卡和双币种卡。人民币卡是指存款、信用额度均为人民币，并且应当以人民币偿还的银行卡；外币卡是指存款、信用额度均为外币，并且应当以外币偿还的银行卡；双币种卡是指存款、信用额度同时有人民币和外币两个账户的银行卡。

（4）按信息载体不同分为磁条卡和芯片卡。磁条卡是以液体磁性材料或磁条为信息载体，将液体磁性材料涂覆在卡片上。芯片卡容量大，其工作原理类似于微型计算机，能够同时具备多种功能。芯片卡又分为纯芯片卡和磁条芯片复合卡，现在正以其高安全性和多功能应用成为全球银行卡的发展趋势。

二、银行卡账户与交易

（一）银行卡交易的基本规定

按照中国人民银行1999年1月颁布的《银行卡业务管理办法》的规定，银行卡的使用具有以下基本规定：

（1）单位人民币卡可办理商品交易和劳务供应款项的结算，但不得透支。单位卡不得支取现金。不得用于10万元以上的商品交易、劳务供应款项的结算。

（2）发卡银行对贷记卡的取现应当每笔进行授权，每卡每日累计取现不得超过限定额度。

（3）发卡银行应当依照法律规定遵守信用卡业务风险控制指标。

①同一持卡人单笔透支额，单位卡不得超过5万元人民币（含等值外币），个人卡不得超过2万元人民币（含等值外币）。

②单位卡不得超过发卡银行对该单位综合授信额度的3%；无综合授信额度可参照的单位，其月透支余额不得超过10万元（含等值外币）。

③持卡人使用信用卡不得发生恶意透支。

（4）发卡银行通过下列途径追偿透支款项和诈骗款项。

①扣减持卡人保证金、依法处理抵押物和质押物。

②向保证人追索透支款项。

③通过司法机关的诉讼程序进行追偿。

（二）银行卡的资金来源

单位卡账户的资金，一律从其基本存款账户转账存入，不得交存现金，不得将销货收入的款项存入其账户。

个人人民币卡账户的资金以其持有的现金存入或以其工资性款项、属于个人的合法的劳务报酬、投资回报等收入转账存入。严禁将单位的款项存入个人卡账户。

（三）银行卡的计息和收费

1. 计息

（1）发卡银行对借记卡（不含储值卡）账户内的存款，按照中国人民银行规定的同期同档次存款利率及计息办法计付利息。

（2）发卡银行对储值卡（含IC卡的电子钱包）内的币值不计付利息。

（3）贷记卡持卡人非现金交易享受如下优惠条件：

第一，免息还款期待遇。银行记账日至发卡行规定的到期还款日之间为免息还款期。

第二，最低还款额待遇。持卡人在到期还款日前偿还所使用全部银行款项有困难的，可按发卡行规定的最低还款额还款。

贷记卡选择最低还款或超过批准的信用额度用卡，不得享受免息还款期待遇。贷记卡支取现金、准贷记卡透支，不享受免息还款期和最低还款额待遇。

（4）利率标准。对信用卡透支利率实行上限和下限管理，透支利率上限为日利率万分之五，透支利率下限为日利率万分之五的 0.7 倍。

2. 收费

收费是指商业银行办理银行卡收单业务向商户收取结算手续费。宾馆、餐饮、娱乐、旅游等行业一般不得低于交易金额的 2%，其他行业一般不得低于交易金额的 1%。

3. 违约金和服务费用

对信用卡持卡人违约逾期未还款的行为，发卡机构应与持卡人通过协议约定是否收取违约金，以及相关收取方式和标准。发卡机构对向持卡人收取的违约金和年费、取现手续费、货币兑换费等服务费用，不得计收利息。

4. 信用卡预借现金业务

信用卡预借现金业务包括现金提取、现金转账和现金充值。

5. 非本人授权交易的处理

持卡人提出伪卡交易和账户盗用等非本人授权交易时，发卡机构应及时引导持卡人留存证据，按照相关规则进行差错争议处理，并定期向持卡人反馈处理进度。

（四）银行卡申领、注销和挂失

1. 银行卡的申领

凡在中国境内金融机构开立基本存款账户的单位，可凭中国人民银行核发的开户许可证申领单位卡。

凡具有完全民事行为能力的公民，可凭本人有效身份证件及发卡银行规定的相关证明文件申领个人卡。

信用卡仅限于合法持卡人本人使用，持卡人不得出租或转借信用卡。

2. 银行卡的注销

持卡人在还清全部交易款项、透支本息和有关费用后，有下列情形之一的，可申请办理销户：

（1）信用卡有效期满 45 天后，持卡人不更换新卡的。

（2）信用卡挂失满 45 天后，没有附属卡又不更换新卡的。

（3）信用卡被列入止付名单，发卡银行已收回其信用卡 45 天的。

（4）持卡人死亡，发卡银行已收回其信用卡 45 天的。

（5）持卡人要求销户或担保人撤销担保，并已交回全部信用卡 45 天的。

(6) 信用卡账户两年（含）以上未发生交易的。

(7) 持卡人违反其他规定，发卡银行认为应该取消资格的。

发卡机构调整信用卡利率标准的，应至少提前45天通知持卡人。持卡人有权在新利率标准生效之日前选择销户，并按照已签订的协议偿还相关款项。

3. 销户时，账户余额的处理

销户时，单位卡账户余额转入其基本存款账户，不得提取现金；个人卡账户可以转账结清，也可以提取现金。

4. 银行卡的挂失

持卡人丢失银行卡，应立即持本人身份证件或其他有效证明，并按规定提供有关情况，向发卡银行或代办银行申请挂失。

【例2-10】下列各项中，属于信用卡的持卡人可以使用单位卡的情形是（　　）。

A. 购买价值8万元的电脑　　　B. 支付14万元的劳务费用

C. 支取现金　　　　　　　　　D. 存入销货收入的款项

答案：A

解析：对于选项B，单位卡不得用于10万元以上的商品交易和劳务供应款项的结算。对于选项C，单位卡可以办理商品交易和劳务供应款项的计算，不得支取现金。对于选项D，单位卡在使用过程中，需要向其账户结存资金的，一律从其基本存款账户转账存入，不得交存现金，不得将销货收入的款项存入其账户。

第六节　其他结算方式

一、汇兑

（一）汇兑的概念和分类

1. 汇兑的概念

汇兑是汇款人委托银行将其款项支付给收款人的结算方式。单位和个人的各种款项的结算，均可使用汇兑结算方式。汇兑一般用于异地间结算，同城范围或同一票据交换区域内的结算不适用汇兑结算。汇兑结算适用于各种经济内容的异地提现和结算。

2. 汇兑的分类

汇兑根据划转款项的不同方法以及传递方式的不同，可以分为信汇和电汇两种，由汇款人自行选择。信汇是以邮寄方式将汇款凭证转发给收款人指定的汇入行；电汇是以电报方式将汇款凭证转发给收款人指定的汇入行。在这两种汇兑结算方式中，信汇费用较低，但速度相对较慢，而电汇具有速度快的优点，但汇款人要负担较高的电报电传费用，因而通常只在紧急情况下或者金额较大时适用。汇款人可根据实际需要选择。

（二）办理汇兑的程序

1. 签发汇兑凭证

根据《支付结算办法》的规定，签发汇兑凭证必须记载下列事项：（1）表明"信汇"或"电汇"的字样；（2）无条件支付的委托；（3）确定的金额；（4）收款人名称；（5）汇款人名称；（6）汇入地点、汇入行名称；（7）汇出地点、汇出行名称；（8）委托日期；（9）汇款人签章。汇兑凭证上欠缺上列记载事项之一的，银行不予受理。汇兑凭证记载的汇款人名称、收款人名称，其在银行开立存款账户的，必须记载其账号。欠缺记载的，银行不予受理。上述委托日期是指汇款人向汇出银行提交汇兑凭证的当日。

汇款人和收款人均为个人，需要在汇入银行支取现金的，应在信、电汇凭证的汇款金额大写栏，先填写"现金"字样，后填写汇款金额。

2. 银行受理

汇出银行受理汇款人签发的汇兑凭证，经审查无误后，应及时向汇入银行办理汇款，并向汇款人签发汇款回单。汇款回单只能作为汇出银行受理汇款的依据，不能作为该笔汇款已转入收款人账户的证明。

3. 汇入处理

汇入银行对开立存款账户的收款人，应将汇入款项直接转入收款人账户，并向其发出收账通知。收账通知是银行将款项确已收入收款人账户的凭据。

（三）汇兑的撤销和退汇

1. 汇兑的撤销

汇款人对汇出银行尚未汇出的款项可以申请撤销。申请撤销时，应出具正式函件或本人身份证件及原信、电汇回单。汇出银行查明确未汇出款项的，收回原信、电汇回单，方可办理撤销。

2. 汇兑的退汇

汇款人对汇出银行已经汇出的款项可以申请退汇。

对在汇入银行开立存款账户的收款人，由汇款人与收款人自行联系退汇；对未在汇入银行开立存款账户的收款人，汇款人应出具正式函件或本人身份证件以及原信、电汇回单，由汇出银行通知汇入银行，经汇入银行核实汇款确未支付，并将款项退回汇出银行，方可办理退汇。

转汇银行不得受理汇款人或汇出银行对汇款的撤销或退汇。

二、委托收款

（一）委托收款的概念与适用范围

1. 委托收款的概念

委托收款是指收款人委托银行向付款人收取款项的结算方式。根据委托收款的结算款项的划回方式不同，可分为邮寄和电报划回两种，由收款人选用。前者是以邮寄方式由收款人开户银行向付款人开户银行转送委托收款凭证、提供收款依据的方式，后者则是以电报方式由收款人开户银行向付款人开户银行转送委托收款凭证，提供收款依据的方式。

2. 委托收款的适用范围

单位和个人凭已承兑的商业汇票、债券、存单等付款人债务证明办理款项的结算，均可以使用委托收款结算方式。委托收款在同城、异地均可以使用。

收款人收取公用事业费，必须具有收付双方事先签订的经济合同，由付款人向开户银行授权，并经开户银行同意，报经中国人民银行当地分支行批准，可以使用同城特约委托收款。

（二）办理委托收款的程序

1. 签发

签发委托收款凭证必须记载下列事项：（1）表明"委托收款"的字样；（2）确定的金额；（3）付款人名称；（4）收款人名称；（5）委托收款凭据名称及附寄单证张数；（6）委托日期；（7）收款人签章。欠缺记载上列事项之一的，银行不予受理。

委托收款以银行以外的单位为付款人的，委托收款凭证必须记载付款人开户银行名称；以银行以外的单位或在银行开立存款账户的个人为收款人的，委托收款凭证必须记载收款人开户银行名称；未在银行开立存款账户的个人为收款人的，委托收款凭证必须记载被委托银行名称。

2. 委托

收款人办理委托收款应向银行提交委托收款凭证和有关的债务证明。

3. 付款

银行接到寄来的委托收款凭证及债务证明，审查无误办理付款。

以银行为付款人的，银行应在当日将款项主动支付给收款人。以单位为付款人的，银行通知付款人后，付款人应于接到通知当日书面通知银行付款。按照有关办法规定，付款人未在接到通知日的次日起3日内通知银行付款的，视同付款人同意付款，银行应于付款人接到通知日的次日起第4日上午开始营业时，将款项划给收款人。付款人提前收到由其付款的债务证明，应通知银行于债务证明的到期日付款。付款人未于接到通知日的次日起3日内通知银行付款，付款人接到通知日的次日起第 4 日在债务证明到期日之前的,银行应于债务证明到期日将款项划给收款人。

银行在办理划款时,付款人存款账户不能足额支付的,应通过被委托银行向收款人发出未付款项通知书。

付款人审查有关债务证明后,对收款人委托收取的款项需要拒绝付款的,有权提出拒绝付款。以银行为付款人的,应自收到委托收款及债务证明的次日起 3 日内出具拒绝证明,连同有关债务证明、凭证寄给被委托银行,转交收款人。以单位为付款人的,应在付款人接到通知日的次日起 3 日内出具拒绝证明;持有债务证明的,应将其送交开户银行。银行将拒绝证明、债务证明和有关凭证一并寄给被委托银行,转交收款人。

【例 2－11】根据支付结算法律制度的规定,下列有关委托收款的表述中,正确的有(　　)。

A. 委托收款是收款人委托银行向付款人收取款项的结算方式
B. 委托收款在同城、异地均可使用
C. 银行在办理划款时,发现付款人存款账户不足支付的,应通过被委托银行向收款人发出未付款通知书
D. 付款人应当于接到通知的当日书面通知银行付款,如果付款人未在发出通知的次日起 3 日内通知银行付款的,视为同意付款

答案：ABC

解析：对于选项 D,如果付款人未在"接到"(而非发出)通知的次日起 3 日内通知银行付款的,视为同意付款,因此不正确。

三、托收承付

(一) 托收承付的概念与适用范围

1. 托收承付的概念

托收承付是指根据购销合同由收款人发货后委托银行向异地付款人收取款项,由付款人向银行承付的结算方式。

2. 托收承付的适用范围

使用托收承付结算方式的收款单位和付款单位,必须是国有企业、供销合作社以及经营管理较好,并经开户银行审查同意的城乡集体所有制工业企业。

办理托收承付结算的款项,必须是商品交易以及因商品交易而产生的劳务供应的款项。代销、寄销、赊销商品的款项不得办理托收承付结算。

根据《支付结算办法》的规定,托收承付结算每笔的金额起点为 1 万元,新华书店系统每笔的金额起点为 1 千元。

收付双方使用托收承付结算必须签有符合《合同法》的购销合同,并在合

同上订明使用托收承付结算方式。

收款人办理托收，必须具有商品确已发运的证件（包括铁路、航运、公路等运输部门签发运单、运单副本和邮局包裹回执）。

（二）托收承付的程序

1. 签发托收承付凭证

托收承付凭证必须记载事项有：（1）表明"托收承付"的字样；（2）确定的金额；（3）付款人的名称和账号；（4）收款人的名称和账号；（5）付款人的开户银行名称；（6）收款人的开户银行名称；（7）托收附寄单证张数或册数；（8）合同名称、号码；（9）委托日期；（10）收款人签章。

收付双方使用托收承付结算方式必须签有符合《合同法》的购销合同，并在合同上订明使用托收承付结算款项的划回方法，分为邮寄和电报，由收款人选用。

2. 托收

收款人按照签订的购销合同发货后，委托银行办理托收。收款人按照签订的购销合同发货后，应将托收凭证并附发运凭证或其他符合托收承付结算的有关证明和交易单证送交银行。收款人开户银行接到托收凭证及其附件后，应当按照托收的范围、条件和托收凭证记载的要求认真进行审查，必要时，还应查验收付款人签订的购销合同。

3. 承付

付款人开户银行收到托收凭证及其附件后，应当及时通知付款人。通知的方法，可以根据具体情况与付款人签订协议，采取付款人来行自取、派人送达、对距离较远的付款人邮寄等。付款人应在承付期内审查核对，安排资金。

购货单位承付货款有验单承付和验货承付两种方式。验单承付期为3天，从购货单位开户银行发出通知的次日算起（承付期内遇法定节假日顺延）。

验货付款的承付期为10天，从运输部门向付款人发出提货通知的次日算起（承付期内遇法定节假日顺延），付款人在承付期内，未向银行表示拒绝付款，银行即视作承付，在承付期满的次日上午将款项划给收款人。

不论验单付款还是验货付款，付款人都可以在承付期内提前向银行表示承付，并通知银行提前付款，银行应立即办理划款。

4. 逾期付款

付款人在承付期满日银行营业终了时，如无足够资金支付，其不足部分，即为逾期未付款项，按逾期付款处理。

四、国内信用证

（一）国内信用证的概念

国内信用证（简称信用证）是适用于国内贸易的一种支付结算方式，是开证银行依照申请人（购货方）的申请向受益人（销货方）开出的有一定金额、在一定期限内凭信用证规定的单据支付款项的书面承诺。

国内信用证具有以下的特征：

首先，它是一项自足文件。即信用证不依附于买卖合同。尽管信用证是根据合同开立的。即便是信用证的条款规定了根据某合同，或者某合同是信用证的重要部分，也丝毫不能影响信用证的独立性，也就是自足性，银行在审单时强调的是信用证与基础贸易相分离的书面形式上的认证。

其次，信用证方式是纯单据业务。信用证是凭单付款，不以货物为准。只要单据相符，开证行就应无条件付款。

最后，信用证由开证银行负首要付款责任。信用证是一种银行信用，它是银行的一种担保文件，开证银行对支付有首要付款的责任。

（二）国内信用证的适用范围

国内信用证结算方式只适用于国内企业之间商品交易产生的货款结算，并且只能用于转账结算，不得支取现金。

（三）国内信用证的办理基本程序

1. 开证

开证申请人使用信用证时，应委托其开户银行办理开证业务。开证申请人申请办理开证业务时，应当填具开证申请书、信用证申请人承诺书并提交有关购销合同。

开证行根据申请人提交的开证申请书、信用证申请人承诺书及购销合同决定是否受理开证业务。开证行在决定受理该项业务时，应向申请人收取不低于开证金额20%的保证金，并可根据申请人资信情况要求其提供抵押、质押或由其他金融机构出具保函。

信用证的基本条款包括：

（1）开证行名称及地址。

（2）开证日期。

（3）信用证编号。

（4）不可撤销、不可转让信用证。不可撤销信用证，是指信用证开具后在有效期内，非经信用证各有关当事人（开证银行、开证申请人和受益人）的同意，开证银行不得修改或者撤销的信用证。不可转让信用证，是指受益人不能将信用证的权利转让给他人的信用证。国内信用证不可撤销、不可转让。

（5）开证申请人名称及地址。

（6）受益人名称及地址。受益人为有权收取信用证款项的人，一般为购销合同的供方。

（7）通知行名称。通知行为受开证行委托向受益人通知信用证的银行。

（8）信用证有效期及有效地点。信用证有效期为受益人向银行提交单据的最迟期限，最长不得超过6个月。信用证的有效地点为信用证指定的单据提交地点，即议付行或开证行所在地。

（9）交单期。交单期为提交运输单据的信用证所注明的货物装运后必须交单的特定日期。

（10）信用证金额。

（11）付款方式。付款方式包括即期付款、延期付款和议付。

（12）运输条款。

（13）货物描述。

（14）单据条款。即必须注明据以付款或议付的单据，至少包括发票、运输单据或货物收据。

（15）其他条款。

（16）开证行保证文句。

2. 通知

通知行收到信用证审核无误后，应填制信用证通知书，连同信用证交付受益人。

3. 议付

议付，是指信用证指定的议付行在单证相符条件下，扣除议付利息后向受益人给付对价的行为。议付行必须是开证行指定的受益人开户行。议付仅限于延期付款信用证。

议付行议付后，应将单据寄开证行索偿资金。议付行议付信用证后，对受益人具有追索权。到期不获付款的，议付行可从受益人账户收取议付金额。

4. 付款

开证行对议付行寄交的凭证、单据等审核无误后，对即期付款信用证，从申请人账户收取款项支付给受益人；对延期付款信用证，应向议付行或受益人发出到期付款确认书，并于到期日从申请人账户收取款项支付给议付行或受益人。

申请人交存的保证金和其存款账户余额不足支付的，开证行仍应在规定的付款时间内进行付款，对不足支付的部分作逾期贷款处理。对申请人提供抵押、质押、保函等担保的，按《中华人民共和国担保法》的有关规定索偿。

第七节　网上支付

随着微电子技术的发展、信息技术的日益成熟，采用电子支付方式进行货币给付及资金清算的电子银行也逐步兴起。网上支付是电子支付的一种形式，它是指电子交易的当事人，包括消费者、商户、银行或者支付机构，使用电子支付手段通过信息网络进行的货币支付或资金流转。网上支付的主要方式有网上银行和第三方支付两种。

一、网上银行

（一）网上银行的概念

网上银行，也称网络银行，简称网银，就是银行在互联网上设立虚拟银行柜台，使传统银行服务不再通过物理的银行分支机构来实现，而是借助于网络与信息技术手段在互联网上实现。

（二）网上银行的分类

1. 按经营模式分为单纯网上银行和分支型网上银行

单纯网上银行是完全依赖于互联网的虚拟的电子银行，它没有实际的物理柜台，一般只有一个办公地址，没有分支机构，也没有营业网点，采用互联网等高科技服务手段与客户建立密切的联系，为客户提供全方位的金融服务。

分支型网上银行是指现有的传统银行利用互联网开展传统的银行业务，即传统银行利用互联网作为新的服务手段为客户提供在线服务，实际上是传统银行服务在互联网上的延伸。

2. 按主要服务对象分为企业网上银行和个人网上银行

企业网上银行主要服务于企事业单位，企事业单位可以通过企业网络银行实时了解财务状况，及时调度资金，轻松处理工资发放和大批量的网络支付业务。

个人网上银行主要服务于个人，个人可以通过个人网络银行实时查询、转账，进行网络支付和汇款。

（三）网上银行的主要功能

1. 企业网上银行的功能

（1）账户信息查询。账户信息查询是网银的一项基本功能。目前，多家银行的网银都能清晰列出用户项下的账户余额、账户明细情况，账户挂失也可通过网银进行。据统计，这是用户使用最多的功能。

（2）支付指令。集团企业总（母）公司可通过电子付款指令从其账户中把资金转出，实现与其他单位（在国内任何一家银行开户均可）之间的同城或异地资金结算，达到"足不出户"即可轻松完成企业日常结算业务的目的。

（3）B2B 网上支付。B2B，即企业之间进行的电子商务活动。

（4）批量支付。批量支付是客户可以按银行要求的格式生成数据文件，通过安全的通道提交批量付款文件，一次性将数十笔甚至上百笔付款指令提交到银行处理,从而大大减轻客户财务人员的工作量。

2. 个人网上银行的功能

(1) 账户信息查询。客户可对自己的账务信息,如卡/存折余额、历史明细、今日明细和网上购物明细进行查询,并可下载历史明细。

(2) 人民币转账业务。客户可以实现自己的人民币卡账户之间的资金互转以及向他人的账户划转资金。

(3) 银证转账业务、客户可以实现自己的银行储蓄存款账户或信用卡账户与其在证券公司的资金账户相互划转资金,并可查询自己在证券公司的资金账户实时余额。

(4) 外汇买卖业务。客户可在互联网上根据我行提供的汇率信息进行即时和委托买卖外汇交易、撤单及查询有关外汇交易信息等活动。

(5) 账户管理业务。个人用户可以通过账户管理业务,一目了然掌握自己的存款、投资、信用卡状况等。

(6) B2C网上支付。B2C,商业机构对消费者的电子商务,指的是企业与消费者之间进行的在线式零售商业活动(包括网上购物和网上拍卖等)。客户也可在银行特约网站上购物,可在线实时支付货款并获得银行反馈的有关支付信息。

(四) 网上银行业务流程及交易时的身份认证

1. 客户开户流程

开户时,必须出具身份证或有关证件,并遵守有关实名制规定。

2. 网上交易

网上银行的具体交易流程如下:

(1) 客户使用浏览器通过互联网连接到网银中心,发出网上交易请求。

(2) 网银中心接收并审核客户的交易请求,并将交易请求转发给相应成员行的业务主机。

(3) 成员行业务主机完成交易处理,并将处理结果返回给网银中心。

(4) 网银中心对交易结果进行再处理后,返回相应信息给客户。

3. 交易时的身份认证

交易环节可以采用的身份认证方法非常多,包括:密码、文件数字证书、动态口令卡、动态手机口令、移动口令牌以及移动数字证书等。

二、第三方支付

(一) 第三方支付的概念

第三方支付是指经过中国人民银行批准从事第三方支付业务的非银行支付机构,借助通信、计算机和信息安全技术,采用与各大银行签约的方式,在用户与银行支付结算系统间建立连接的电子支付模式（其中通过手机端进行的，称为移动支付），本质上是一种新型的支付手段，是互联网技术与传统金融支付的有机结合。

非金融机构提供支付服务，应当取得《支付业务许可证》，成为支付机构。未经中国人民银行批准，任何非金融机构和个人不得从事或变相从事支付业务。

（二）第三方支付方式种类

1. 线上支付

线上支付是指通过互联网实现的用户和商户之间、商户和商户之间的在线货币支付、资金清算等行为。

2. 线下支付

线下支付是指通过非线上支付方式进行的支付行为，包括 POS 机刷卡支付、拉卡拉等自助终端支付、电话支付、手机近端支付等方式，非常便捷。

（三）第三方支付交易流程及其身份验证

1. 开户

支付机构为客户开立支付账户的，应当对客户实行实名制管理，登记并采取有效措施验证客户身份基本信息，按规定核对有效身份证件并留存有效身份证件复印件或者影印件，建立客户唯一识别编码，并在与客户业务关系存续期间采取持续的身份识别措施，确保有效核实客户身份及其真实意愿，不得开立匿名、假名支付账户。支付账户不得透支，不得出借、出租、出售，不得利用支付账户从事或者协助他人从事非法活动。

2. 账户充值

客户开户后，将银行卡和支付账户绑定。付款前，将银行卡中的资金转入支付账户。

3. 收、付款

客户下单后，付款时，通过支付平台将自己支付账户中的虚拟资金划转到支付平台暂存，待客户收到商品并确认后，支付平台会将款项划转到商家的支付账户中，支付行为完成。

4. 交易时的身份认证

支付机构可以组合选用下列三类要素，对客户使用支付账户付款进行身份验证：

（1）仅客户本人知悉的要素。

（2）仅客户本人持有并特有的，不可复制或者不可重复利用的要素。

（3）客户本人生理特征要素。

支付机构应当确保采用的要素相互独立，部分要素的损坏或者泄露不应导致其他要素损坏或者泄露。

(四) 第三方支付机构及支付账户管理规定

(1) 支付机构应根据客户身份对同一客户在本机构开立的所有支付账户进行关联管理，并按照要求对个人支付账户进行分类管理。

① Ⅰ类支付账户，账户余额仅可用于消费和转账，余额付款交易自账户开立起累计不超过 1 000 元（包括支付账户向客户本人同名银行账户转账）。

② Ⅱ类支付账户，账户余额仅可用于消费和转账，其所有支付账户的余额付款交易年累计不超过 10 万元（不包括支付账户向客户本人同名银行账户转账）。

③ Ⅲ类支付账户，账户余额可以用于消费、转账以及购买投资理财等金融类产品，其所有支付账户的余额付款交易年累计不超过 20 万元（不包括支付账户向客户本人同名银行账户转账）。

(2) 支付机构办理银行账户与支付账户之间转账业务的，相关银行账户与支付账户应属于同一客户。

(3) 因交易取消（撤销）、退货、交易不成功或者投资理财等金融类产品赎回等原因需划回资金的，相应款项应当划回原扣款账户。

(4) 支付机构应根据交易验证方式的安全级别，对个人客户使用支付账户余额付款的交易进行限额管理：

① 支付机构采用包括数字证书或电子签名在内的两类（含）以上有效要素进行验证的交易，单日累计限额由支付机构与客户通过协议自主约定。

② 支付机构采用不包括数字证书、电子签名在内的两类（含）以上有效要素进行验证的交易，单个客户所有支付账户单日累计金额应不超过 5 000 元（不包括支付账户向客户本人同名银行账户转账）。

③ 支付机构采用不足两类有效要素进行验证的交易，单个客户所有支付账户单日累计金额应不超过 1 000 元（不包括支付账户向客户本人同名银行账户转账），且支付机构应当承诺无条件全额承担此类交易的风险损失赔付责任。

~~~~~ 本章小结 ~~~~~

所谓结算是指由于商品交易、劳务服务、资金调拨所发生的货币收付行为。结算的过程反映的是单位各项资金的进出，其规范性直接决定着单位资金的安全，是单位关键的经济业务事项，更是会计人员重要的工作内容之一。

结算工作需借助于两种工具，一是现金，一是银行存款。前者由单位自行操作完成，后者则需借助于银行这一中介机构来实现。现金结算由于其安全性相对较弱，因此《现金管理暂行条例》对其适用范围进行了明确的限定，并针对其具体使用制定了严格的规范；银行结算方式的使用需要借助于银行作用的发挥，如何开立并使用银行账户，如何选择恰当的结算工具和结算方式进行不同款项的收付，如何利用银行账户进行资金的管理和控制，国家通过颁布《票据法》《支付结算办法》《人民币银行结算账户管理办法》等一系列规范加以说明。掌握这些规定和要求，是会计人员顺利完成单位支付结算的前提，更是会计人员充分发挥其资金管理职能、保护企业资金安全完整的必要保障。

第三章　税收法律制度

【基本要求】

◆ 了解税收的概念及分类

◆ 了解税法及其构成要素

◆ 熟悉税收征管的具体规定，包括税务登记管理、发票的要求、纳税申报及方式、税款征收方式、税务代理、税务检查、税收法律制度、税务行政复议等规定

◆ 掌握增值税、消费税、企业所得税、个人所得税的相关原理及应纳税额的计算

第一节　税收概述

一、税收的概念及分类

（一）税收的概念与作用

1. 税收的概念

税收是国家为了实现其国家职能，凭借政治权力，按照法律规定的标准，强制地、无偿地取得财政收入的一种特定分配方式。它体现了国家与纳税人在征税、纳税的利益分配上的一种特殊关系，是一定社会制度下的一种特定分配关系。税收的概念可以从以下几个方面来理解：

（1）税收是国家财政收入的重要工具，是国家机器生存并实现其职能的物质基础。税收的征收主体是国家，除国家之外，任何机构和团体，都无征税权。

（2）国家征税依据是其政治权力，这种政治权力凌驾于财产权利之上，没

有国家的政治权力为依托，征税将无法实现。

（3）税收是国家在征税过程中形成的一种特定分配关系，税收分配关系是以国家为主体的分配关系，税收的性质就取决于社会经济制度的性质。

2. 税收的作用

随着我国法制建设的加强和社会经济关系的发展，税收在社会经济中的作用日益增强。税收在组织收入、调节经济、维护国家政权和国家利益等方面起着重要作用。

（1）税收是国家组织财政收入的主要形式和工具。在社会主义市场经济条件下，税收成为我国财政收入的主要形式，我国财政收入中90%以上来源于税收，随着税收收入逐年大幅度上升，税收组织财政收入的作用日益突出，这一作用主要表现在以下三个方面：一是税收的强制性、无偿性、固定性，可以保证税收的稳定；二是税收的征收是按年、按季、按月征收，时间均匀，有利于财力调度，满足日常财政支出；三是税收源泉十分广泛，多税种、多税目、多层次、全方位的课税制度，能从多方面筹集财政收入。

（2）税收是国家调控经济运行的重要手段。经济决定税收，税收反作用于经济。在市场经济条件下，国家通过税种设置、加成征收、减免税等手段来影响不同经济领域之间的分配水平，从而影响消费倾向，进而促使资源合理配置，达到调控经济运行的目的，促进社会经济健康发展。

（3）税收具有维护国家政权的作用。国家政权是税收产生和存在的必要条件，而国家政权的存在又依赖于税收的支持。税收是国家机器有效运转实现其职能的物质基础，也是国家凭借政治权力对物质利益进行分配的工具，是国家巩固其政权的重要途径。

（4）税收是国际经济交往中维护国家利益的可靠保证。在国际经济交往中，任何国家对本国境内从事生产经营的外国企业或个人都拥有税收管辖权，这是国家主权的具体体现。随着经济全球一体化进程的进一步深入，我国与世界各国的经济交往和合作不断发展，建立和完善涉外税法，既维护国家的权益，又为鼓励外商投资企业，保护国外企业和个人在华合法经营，发展国家间平等互利的经济技术合作，提供了可靠的法律保障。

（二）税收的特征

税收特征是税收分配形式区别于其他财政分配形式的关键点。它是由税收的本质决定的，是区分税与非税的外在尺度和标志。税收具有强制性、无偿性、固定性三个特征。

1. 强制性

税收的强制性是指税收是国家凭借政治权力运用法律、法规的形式加以规定和征收的，是一种强制性征税。因此税收的缴纳不是纳税人自愿缴纳，而是纳税人依法缴纳，否则会受到法律的制裁。强制性是国家权力在税收上的法律体现，是国家取得税收收入的根本前提。

2. 无偿性

税收的无偿性是指国家在征税以后，税款即归国家所有，不再归还给原纳税人，也不需要直接向纳税人支付任何形式的报酬或代价。无偿性是税收的关键特征，它是税收"三性"的核心。

3. 固定性

税收的固定性是指国家征税是以法律形式预先规定了征税对象、纳税人、税率等征税要素，征纳双方必须共同遵守，不得随意变动。税收的固定性有效地保障了国家财政收入的稳定和可靠。

税收的三个基本特征是统一的整体。其中，强制性是实现税收无偿性的强有力保证，无偿性是税收本质的体现，固定性是强制性和无偿性的必然要求。

（三）税收分类

随着市场经济的发展日益复杂，税收制度也变得愈加复杂，为了能更好地对税收制度进行研究，我们需要对税收进行科学的分类。税收的分类是按照一定的标准对不同的税种进行归类。分类标准不同，分类结果也有所差异。

1. 按征税对象分类

按征税对象不同分类，可将税收划分为流转税类、所得税类、财产税类、资源税类和行为税类五种类型。

（1）流转税类。流转税是以流转额为征税对象的税种。流转额具体包括两类：一是商品流转额，它是指商品在流通过程中的交换金额。对不同的主体有不同的理解，对购买商品一方来说，流转额就是商品的采购金额；对销售商品一方来说，流转额就是销售收入额。二是非商品流转额，即各种劳务收入或服务收入金额。

流转税的特点：流转税是流通环节形成的，不受企业成本费用影响，只受流转额的影响；流转税属于间接税，最终转嫁给消费者；流转税是以商品流转额和非商品流转额作为计税依据。

我国现行税制中属于流转税类的税种主要包括增值税、消费税、关税等。

【例3-1】下列各项中，属于流转税的有（　　）。

A. 增值税　　　　　　　　　　B. 关税

C. 印花税　　　　　　　　　　D. 消费税

答案：ABD

解析：我国现行税制中属于流转税类的税种主要包括：增值税、消费税、关税等。

（2）所得税类。所得税是以纳税人应纳税所得额为征税对象的税种。应纳税所得额是纳税人的总收入减除各种成本费用及其他允许扣除项目以后的金额。

所得税的特点：征税对象是应纳税所得额，受收入、成本费用影响较大；所得税属于直接税，由纳税人自己负担。

我国现行税制中属于所得税类的税种主要包括企业所得税和个人所得税。

（3）财产税类。财产税是以纳税人所拥有的财产数量或财产价值为征税对象的税种。财产税课税对象分为动产和不动产两类。

财产税的特点：财产税以纳税人所拥有的财产数量或财产价值为征税对象，税收负担直接与纳税人的财产价值、数量密切相关，能体现量能负担、调节财富、合理分配的原则。

我国现行税制中属于财产税类的税种主要包括房产税、车船税、契税、船舶吨税等。

（4）资源税类。资源税是以自然资源和某些社会资源为征税对象的税种。主要是为了保护和合理使国家自然资源而课征的税。

资源税的特点：只对特定资源征税；具有级差收入税的特点。

我国现行税制中属于资源税类的税种主要包括资源税、土地增值税、城镇土地使用税等。

（5）行为税类。行为税是指国家为了实现某种特定的目的，以纳税人的某些特定行为为课税对象的税种。

行为税的特点：征税目的性较强，并有着较强的选择性。

我国现行税制中属于行为税类的税种主要包括印花税、城市维护建设税、车辆购置税、耕地占用税等。

2. 按征收管理的分工体系分类

按征收管理的分工体系不同分类，可分为工商税类和关税类。

（1）工商税类。工商税类是指以从事工业、商业和服务的单位和个人为纳税人的各种税的总称，是我国现行税制的主体部分，由税务机关负责征收。我国现行税制中绝大多数税种都属于工商类。具体包括：增值税、消费税、资源税、企业所得税、个人所得税、城市维护建设税、房产税、车船税、印花税等税种。

（2）关税类。关税类是指对进出境的货物、物品征收税收的总称，由海关负责征收管理。我国现行税制中属于关税类的税种主要是指进出口关税、入境旅客行李物品和个人邮递物品征收的进口税，不包括由海关代征的进口环节的增值税、消费税和船舶吨税。

3. 按照税收征收权限和收入支配权限分类

按照税收征收权限和收入支配权限不同，可分为中央税、地方税和中央地方共享税。

（1）中央税。中央税是指由中央政府征收和管理使用或由地方政府征收后全部划解中央政府所有并支配使用的一类税。我国现行税制中属于中央税类的税种主要包括关税、消费税、海关代征进口环节的增值税和消费税等。

（2）地方税。地方税是指由地方政府征收和管理使用的一类税。我国现行税制中属于地方税类的税种主要包括房产税、契税、土地增值税、城镇土地使用税等。

（3）中央与地方共享税。中央与地方共享税是指税收的管理和使用权属于中央和地方共同拥有的一类税。我国现行税制中属于中央地方共享税类的税种主要包括增值税、企业所得税、个人所得税、资源税、对证券（股票）交易征收的印花税等。

4. 按照计税标准分类

按照计税标准可分为从价税、从量税和复合税。

（1）从价税。从价税是以征税对象的价格为计税依据，按一定比例计征的一种税。从价税实行比例税率和累进税率，其应纳税额随商品价格变化而变化，充分体现了合理负担的税收政策，我国大部分税种采用这一计税方法，如增值税、关税和各种所得税等税种。

（2）从量税。从量税是以征税对象的实物量作为计税依据，按固定税额计征的一类税。其课税数额与征税对象数量相关。从量税实行定额税率，计算简便。我国现行税制中属于从量税类的税种主要包括车船使用税、城镇土地使用税、消费税中对啤酒、黄酒、成品油等征收的消费税。

（3）复合税。复合税征税是征税时既以价格为计税依据同时又以实物量作为计税依据。复合税对征税对象既征收从价税、又征收从量税。我国现行税制中属于复合税类的税种主要是消费税中对卷烟和白酒征收的消费税。

【例3-2】下列各项中，属于复合税的是（　　）。
A. 增值税　　　　　　　　B. 消费税
C. 企业所得税　　　　　　D. 房产税
答案：B
解析：我国现行税制中属于复合税类的税种主要是消费税中对卷烟和白酒征收的消费税。

二、税法及构成要素

（一）税法的概念

税法是指税收法律制度，是国家权力机关和行政机关制定的用以调整国家与纳税人之间在征纳税方面的权利与义务关系的法律规范的总称。它以宪法为依据，调整国家与社会成员在征纳方面的权利与义务关系，维护社会经济秩序和纳税秩序,保障国家利益和纳税人合法权益,是国家税务机关及一切纳税单位和个人依法纳税、依法征税的行为规则。

税收与税法相互依赖,不可分割。税法是税收的法律表现形式,税收则是税法所确定的具体内容;税收活动必须严格依照税法规定进行,税法是税收的法律依据和法律保障;税收作为一种经济活动属于经济范畴,而税法则属于一种法律制度,属于上层建筑范畴。

(二) 税法的分类

按税法的功能作用、主权国家行使税收管辖权以及按照税法法律级次,可将税法进行不同的分类。

1. 按照税法功能作用分类

按照税法功能作用的不同,可分为税收实体法和程序法。

(1) 税收实体法。税收实体法是规定税收法律关系主体的实体权利、义务的法律规范的总称。其主要内容包括纳税主体、征税客体、计税依据、税目、税率、减免税等,是国家向纳税人行使征税权和纳税人负担纳税义务的要件。税收实体法直接影响到国家与纳税人之间权利义务的分配,是税法的核心部分,没有税收实体法,税法体系就不能成立。

我国现行税制中属于实体法的有:《企业所得税法》《个人所得税法》《增值税暂行条例》《消费税暂行条例》《印花税暂行条例》《车辆购置税暂行条例》等。

(2) 税收程序法。税收程序法是税务管理方面的法律规范。其内容主要包括税收征收管理法、纳税程序法、发票管理法、税务机关组织、税务争议处理法等。

我国现行税制中属于程序法的有:《中华人民共和国征收管理法》《中华人民共和国海关法》《进出口关税条例》等。

2. 按照主权国家行使税收管辖权分类

按照主权国家行使税收管辖权的不同,可分为国内税法、国际税法和外国税法。

(1) 国内税法。国内税法是一国在其税收管辖权范围内调整国家与纳税人之间权利义务关系的法律规范的总称,是由国家立法机关和经由授权或依法律规定的国家行政机关制定的法律、法规和规范性文件。国内税法一般按照属人或属地原则管辖。所谓属地原则,是指一个国家以地域的概念作为其行使征税权力所遵循的原则。它依据纳税人的所得是否来源于本国境内,来确定其纳税义务,而不考虑其是否为本国公民或居民;所谓属人原则,是指一国政府以人的概念作为其行使征税权力所遵循的原则。它依据纳税人与本国政治法律的联系以及居住的联系,来确定其纳税义务,而不考虑其所得是否来源于本国领土疆域之内。

(2) 国际税法。国际税法是指两个或两个以上课税权主体对跨国纳税人的跨国所得或财产征税形成的分配关系，并由此形成国与国之间的税收分配关系，主要包括双边或多边国家间的税收协定、条约和国际惯例等。一般而言，其效力高于国内税法。

(3) 外国税法。外国税法是指外国各个国家制定的税收制度。其效力仅限本国内部实施有效的法律规范的总称。

3. 按照税法法律级次分类

按照税法法律级次不同，可分为税收法律、税收行政法规、税收规章和税收规范性文件。

(1) 税收法律。税收法律是指拥有税收立法权的国家机关依照法律规定的程序在其职权范围内制定颁布的调整税收关系的规范性文件，是税法的主要表现形式。

我国现行税制中属于税收法律的有：《中华人民共和国税收征收管理法》《中华人民共和国个人所得税法》《中华人民共和国企业所得税法》等。

(2) 税收行政法规。税收行政法规是指国家最高行政机关即国务院根据宪法和法律制定的一种调整税收某些方面关系的规范性文件。其效力次于税收法律。

我国现行税制中属于税收行政法规的有：《中华人民共和国企业所得税暂行条例》《中华人民共和国增值税暂行条例》等。

(3) 税收规章和税收规范性文件。税收规章是由国务院财税主管部门（财政部、国家税务总局、海关总署和国务院关税税则委员会）根据法律和国务院行政法规或者规范性文件的要求，在本部门权限范围内发布的有关税收事项的规章和规范性文件，包括命令、通知、公告、通告、批复、意见、函等文件形式。税收规范性文件是指县以上（含本级）税务机关依照法定职权和规定程序制定并公布的，规定纳税人、扣缴义务人及其他税务行政相对人（简称税务行政相对人）权利、义务，在本辖区内具有普遍约束力并反复适用的文件。

(三) 税法的构成要素

税法构成要素，又称课税要素，是指各种单行税法具有的共同的基本要素的总称。一般包括征税人、纳税义务人、征税对象、税目、税率、计税依据、纳税环节、纳税期限、纳税地点、减税免税和法律责任等。其中纳税义务人、征税对象和税率是构成税法的三个最基本的要素。

1. 征税人

征税人又称征税主体，是指在税收法律关系中行使税收征管权，依法代表国家行使税款征收的各级税务机关和其他征收机关。我国税收征管机关主要包括税务机关和海关。

征税主体在税收征纳活动中行使的税权的内容是税收征管权，具体包括税收征收权、税收管理权和税收入库权；征税主体在税收征纳活动中实施的行为是征税行为，即依法将应收税款及时、足额征收入库。

2. 纳税义务人

纳税义务人是指税法规定的直接负有纳税义务的自然人、法人或其他组织。不同的税种有不同的纳税人，纳税人与课税对象、计税依据和纳税环节有密切的关系。纳税义务人是税收制度中区分不同税种的重要标志之一。

3. 征税对象

征税对象又称课税对象，是税法规定的征税的目的物。课税对象是一个税种区别于另一个税种的主要标志，是税收制度的基本要素之一。每一种税都必须明确规定对什么征税。一般来说，不同的税种有着不同的课税对象，不同的课税对象决定着税种所应有的不同性质。我国把税收按征税对象不同划分为流转税类、所得税类、财产税类、行为税类、资源税类五种类型。

4. 税目

税目是指税法中规定的征税对象的具体项目，是征税的具体根据，它规定了征税对象的具体范围，反映了课税的广度。

通过税目的设置，一方面能明确某一种税的征收范围，体现征税的广度，凡属于列举税目之内的项目即为征税对象，反之则为非征税对象；另一方面能对具体征税项目加以归类和界定，以便针对不同的税目确定适用的税率和征收方法。但不是所有税种都规定了税目，纳税对象简单明确的税种，就不必规定税目。如房产税、城镇土地使用税等。

5. 税率

税率是计算税额的尺度，也是衡量税负轻重与否的重要标志，是税收法律制度中的核心要素。我国现行的税率主要有：比例税率、定额税率、累进税率。

（1）比例税率，是指对同一征税对象，不论数量多少、数额大小均按同一比例征税的税率。比例税率又可以具体分为：单一比例税率、差别比例税率、幅度比例税率：

①单一比例税率，即对同一征税对象的所有纳税人都适用同一比例税率，如房产税税率。

②差别比例税率，即对同一征税对象的不同纳税人适用不同的比例征税，具体包括产品差别比例税率、行业差别比例税率、地区差别比例税率。如消费税、关税就属于产品差别税率，而营改增使用行业差别比例税率，城市维护建设税等使用地区差别比例税率。

③幅度比例税率，指税法只规定一个具有上下限的幅度税率，具体税率授权地方根据本地实际情况在该幅度内予以确定。

（2）定额税率（固定税额），是指对单位征税对象规定固定的税额，而不采取百分比的形式。如我国现行税制中城镇土地使用税等。

（3）累进税率，是根据征税对象数额的大小，规定不同等级的税率。即征税对象数额越大，税率越高；数额越小，税率越低。一般多在收益课税中使用，有全额累进税率、超额累进税率、超率累进税率三种形式：

①全额累进税率，是指按课税对象的绝对额划分若干级距，每个级距规定的税率随课税对象的增大而提高，就是纳税人全部课税对象按与之相适应的级距的税率计算纳税的税率制度。

②超额累进税率，是指把征税对象按数额大小划分为若干个等级，每一等级规定一个税率，税率依次提高，每一纳税人的征税对象依所属等级同时适用几个税率分别计算，将计算结果相加后得出应纳税款。在我国现行税制中个人所得税采用超额累进税率。

③超率累进税率，是指以征税对象数额的相对率划分若干级距，分别规定相应的差别税率，相对率每超过一个级距的，对超过的部分就按高一级的税率计算征税。在我国现行税制中土地增值税采用超率累进税率。

我国现行税法体系采用的累进税率形式只有超额累进税率、超率累进税率。

6. 计税依据

计税依据是指计算应纳税额的根据，是课税对象的量的表现。计税依据的数额同税额成正比例，计税依据的数额越多，应纳税额也越多。课税对象同计税依据有密切的联系。前者是从质的方面对征税的规定，即对什么征税；后者则是从量的方面对征税的规定，即如何计量。计税依据可以分为从价计征、从量计征、复合计征三种类型。

（1）从价计征。从价计征是指以计税金额为计税依据计算应纳税额的一种计征方法。计税金额包括收入额、收益额、财产额和资金额等。其计算公式为：

$$计税金额 = 征税对象数量 \times 计税价格$$
$$应纳税额 = 计税金额 \times 适用税率$$

（2）从量计征。从量税是指以征税对象的重量、件数、容量、面积等为计税依据，按照固定税额标准计算应纳税额的一种计征方法。其计算公式为：

$$应纳税额 = 计税数量 \times 单位适用税额$$

（3）复合计征。复合计征是指以征税对象的价格和数量为计税依据计算应纳税额的一种计征方法，即同时按照从价、从量两种计税依据计算纳税人应缴

纳的税额,以两种计税依据计算的税额之和作为课税对象的税额。其计算公式为:

$$应纳税额 = 计税数量 \times 单位适用税额 + 计税金额 \times 适用税率$$

7. 纳税环节

纳税环节是指税法规定的征税对象在从生产到消费的流转过程中应当缴纳税款的环节。商品经济条件下,商品从生产到消费通常经过生产制造、商业批发、商业零售等环节。商品课税的纳税环节,应当选择在商品流转的必经环节。按照纳税环节的多少,可将税收课征制度划分为两类,即一次课征制度和多次课征制度。一次课征制度是指一种税收在各个流通环节只征收一次税,我国现行税制中资源税、消费税等都属于一次课征。多次课征制,指一种税收在各个流通环节选择两个或两个以上的环节征税,我国现行税制中增值税就属于多次课征。

8. 纳税期限

纳税期限是指纳税人在发生纳税义务后,应向税务机关申报纳税的起止时间。超过纳税期限未缴税的,属于欠税,应依法加收滞纳金。我国税法对不同税种依据不同的情况规定了各自的纳税期限。纳税期限一般分为按期纳税和按次纳税两种形式。前者是指根据纳税义务发生的时间,通过确定纳税间隔期,实行按日纳税。按期纳税的纳税间隔期分为1天、3天、5天、10天、15天和1个月,共6种期限。具体纳税期限由主管税务机关根据情况分别核定。按次纳税是根据应税行为的发生次数确定纳税期限。

9. 纳税地点

纳税地点是纳税人具体缴纳税款的地点,它根据各个税种纳税对象的纳税环节和有利于对税款的源泉控制而选择并确定。纳税地点说明纳税人应向哪里的征税机关申报纳税,或哪里的征税机关有权进行税收管辖的问题。我国税法上规定的纳税地点主要有:机构所在地、经济活动发生地、财产所在地、报关地等。

10. 减免税

减免税是指国家对某些纳税人和征税对象给予鼓励和照顾的一种特殊规定。一方面是为了鼓励和支持某些行业或项目的发展,另一方面是为了照顾某些纳税人的特殊困难。减免税主要包括以下三个方面的内容。

(1)减税和免税。减税是指按照税收法律、法规减除纳税义务人一部分应纳税款;免税是对应纳税额全部免征。减税和免税具体分为三类:法定减免、临时减免、特定减免。凡是由各种税的基本法规定的减税、免税都称为法定减免。临时减免又称"困难减免",是指除法定减免和特定减免以外的其他临时性减税、免税,主要是为了照顾纳税人的某些特殊的暂时的困难。临时减免通常是定期的减免税或一次性的减免税。特定减免是指根据社会经济情况发展变化和发挥税收调节作用的需要而规定的减税、免税。

(2)起征点。起征点是对征税对象达到一定数额才开始征税的界限。计税依据数额达不到起征点的不征税,达到起征点的按照计税依据全额征税。在我国现行税制中如个人所得税偶然所得规定的 10 000 元即为起征点。

(3)免征额。免征额是征税对象总额中免予征税的数额。免征额部分不纳税,只对超过免征额的部分征税,是对所有纳税人的照顾。在我国现行税制中如个人所得税工资薪金所得中扣除金额 3 500 元即为免征额。

11. 法律责任

税收法律责任,是指税收法律关系的主体因违反税收法律规范所应承担的法律后果。税收法律责任包括行政责任和刑事责任。

(1)行政责任。行政责任是行政违法引起的、用以调整和维护行政法律关系,具有一定的惩罚性。对于纳税主体而言,其行政法律责任形式主要是行政处罚。对于征税主体而言,税务机关承担的行政法律责任,主要有行政赔偿责任和撤销违法决定等,税务机关工作人员承担的行政法律责任主要是行政处分。

行政处罚主要有以下几种方式:

①责令限期改正。这是税务机关对违反法律、行政法规所规定义务的当事人的谴责和申诫。主要是起到教育的作用,有一定的处罚作用,为税收法律、法规广泛采用。

②罚款。罚款是对违反税收法律、法规,不履行法定义务的当事人的一种经济上的处罚。由于罚款既不影响被处罚人的人身自由及其合法活动,又能起到对违法行为的惩戒作用,因而是税务行政处罚中应用最广泛的一种。

③没收财产。没收财产是对行政管理相对一方当事人的财产权予以剥夺的处罚。有两种情况:一是对相对人非法所得的财物没收。二是财物虽系相对人所有,但是其用于非法活动。

④收缴未用发票和暂停供应发票。存在税收违法行为,拒不接受税务机关处理的,税务机关可以收缴其发票或者停止向其发售发票。

⑤停止出口退税权。骗取国家出口退税款的,税务机关可以在规定期间内停止为其办理出口退税。

(2)刑事责任。刑事责任是对违反税法行为情节严重、已构成犯罪的当事人或直接责任人所给予的刑事制裁。追究刑事责任以税务违法行为情节严重、构成犯罪为前提。经济责任和行政责任通常是由税务机关依法追究的,而刑事责任则是由司法机关追究。刑事责任是税收法律责任中最严厉的一种制裁措施。

【例3-3】下列各项中属于税法基本要素的有（   ）。
A. 税率	B. 纳税义务人
C. 征税对象	D. 计税依据
答案：ABC
解析：纳税义务人、征税对象和税率是构成税法的三个最基本的要素。

第二节 主要税种

一、增值税

（一）增值税的概念与分类

1. 概念

增值税是以销售货物、应税服务、无形资产以及不动产过程中产生的增值额作为计税依据而征收的一种流转税。

从计税原理上说，增值税是对商品生产、流通、劳务服务中多个环节的新增价值或商品的附加值即增值额征收的一种流转税。增值税属于价外税，也就是由消费者负担，有增值额才征税，没增值额不征税。

我国自1979年开始引进增值税并在极少数地区试点。从1983年1月起，我国在全国范围内的两大行业和三种产品试行增值税。1984年我国正式建立了具有中国特色的增值税。1993年12月13日，国务院发布了《中华人民共和国增值税暂行条例》，12月25日，财政部下发了《中华人民共和国增值税暂行条例实施细则》，同时于1994年1月1日起施行。我国在1994年实行"生产型增值税"。从2004年7月1日起，财政部门在东北地区的八大行业开始实施增值税转型改革试点，自2009年1月1日起，在全国所有地区、所有行业推行增值税转型改革。从2012年1月1日起，在上海交通运输业和部分现代服务业开展营业税改征增值税试点。2013年8月1日，"营改增"已推广到全国试行。从2014年1月1日起，将铁路运输和邮政服务业纳入营业税改征增值税试点，至此交通运输业已全部纳入营改增范围。自2014年6月1日起，将电信业纳入营业税改征增值税试点范围。2016年5月1日，全国范围内对剩余的所有行业全面实施营改增，包括房地产及建筑业、金融服务业、生活服务业。

2. 分类

根据外购固定资产所含税金扣除方式的不同，增值税可以分为生产型增值税、收入型增值税、消费型增值税。

（1）生产型增值税。生产型增值税指在征收增值税时，只能扣除属于非固定资产项目的那部分生产资料的税款,不允许扣除固定资产价值中所含有的税款。该类型增值税的征税对象大体上相当于国民生产总值,因此称为生产型增值税。

(2)收入型增值税。收入型增值税指在征收增值税时,只允许扣除固定资产折旧部分所含的税款,未提折旧部分不得计入扣除项目金额。该类型增值税的征税对象大体上相当于国民收入,因此称为收入型增值税。

(3)消费型增值税。消费型增值税指在征收增值税时,允许将固定资产价值中所含的税款全部一次性扣除。这样,就整个社会而言,生产资料都排除在征税范围之外。该类型增值税的征税对象仅相当于社会消费资料的价值,因此称为消费型增值税。

我国从2009年1月1日起,在全国所有地区实施消费型增值税。

(二)增值税征税范围

1. 增值税征税范围基本规定

(1)销售或者进口货物。销售货物是指境内有偿转让货物的所有权,"境内"是指销售货物的起运地或者所在地在境内;"有偿"是指从购买方取得货币、货物或者其他经济利益;"货物"是指除土地、房屋和其他建筑物等不动产之外的有形动产,包括电力、热力、气体在内。进口货物是指货物从中国境外移送至中国境内的行为。

(2)提供加工、修理修配劳务。是指有偿提供加工、修理修配劳务。加工,是指受托加工货物,即委托方提供原料及主要材料,受托方按照委托方的要求,制造货物并收取加工费的业务;修理修配,是指受托对损伤和丧失功能的货物进行修复,使其恢复原状和功能的业务。

单位或者个体工商户聘用的员工为本单位或者雇主提供加工、修理修配劳务,不包括在内。

(3)销售服务、无形资产或者不动产。销售服务、无形资产或者不动产,是指有偿提供服务、有偿转让无形资产或者不动产,但属于下列非经营活动的情形除外:

①行政单位收取的同时满足以下条件的政府性基金或者行政事业性收费:由国务院或者财政部批准设立的政府行政基金,由国务院或者省级人民政府及其财政、价格主管部门批准设立的行政事业性收费;收取时开具省级以上(含省级)财政部门监(印)制的财政票据;所收款项全额上缴财政。

②单位或者个体工商户聘用的员工为本单位或者雇主提供取得工资的服务。

③单位或者个体工商户为聘用的员工提供服务。

④财政部和国家税务总局规定的其他内容。

2. 销售服务、无形资产、不动产的具体内容

销售服务,是指提供交通运输服务、邮政服务、电信服务、建筑服务、金

融服务、现代服务、生活服务。

销售无形资产，是指转让无形资产所有权或者使用权的业务活动，无形资产包括技术、商标、著作权、商誉、自然资源使用权和其他权益性无形资产；销售不动产，是指转让不动产所有权的业务互动，不动产包括建筑物、构筑物等。

3. 征收范围的特殊规定

（1）视同销售货物。单位或个体经营者的下列行为，视同销售货物：

①将货物交付其他单位或者个人代销。

②销售代销货物。

③设有两个以上机构并实行统一核算的纳税人，将货物从一个机构移送其他机构用于销售，但相关机构设在同一县（市）的除外。

④将自产、委托加工的货物用于非增值税应税项目。

⑤将自产、委托加工的货物用于集体福利或个人消费。

⑥将自产、委托加工或购进的货物作为投资，提供给其他单位或个体工商户。

⑦将自产、委托加工或购进的货物分配给股东或投资者。

⑧将自产、委托加工或购进的货物无偿赠送其他单位或个人。

（2）视同销售服务、无形资产或者不动产。下列情形视同销售服务、无形资产或者不动产：

①单位或者个体工商户向其他单位或者个人无偿提供服务，但用于公益事业或者以社会公众为对象的除外。

②单位或者个人向其他单位或者个人无偿转让无形资产或者不动产，但用于公益事业或者以社会公众为对象的除外。

③财政部和国家税务总局规定的其他情形。

（3）混合销售。混合销售是指纳税人的一项销售行为如果既涉及货物又涉及服务。从事货物的生产、批发或者零售的企业、企业性单位和个体工商户（包括以从事货物的生产、批发或者零售为主，并兼营非增值税应税劳务的单位和个体工商户）的混合销售行为，按照销售货物缴纳增值税；其他单位和个体工商户的混合销售行为，按照销售服务缴纳增值税。

自2017年5月起，纳税人销售活动板房、机器设备、钢结构件等自产货物的同时提供建筑、安装服务，不属于混合销售，应分别核算货物和建筑服务的销售额，分别适用不同的税率或者征收率。

（4）兼营。兼营是指纳税人的经营范围既包括销售货物和应税劳务，又包括销售服务、无形资产或者不动产。与混合销售行为不同的是，兼营是指销售货物、应税劳务、服务、无形资产或者不动产不同时发生在同一购买者身上，也不发生在同一项销售行为中。

纳税人销售货物、加工修理修配劳务、服务、无形资产或者不动产适用不同税率或者征收率的，应当分别核算适用不同税率或者征收率的销售额，未分别核算销售额的，按照以下方法适用税率或者征收率：

①兼有不同税率的销售货物、加工修理修配劳务、服务、无形资产或者不动产，从高适用税率。

②兼有不同征收率的销售货物、加工修理修配劳务、服务、无形资产或者不动产，从高适用征收率。

③兼有不同税率和征收率的销售货物、加工修理修配劳务、服务、无形资产或者不动产，从高适用税率。

【例3-4】根据增值税规定，下列行为应视同销售征收增值税的有(　　)。

A. 将自产的办公桌用于财务部门办公使用
B. 将外购的服装作为春节福利发给企业员工
C. 将委托加工收回的卷烟用于赠送客户
D. 将新研发的玩具交付某商场代为销售

答案：CD

解析：选项A，将自产货物用于办公使用，不属于将自产货物用于非应税项目，不视同销售；选项B，将外购的货物用于职工福利，属于不得抵扣项目，不属于视同销售。

（三）增值税纳税义务人

增值税纳税人是指税法规定负有缴纳增值税义务的单位和个人。在我国境内销售货物、应税服务、无形资产以及不动产的单位和个人，为增值税纳税人。按照会计核算健全与否和经营规模的大小等标准，增值税纳税人可分为一般纳税人和小规模纳税人。

1. 一般纳税人认定标准

一般纳税人是指年应征增值税销售额（以下简称"年应税销售额"，包括一个公历年度内的全部应税销售额）超过《增值税暂行条例实施细则》规定的小规模纳税人标准的企业和企业性单位。一般纳税人的特点是增值税进项税额可以抵扣销项税额。

（1）会计核算健全，是指能够准确核算进项、销项税额和应纳税额并提供相关的纳税资料。

（2）经营规模标准，是指年应税销售额超过小规模纳税人标准的企业及企业性单位。年应税销售额是指纳税人在连续不超过12个月的经营期内累积应缴增值税销售额。自2018年5月1日起，年应征增值税销售额500万元及以下为增值税小规模纳税人。

（3）下列纳税人不属于一般纳税人：

①年应税销售额未超过小规模纳税人标准的企业。

②除个体经营者以外的其他个人。

③非企业性单位。

④不经常发生增值税应税行为的企业。

纳税人自认定机关认定为一般纳税人的次月起（新开业纳税人自主管税务机关受理申请的当月起），按照《增值税暂行条例》第四条规定计算应纳税额，并按照规定领购、使用增值税专用发票。已开业的小规模纳税人满足一般纳税人标准后，于次年的1月底前申请转变成为一般纳税人。

按照《中华人民共和国增值税暂行条例实施细则》第二十八条规定已登记为增值税一般纳税人的单位和个人，在2018年12月31日前，可转登记为小规模纳税人，其未抵扣的进项税额作转出处理。

2. 增值税的扣缴义务人

增值税的扣缴义务人是指法律、行政法规规定负有代扣代缴、代收代缴税款义务的单位和个人。

在中华人民共和国境外的单位或个人在中国境内提供应税服务，在中国境内未设经营机构的，以其代理人为扣缴义务人；在境内没有代理人的，以接受方为增值税扣缴义务人。其计算公式为：

$$应扣缴税额 = 接受方支付价款/(1+税率) \times 税率$$

（四）增值税税率

1. 基本税率

增值税的基本税率为16%，适用于基本税率的情形为：

（1）纳税人销售或者进口货物，除适用低税率的外。

（2）提供加工、修理修配劳务的。

（3）有形动产租赁服务。

2. 低税率

除基本税率以外，我国规定了两档低税率：

（1）10%。下列应税货物按照10%的低税率征收增值税：

①粮食、食用植物油。

②自来水、暖气、冷气、热水、煤气、石油液化气、天然气、沼气、居民用煤炭制品。

③图书、报纸、杂志。

④饲料、化肥、农药、农机、农膜。

⑤国务院规定的其他货物。

纳税人提供交通运输、邮政、基础电信、建筑、不动产租赁服务，销售不动产，转让土地使用权，税率为10%。

（2）6%。纳税人销售增值电信服务、金融服务、现代服务和生活服务，销售土地使用权以外的无形资产，税率为6%。

3. 零税率

（1）纳税人出口货物，一般适用零税率，国务院另有规定的除外。

（2）纳税人跨境销售服务、无形资产或者不动产行为，税率为零，具体范围由财政部和国家税务局另行规定。

4. 征收率

增值税征收率为3%，财政部和国家税务总局另有规定的除外。

（1）小规模纳税人征收率：3%。

①小规模纳税人不划分行业和类别：征税率3%。

②小规模纳税人销售自己使用过的固定资产减按2%征收率；销售自己使用过的其他物品为3%。

（2）一般纳税人采用简易办法征收增值税。

①一般纳税人采用简易办法征收率为3%。

②销售自己使用过的、未抵扣进项税额的固定资产，减按2%征收率。

③自2016年5月1日起，销售、出租其2016年4月30日前取得的不动产，房产销售的老项目，可以选择适用简易计税方法，依5%征收率计算应纳税额。

纳税人提供适用不同税率或者征收率的应税服务，应当分别核算适用不同税率或者征收率的销售额；未分别核算的，从高适用税率。

（五）增值税一般纳税人应纳税额的计算

我国增值税实行扣税法。一般纳税人凭增值税专用发票及其他合法扣税凭证注明税款进行抵扣，当期应纳增值税税额的大小主要取决于当期销项税额和当期进项税额两个因素。其应纳增值税的计算公式为：

$$当期应纳税额 = 当期销项税额 - 当期进项税额$$
$$= 当期销售额 \times 适用税率 - 当期进项税额$$

1. 销项税额的计算

销项税额是指按照销售额或提供应税劳务收入和规定的税率计算并向购买方收取的增值税税额。其计算公式为：

$$销项税额 = 当期销售额 \times 适用税率$$

一般纳税人因销货退回或折让而退还给购买方的增值税税额，应从发生销货退回或折让当期的销项税额中冲减。

（1）一般销售方式下销售额的确定。销售额是指纳税人销售货物或者提供应税劳务向购买方收取的全部价款和价外费用，但不包括向购买方收取的销项税额。

价款指货物的销售价格。增值税是价外税，销售价格不包含增值税；但是消费税属于价内税，消费税是价款的组成部分，因此，凡征收消费税的货物在计征增值税时，增值税应税销售额包括消费税税金。

价外费用包括向购买方收取的手续费、补贴、基金、集资费、返还利润、奖励费、违约金、延期付款利息、滞纳金、赔偿金、包装费、包装物租金、储备费、优质费、运输装卸费、代收款项、代垫款项以及其他各种性质的价外费用。

下列各项不包括在价外费用内：

（1）受托加工应征消费税的消费品所代收代缴的消费税。

（2）同时符合以下条件的代垫运输费用：

①承运部门的运输费用发票开具给购买方的。

②纳税人将该项发票转交给购买方的。

（3）同时符合以下条件代为收取的政府性基金或者行政事业性收费：

①由国务院或者财政部批准设立的政府性基金，由国务院或者省级人民政府及其财政、价格主管部门批准设立的行政事业性收费。

②收取时开具省级以上财政部门印制的财政票据。

③所收款项全额上缴财政。

（4）销售货物的同时代办保险等而向购买方收取的保险费，以及向购买方收取的代购买方缴纳的车辆购置税、车辆牌照费。

纳税人向购买方收取的价外费用，应视为含税收入，在并入销售额征税时，应将其换算为不含税收入。其换算公式为：

$$不含税价外费用 = 含税价外费用 \div (1 + 税率)$$

（2）特殊销售方式的销售额。纳税人在实际销售过程中，为了扩大销售、抢占市场，会采取一些特殊的销售方式，这些特殊销售方式及销售额的确定方法是：

①以折扣方式销售货物的销售额。以折扣方式销售货物具体包括三种情况，现金折扣、商业折扣以及销售折让。

现金折扣的发生源于货物销售后鼓励购货方及时还款，计税销售额为销售时的价格，折扣额于实际发生时计入财务费用，不得从销售额中扣除。

商业折扣的发生是为了鼓励购货方购买商品，折后价是实际成交价，因此，销售额和折扣额在同一张发票上分别注明的，可以按折扣后的销售额征收增值税。

销售折让的发生是由于销售行为发生后商品出现了瑕疵或其他质量问题，销售方给购买方价格上的让步，可以按规定开具红字增值税专用发票进行税额的抵减。

②以旧换新方式销售货物的销售额。一般情况下，纳税人采取以旧换新方式销售货物的，应按新货物的同期销售价格确定销售额；金银首饰以旧换新业务，按销售方实际收到的不含增值税的全部价款征税。

③还本销售方式销售货物的销售额。还本销售，退还的货款即还本支出，是由于销售方资金紧缺或者为促销而产生，应在实际发生时计入财务费用或销售费用，不得从销售额中减出还本支出。

④采取以物易物方式销售的销售额。以物易物，双方都应作购销处理，以各自发出的货物核算销售额并计算销项税额，以各自收到的货物核算购货额及进项税额。此过程中，双方应各自开具合法的票据，必须计算销项税额，但如果收到货物不能取得相应的增值税专用发票或其他增值税扣税凭证，不得抵扣进项税额。

（3）核定的计税销售额。为了防止纳税人偷逃税款，主管税务机关在两种情况下有权核定计税销售额：

①视同销售行为。由于视同销售行为一般不以资金形式反映出来，因而会出现视同销售而无销售额的情况。

②货物或劳务价格明显偏低而无正当理由。

税务机关核定计税销售额，按照以下顺序：

①按纳税人最近时期同类货物的平均销售价格确定。

②按其他纳税人最近时期同类货物的平均销售价格确定。

③以上两种方法均不能确定时，按组成计税价格确定。

$$组成计税价格 = 成本 \times (1 + 成本利润率)$$

$$属于应征消费税的产品组成计税价格 = 成本 \times (1 + 成本利润率) + 消费税税额$$

$$或组成计税价格 = 成本 \times (1 + 成本利润率) \div (1 - 消费税税率)$$

公式中的成本，属于销售自产货物的为实际生产成本；属于销售外购货物的为实际采购成本。公式中成本利润率为10%，属于从价定率征收消费税的货物，其成本利润率按消费税的规定。

【例3-5】一般纳税人收取的下列款项中，应作为价外费用并入销售额计算增值税销项税额的是（　　）。

A. 受托加工应征消费税的消费品所代收代缴的消费税

B. 销售货物时收取的包装费

C. 销售货物的同时代办保险而向购买方收取的保险费

D. 向购买方收取的代购买方缴纳的车辆牌照费

答案：B

解析：价外费用包括向购买方收取的手续费、补贴、基金、集资费、返还利润、奖励费、违约金、延期付款利息、滞纳金、赔偿金、包装费、包装物租金、储备费、优质费、运输装卸费、代收款项、代垫款项以及其他各种性质的价外费用。

2. 进项税额的计算

进项税额是指纳税人购进货物或应税劳务所支付或者承担的增值税税额。纳税人购进货物或应税劳务所支付或者承担的增值税税额有的允许抵扣，有的不能抵扣。

（1）准予抵扣的进项税额。

①从销售方取得的增值税专用发票（含税控机动车销售统一发票）上注明的增值税额。

增值税一般纳税人（以下称纳税人）2016年5月1日后取得并在会计制度上按固定资产核算的不动产，以及2016年5月1日后发生的不动产在建工程，其进项税额应按照有关规定分两年从销项税额中抵扣，第一年抵扣比例为60%，第二年抵扣比例为40%。

取得不动产，包括以直接购买、接受捐赠、接受投资入股、自建以及抵债等各种形式取得的不动产，不包括房地产开发企业自行开发的房地产项目。

融资租入的不动产以及在施工现场修建的临时建筑物、构筑物，其进项税额不适用上述分两年抵扣的规定。

②从海关取得的海关进口增值税专用缴款书上注明的增值税额。

③购进农产品，除取得增值税专用发票或者海关进口的增值税专用缴款书外，按照农产品收购发票或者销售发票上注明的农产品买价和10%的扣除率计算的进项税额。计算公式为：进项税额＝买价×扣除率。

④从境外单位或者个人购进服务、无形资产或者不动产，自税务机关或者扣缴义务人取得的解缴税款的完税凭证上注明的增值税额。

（2）进项税额抵扣期限的规定。

①自2017年7月1日起，增值税一般纳税人取得的2017年7月1日及以后开具的增值税专用发票和机动车销售统一发票，应自开具之日起360日内认证或登录增值税发票选择确认平台进行确认，并在规定的纳税申报期内，向主管国税机关申报抵扣进项税额。

②增值税一般纳税人取得的2017年7月1日及以后开具的海关进口增值税专用缴款书，应自开具之日起360日内向主管国税机关报送《海关完税凭证抵

扣清单》，申请稽核比对。

（3）不得从销项税额中抵扣的进项税额。纳税人购进货物或应税劳务所支付或者承担的增值税税额中，下列项目不得抵扣：

①用于简易计税方法计税项目、免征增值税项目、集体福利或者个人消费的购进货物、加工修理修配劳务、服务、无形资产和不动产。

②非正常损失的购进货物，以及相关的加工修理修配劳务和交通运输服务。

③非正常损失的在产品、产成品所耗用的购进货物（不包括固定资产）、加工修理修配劳务和交通运输服务。

④非正常损失的不动产，以及该不动产所耗用的购进货物、设计服务和建筑服务。

⑤非正常损失的不动产在建工程所耗用的购进货物、设计服务和建筑服务。纳税人新建、改建、扩建、修缮、装饰不动产，均属于不动产在建工程。

⑥购进的旅客运输服务、贷款服务、餐饮服务、居民日常服务和娱乐服务。

⑦财政部和国家税务总局规定的其他情形。

【例3-6】某面粉加工厂（增值税一般纳税人）2013年8月从农民手中收购小麦100吨，开具的收购发票上注明金额20万元，此项业务可抵扣的增值税进项税额为（　　）万元。

A. 0　　　　　　B. 2　　　　　　C. 2.30　　　　　　D. 2.60

答案：D

解析：纳税人购进免税农产品，按收购价款的13%计算抵扣增值税。所以可抵扣的增值税金额 = 20 × 13% = 2.6（万元）

3. 应纳税额的计算

增值税应纳税额是当期各种计税销售额计算的销项税税额与当期税务机关准予抵扣的进项税额之差。即：

$$增值税应纳税额 = 当期销项税额 - 当期准予抵扣的进项税额$$

该公式计算结果为正值表明当期应纳税额；计算结果为负值不予退税，留抵下期继续抵扣。

【例3-7】A商场本月向消费者零售货物，销售额为23.4万元。本月购进甲货物，取得增值税专用发票，进项税额为1.4万元，同时，购进乙货物，取得普通发票，金额为0.8万元。该企业适用的增值税税率为17%，则该企业本月应纳增值税税额为（　　）万元。

A. 1.2　　　　　　B. 2.58　　　　　　C. 1.64　　　　　　D. 2

答案：D

解析：本月应纳增值税税额 = 23.4 ÷ (1 + 17%) × 17% - 1.4 = 2（万元）

(六) 增值税小规模纳税人应纳税额的计算

增值税小规模纳税人按照简易办法征税,用不含税销售额和增值税征收率计算应纳税额,不得抵扣进项税额。因此在小规模纳税人的税额计算中,不考虑进项税额的计算以及是否准予抵扣的问题。其计算公式为:

$$应纳税额 = 不含税销售额 \times 征收率$$

不含税销售额的认定与一般纳税人一样,包括所有价款和价外费用。在视同销售行为、兼营销售行为和混合销售行为的认定上也与一般纳税人一致,只是小规模纳税人通常开具普通发票,所以通常需要将含税价换算为不含税价。

$$不含税销售额 = 含税销售额 \div (1 + 征收率)$$

小规模纳税人销售普通商品征收率为3%。

【例3-8】某零售商店为小规模纳税人,2014年的销售额为60万元(含增值税),则应纳增值税为( )万元。

A. 1.08   B. 1.8   C. 1.75   D. 10.2

答案:C

解析:该商店为小规模纳税人,所以应纳增值税 = 60/(1 + 3%) × 3% = 1.75(万元)。

(七) 增值税的征收管理

1. 纳税义务发生的时间

(1) 纳税人销售货物或者提供应税劳务,其纳税义务发生时间为收讫销售款项或者取得索取销售款项凭据的当天;先开具发票的,为开具发票的当天。按销售结算方式的不同,具体分为:

①采取直接收款方式销售货物,不论货物是否发出,均为收到销售款或者取得索取销售款凭据的当天。

纳税人生产经营活动中采取直接收款方式销售货物,已将货物移送对方并暂估销售收入入账,但既未取得销售款或取得索取销售款凭据也未开具销售发票的,其纳税义务发生时间为取得销售款或取得索取销售款凭据的当天;先开具发票的,为开具发票的当天。

②采取托收承付和委托银行收款方式销售货物,为发出货物并办妥托收手续的当天。

③采取赊销和分期收款方式销售货物,为书面合同约定的收款日期的当天,无书面合同的或者书面合同没有约定收款日期的,为货物发出的当天。

④采取预收货款方式销售货物,为货物发出的当天,但生产销售生产工期超过12个月的大型机械设备、船舶、飞机等货物,为收到预收款或者书面合同约定的收款日期的当天。

⑤委托其他纳税人代销货物，为收到代销单位的代销清单或者收到全部或部分货款的当天。未收到代销清单及货款的，为发出代销货物满180天的当天。

⑥销售应税劳务，为提供劳务同时收讫销售款或者取得索取销售款的凭据的当天。

⑦纳税人发生相关视同销售货物行为，为货物移送的当天。

⑧纳税人进口货物，其纳税义务发生时间为报关进口的当天。

（2）纳税人发生应税行为的纳税义务发生时间。纳税人发生应税行为并收讫销售款项或者取得索取销售款项凭据的当天；先开具发票的，为开具发票的当天。

收讫销售款项，是指纳税人销售服务、无形资产、不动产过程中或者完成后收到款项。

取得索取销售款项凭据的当天，是指书面合同确定的付款日期；未签订书面合同或者书面合同未确定付款日期的，为服务、无形资产转让完成的当天或者不动产权属变更的当天。具体分为：

①纳税人提供租赁服务采取预收款方式的，其纳税义务发生时间为收到预收款的当天。

②纳税人从事金融商品转让的，为金融商品所有权转移的当天。

③纳税人发生视同销售情形的，其纳税义务发生时间为服务、无形资产转让完成的当天或者不动产权属变更的当天。

（3）增值税扣缴义务发生时间为纳税人增值税纳税义务发生的当天。

2. 纳税期限

增值税纳税期限规定为1日、3日、5日、10日、15日、1个月或1个季度，以1个季度为纳税期限的规定仅适用于小规模纳税人。纳税人的具体纳税期限由主管税务机关根据纳税人应纳税额的大小分别核定。不能按照固定期限纳税的，可以按次纳税。

纳税人以1个月或者1个季度为纳税期的，自期满之日起15日内申报纳税；以1日、3日、5日、10日或者15日为一期纳税的，自期满之日起5日内预缴税款，于次月1日起15日内申报纳税并结清上月应纳税款。

纳税人进口货物，应当自海关填发海关进口增值税专用缴款书15日内缴纳税款。

3. 纳税地点

（1）固定业户增值税纳税地点。固定业户应当向其机构所在地主管税务机关申报纳税。总机构和分支机构不在同一县（市）的，应当分别向各自所在地的主管税务机关申报纳税。

固定业户到外县（市）销售货物或提供应税劳务的，应当向其机构所在地主管税务机关申请开具外出经营活动税收管理证明,向其机构所在地主管税务机关申报纳税。未开具证明的,应当向销售地或劳务发生地主管税务机关申报纳税;未向销售地或劳务发生地主管税务机关申报纳税的,由其机构所在地主管税务机关补征税款。

固定业户(增值税一般纳税人)临时到外省、市销售货物的,必须向经营地主管税务机关出示《外出经营活动税收管理证明》回原地纳税,需要向购货方开具专用发票的,亦回原地补开。

(2)非固定业户增值税纳税地点。非固定业户销售货物或者提供应税劳务,应当向销售地或者劳务发生地主管税务机关申报纳税。未向销售地或劳务发生地主管税务机关申报纳税的,由其机构所在地或居住地主管税务机关补征税款。

(3)进口货物增值税纳税地点。进口货物,应当由进口人或其代理人向报关地海关申报纳税。

(4)扣缴义务人增值税纳税地点。扣缴义务人应当向其机构所在地或者居住地的主管税务机关申报缴纳其扣缴的税款。

二、消费税

(一)消费税的概念

消费税是对在我国境内从事生产、委托加工和进口应税消费品的单位和个人征收的一种流转税,是对特定的消费品和消费行为在特定的环节征收的一种流转税。这里所指的特定消费品和特殊消费行为,主要是奢侈类和国家限制的消费品行为。

(二)消费税的征税范围

消费税的征税范围是在中华人民共和国境内生产、委托加工和进口《消费税暂行条例》规定的消费品的行为。其中,应税消费品有五类:第一类为过度消费会对人身健康、社会秩序、生态环境等方面造成危害的特殊消费品,如烟、酒、鞭炮、焰火等;第二类为非生活必需品,如化妆品、贵重首饰、珠宝玉石等;第三类为高能耗及高档消费品,如小汽车、游艇等;第四类为使用和消耗不可再生和替代的稀缺资源的消费品,如成品油、实木地板等;第五类为税基广、消费普遍、征收后不影响居民基本生活并能增加财政收入的消费品,如汽车轮胎等。

而凡是涉及生产、委托加工或进口上述五类消费品的行为均需要征收消费税。具体来讲:

1. 生产应税消费品

生产应税消费品在生产销售环节征税。纳税人将生产的应税消费品换取生产资料、消费资料、投资入股、偿还债务,以及用于继续生产应税消费品以外的其他方面都应缴纳消费税。

2. 委托加工应税消费品

委托加工应税消费品是指委托方提供原料和主要材料，受托方只收取加工费和代垫部分辅助材料加工的应税消费品。由受托方提供原材料或其他情形的一律不能视同加工应税消费品。

委托加工的应税消费品，除受托方为个人外，由受托方向委托方交货时代收代缴税款；委托个人加工的应税消费品，由委托方收回后缴纳消费税。

委托加工的应税消费品，委托方用于连续生产应税消费品的，所纳税款准予按规定抵扣；直接出售的，不再缴纳消费税。委托方将收回的应税消费品，以不高于受托方的计税价格出售的，为直接出售，不再缴纳消费税；委托方以高于受托方的计税价格出售的，不属于直接出售，需按照规定申报缴纳消费税，在计税时准予扣除受托方已代收代缴的消费税。

3. 进口应税消费品

单位和个人进口应税消费品，于报关进口时由海关代征消费税。

4. 批发应税消费品

在中华人民共和国境内从事卷烟批发业务的单位和个人，在卷烟批发环节加征一道从价税，按其销售额（不含增值税）征收5%的消费税。纳税人销售给纳税人以外的单位和个人的卷烟于销售时纳税。纳税人之间销售的卷烟不缴纳消费税。纳税人指批发企业。

5. 零售应税消费品

零售环节征收消费税的金银首饰仅限于金基、银基合金首饰以及金、银和金基、银基合金的镶嵌首饰，适用税率为5%。其计税依据是不含增值税的销售额。

对既销售金银首饰，又销售非金银首饰的生产、经营单位，应将两类商品划分清楚，分别核算销售额。凡划分不清楚或不能分别核算的，在生产环节销售的，一律从高适用税率征收消费税；在零售环节销售的，一律按金银首饰征收消费税。金银首饰与其他产品组成成套消费品销售的，应按销售额全额征收消费税。

金银首饰连同包装物一起销售的，无论包装物是否单独计价，也无论会计上如何核算，均应并入金银首饰的销售额，计征消费税。

带料加工的金银首饰，应按受托方销售的同类金银首饰的销售价格确定计税依据征收消费税。没有同类金银首饰销售价格的，按照组成计税价格计算纳税。

纳税人采用以旧换新（含翻新改制）方式销售的金银首饰，应按实际收取的不含增值税的全部价款确定计税依据征收消费税。

(三) 消费税纳税义务人

消费税的纳税义务人为在中华人民共和国境内生产、委托加工和进口应税消费品的单位和个人以及国务院确定的销售应税消费品的其他单位和个人。这里的单位是指企业、行政单位、事业单位、军事单位、社会团体及其他企业。而个人是指个体工商户及其他个人。

消费税的相关行为发生在中华人民共和国境内,是指生产、委托加工和进口属于应当缴纳消费税的消费品的起运地或者所在地在境内。

【例 3-10】下列属于消费税纳税人的有(   )。
A. 生产应税消费品的单位和个人
B. 进口应税消费品的单位和个人
C. 委托加工应税消费品的单位和个人
D. 受托加工应税消费品的单位和个人

答案:ABC

解析:委托加工应税消费品的纳税义务人为委托方,不是受托方。

(四) 消费税税目与税率

目前,我国《消费税暂行条例》确定征收消费税的只有烟、酒、化妆品等 15 个税目,有的税目还进一步划分了若干子目。

针对不同的税目,消费税的税率有三种形式,分别为比例税率、定额税率和复合税率。其中,比例税率按照消费品销售额的一定比重计算征税,如化妆品、实木地板;定额税率即单位税额,按照消费品的销售数量计算征税,如成品油;一般情况下,对一种消费品只选择一种税率形式,但为了更有效地保全消费税税基,对一些应税消费品如卷烟、白酒,则采用了定额税率和比例税率双重征收形式,即复合税率。

现行的消费税税目及其对应的税率见表 3-1。

表 3-1　　　　　　消费税税目税率(税额)表

税　　目	从量征税计税单位	税率(税额)
一、烟		
1. 卷烟		
工业		
(1) 每标准条(200 支)对外调拨价在 70 元以上(含 70 元)的	支	56%;0.003 元
(2) 每标准条(200 支)对外调拨价在 70 元以下的	支	36%;0.003 元
商业批发	支	11%;0.005 元
2. 烟丝		30%

续表

税　　目	从量征税计税单位	税率（税额）
3. 雪茄烟		36%
二、酒		
1. 粮食白酒	斤或者500毫升	20%；0.5元
2. 薯类白酒	斤或者500毫升	20%；0.5元
3. 黄酒	吨	240元
4. 啤酒		
（1）每吨出厂价格（含包装物及包装物押金）在3 000元（含3 000元，不含增值税）以上的	吨	250元
（2）每吨在3 000元以下的	吨	220元
（3）娱乐业和饮食业自制的	吨	250元
5. 其他酒		10%
三、高档化妆品		15%
四、贵重首饰和珠宝玉石		
1. 金、银、铂金首饰和钻石、钻石饰品		5%
2. 其他贵重首饰和珠宝玉石		10%
五、鞭炮、焰火		15%
六、成品油		
1. 汽油	升	1.52元/升
2. 柴油	升	1.20元/升
3. 石脑油	升	1.20元/升
4. 溶剂油	升	1.52元/升
5. 润滑油	升	1.52元/升
6. 燃料油	升	1.52元/升
7. 航空煤油	升	1.20元/升
七、摩托车		
1. 气缸容量（排气量）在250毫升（含）以下的		3%
2. 气缸容量在250毫升以上的		10%
八、小汽车		
1. 乘用车		
（1）气缸容量（排气量，下同）在1.0升（含1.0升）以下的		1%
（2）气缸容量在1.0升以上至1.5升（含1.5升）的		3%
（3）气缸容量在1.5升以上至2.0升（含2.0升）的		5%

续表

税　　目	从量征税计税单位	税率（税额）
（4）气缸容量在2.0升以上至2.5升（含2.5升）的		9%
（5）气缸容量在2.5升以上至3.0升（含3.0升）的		12%
（6）气缸容量在3.0升以上至4.0升（含4.0升）的		25%
（7）气缸容量在4.0升以上的		40%
2. 中轻型商用客车		5%
3. 超豪华小汽车		10%（零售环节）
九、高尔夫球及球具		10%
十、高档手表（价值10 000元以上）		20%
十一、游艇		10%
十二、木制一次性筷子		5%
十三、实木地板		5%
十四、电池		4%
十五、涂料		4%

纳税人兼营不同税率应税消费品，应当分别核算不同税率应税消费品应缴纳的消费税，未分别核算的或将不同税率应税消费品组成成套销售的，从高适用税率。

（五）消费税应纳税额计算

1. 从价定率征收

对实行从价定率计算方法计算的应税消费品，以其销售额为计税依据，按适用的比例税率计算应纳消费税税额。其基本计算公式为：

$$应纳税额 = 销售额 \times 比例税率$$

其中，销售额是指纳税人有偿转让应税消费品所取得的全部收入，即纳税人销售应税消费品向购买方收取的全部价款和价外费用，全部价款中包含消费税税额，但不包括增值税税额。

注意，含增值税销售额的换算：

$$应税消费品的销售额 = 含增值税的销售额 \div (1 + 增值税税率或征收率)$$

2. 从量定额征收

对实行从量定额计算方法的应税消费品，以其销售数量为计税依据，按适用的单位税额计算应纳消费税税额。其计算公式为：

$$应纳税额 = 销售数量 \times 单位税额$$

根据应税消费品的应税行为，应税消费品的数量具体规定为：

（1）销售应税消费品的，为应税消费品的销售数量。
（2）自产自用应税消费品的，为应税消费品的移送使用数量。
（3）委托加工应税消费品的，为纳税人收回的应税消费品数量。
（4）进口的应税消费品，为海关核定的应税消费品进口征税数量。

【例3-11】某啤酒厂12月份销售甲类啤酒400吨，每吨出厂价格3 100元。12月该啤酒厂应纳消费税税额为（　　）元。（甲类啤酒定额税率250元/吨）

　　A. 88 000　　　　B. 190 400　　　　C. 100 000　　　　D. 616 000

答案：C

解析：应纳税额＝销售数量×定额税率＝400×250＝100 000（元）。

3. 从价定率和从量定额复合征收

现行消费税的征税范围中，只有卷烟、粮食白酒、薯类白酒采用混合计算方法。其基本计算公式为：

$$应纳税额 = 销售额 \times 比例税率 + 销售数量 \times 单位税额$$

生产销售卷烟、粮食白酒、薯类白酒从量定额计税依据为实际销售数量。进口、委托加工、自产自用卷烟、粮食白酒、薯类白酒从量定额计税依据分别为海关核定的进口征税数量、委托方收回数量、移送使用数量。

4. 应税消费品已纳税款扣除

根据税法规定，外购和委托加工收回下列应税消费品，用于连续生产应税消费品的，对外购应税消费品已缴纳的消费税税款或者委托加工的应税消费品（原料），由受托方代收代缴的消费税税款，准予从应纳消费税税额中抵扣。

5. 自产自用应税消费品应纳税额计算

纳税人自产自用的应税消费品，用于连续生产应税消费品的，即作为生产最终应税消费品的直接材料，并构成最终应税消费品实体的，不缴纳消费税；用于其他方面的，如用于生产非应税消费品和在建工程、管理部门、非生产机构、提供劳务，以及用于馈赠、赞助、集资、广告、样品、职工福利、奖励等方面的应税消费品，应缴纳消费税。此时，应按照纳税人生产的同类消费品的销售价格计算纳税，没有同类消费品销售价格的，按照组成计税价格计算纳税：

其中，实行从价定率办法计算纳税的组成计税价格计算公式为：

$$组成计税价格 = (成本 + 利润) \div (1 - 比例税率)$$

实行复合计税办法计算纳税的组成计税价格计算公式为：

$$组成计税价格 = (成本 + 利润 + 自产自用数量 \times 定额税率) \div (1 - 比例税率)$$

【例3-12】某白酒厂2014年春节前，将新研制的粮食白酒1吨作为过节福利发放给员工饮用，该粮食白酒无同类产品市场销售价格。已知该批粮食白酒生产成本20 000元,成本利润率为5%,白酒消费税比例税率为20%,定额税率为0.5元/斤。则该批粮食白酒应纳消费税税额为（　　）元。

A. 5 250　　　　B. 6 250　　　　C. 5 500　　　　D. 6 500

答案：D

解析：该批粮食白酒的组成计税价格=（成本+利润+自产自用数量×定额税率）÷（1－比例税率）=（20 000+20 000×5%+1×1 000×2×0.5）÷（1－20%）=27 500（元），应纳消费税税额=27 500×20%+1×1 000×2×0.5=6 500（元）。

6. 委托加工应税消费品应纳税额计算

对于委托加工的应税消费品，按照受托方的同类消费品的销售价格计算纳税；没有同类消费品销售价格的，按照组成计税价格计算纳税。

在组成计税价格的确定上，实行从价定率办法计算纳税的，组成计税价格计算公式为：

组成计税价格=（材料成本+加工费）÷（1－比例税率）

对于实行复合计税办法计算纳税的，组成计税价格计算公式为：

组成计税价格=（材料成本+加工费+委托加工数量×定额税率）÷（1－比例税率）

【例3－13】A酒厂3月份委托B酒厂生产酒精30吨，一次性支付加工费9 500元。已知A酒厂提供原料的成本为57 000元，B酒厂无同类产品销售价格，酒精适用的消费税税率为5%。则该批酒精的消费税组成计税价格是（　　）元。

A. 9 500　　　　B. 57 000　　　　C. 66 500　　　　D. 70 000

答案：D

解析：组成计税价格=（57 000+9 500）÷（1－5%）=70 000（元）

（六）消费税征收管理

1. 纳税义务发生时间

根据应税消费品不同，消费税纳税环节包括生产销售环节、委托加工应税消费品、进口环节、批发环节和零售环节。具体的纳税义务发生时间根据业务的不同有所差异：

（1）纳税人销售应税消费品的，按不同的销售结算方式分别为：

①采取赊销和分期收款结算方式的，其纳税义务的发生时间，为销售合同规定的收款日期的当天。书面合同没有约定收款日期或没有书面合同的，为发出应税消费品当天。

②采取预收货款结算方式的，其纳税义务的发生时间，为发出应税消费品的当天。

③采取托收承付结算方式销售的应税消费品，其纳税义务的发生时间，为

发出应税消费品并办妥托收手续的当天。

④采取其他结算方式的，其纳税义务的发生时间，为收讫销售款或者取得索取销售款凭据的当天。

（2）纳税人自产自用应税消费品的，其纳税义务的发生时间，为移送使用的当天。

（3）纳税人委托加工应税消费品的，其纳税义务的发生时间，为纳税人提货的当天。

（4）纳税人进口的应税消费品，其纳税义务的发生时间，为报关进口的当天。

2. 消费税纳税期限

消费税纳税期限分别为1日、3日、5日、10日、15日、1个月或者1个季度。纳税人的具体纳税期限，由主管税务机关根据纳税人应纳税额的大小分别核定；不能按照固定期限纳税的，可以按次纳税。

纳税人以1个月或者1个季度为一期纳税的，自期满之日起15日内申报纳税；纳税人以1日、3日、5日、10日、15日为一期的，自期满之日起5日内预缴税款，于次月1日起15日内申报纳税并结清上月应纳税款。进口货物自海关填发税收专用缴款书之日起15日内缴纳。

3. 消费税纳税地点

（1）纳税人销售的应税消费品，以及自产自用的应税消费品，除国务院财政、税务主管部门另有规定外，应当向纳税人机构所在地或者居住地的主管税务机关申报纳税。

（2）委托加工的应税消费品，除受托方为个人外，由受托方向机构所在地或者居住地的主管税务机关解缴消费税税款。受托方为个人的，由委托方向机构所在地的主管税务机关申报纳税。

（3）进口的应税消费品，由进口人或者其代理人向报关地海关申报纳税。

（4）纳税人到外县（市）销售或者委托外县（市）代销自产应税消费品的，于应税消费品销售后，向机构所在地或者居住地主管税务机关申报纳税。

（5）纳税人的总机构与分支机构不在同一县（市）的，应当分别向各自机构所在地的主管税务机关申报纳税。纳税人的总机构与分支机构不在同一县（市），但在同一省（自治区、直辖市）范围内，经省（自治区、直辖市）财政厅（局）、国家税务局审批同意，可以由总机构汇总向总机构所在地的主管税务机关申报缴纳消费税。省（自治区、直辖市）财政厅（局）、国家税务局应将审批同意的结果，上报财政部、国家税务总局备案。

（6）纳税人销售的应税消费品，如因质量等原因由购买者退回时，经机构所在地或者居住地主管税务机关审核批准后，可退还已缴纳的消费税税款。

(7) 出口的应税消费品办理退税后，发生退关，或者国外退货进口时予以免税的，报关出口者必须及时向其机构所在地或者居住地主管税务机关申报补缴已退还的消费税税款。

纳税人直接出口的应税消费品办理免税后，发生退关或者国外退货，进口时已予以免税的，经机构所在地或者居住地主管税务机关批准，可暂不办理补税，待其转为国内销售时，再申报补缴消费税。

(8) 个人携带或者邮寄进境的应税消费品的消费税，连同关税一并计征，具体办法由国务院关税税则委员会会同有关部门制定。

三、企业所得税

(一) 企业所得税的概念

企业所得税是对我国企业和其他组织的生产经营所得和其他所得征收的一种税。对于企业所得税纳税义务人中的企业，又具体分为居民企业和非居民企业。

居民企业是指依法在中国境内成立，或者依照外国法律成立但实际管理机构在中国境内的企业。即我国判定居民企业的标准有两个：登记注册地标准、实际管理机构所在地标准。

非居民企业是指依照外国（地区）法律成立且实际管理机构不在中国境内，但在中国境内设立机构、场所，或者在中国境内未设立机构、场所，但有来源于中国境内所得的企业。

值得注意的是，个人独资企业和合伙企业属于个人所得税纳税义务人，不属于企业所得税纳税义务人。

(二) 企业所得税的征税对象

1. 居民企业的征税对象

居民企业应当就其来源于中国境内、境外的所得缴纳企业所得税。"所得"包括销售货物所得、提供劳务所得、转让财产所得、股息红利等权益性投资所得、利息所得、租金所得、特许权使用费所得、接受捐赠所得和其他所得。

2. 非居民企业的征税对象

非居民企业取得来源于中国境内的股息、红利等权益性投资收益和利息、租金、特许权使用费所得、转让财产所得以及其他所得应当缴纳的企业所得税，实行源泉扣缴，以依照有关法律规定或者合同约定对非居民企业直接负有支付相关款项义务的单位或者个人为扣缴义务人。

具体来讲，非居民企业在中国境内设立机构、场所的，应当就其所设机构、场所取得的来源于中国境内的所得，以及发生在中国境外、但与其所设机构、场所有实际联系的所得，缴纳企业所得税。非居民企业在中国境内未设立机构、场所的，或虽设立机构、场所，但取得的所得与其所设机构、场所没有实际联系，应当就其来源于中国境内的所得缴纳企业所得税。

（三）企业所得税税率

1. 基本税率

居民企业和在中国境内设有机构、场所且所得与机构、场所有关联的非居民企业适用基本税率，基本税率为25%。

2. 优惠税率

（1）小型微利企业。对符合条件的小型微利企业，减按20%的税率征收企业所得税。

（2）国家重点扶持的高新技术企业。国家重点扶持的高新技术企业，减按15%的税率缴纳企业所得税。

（四）企业所得税应纳税所得额

企业所得税应纳税所得额是企业所得税的计税依据。应纳税所得额为企业每一个纳税年度的收入总额减去不征税收入、免税收入、各项扣除，以及弥补以前年度的亏损之后的余额。应纳税所得额有两种计算方法：直接法和间接法。

其中，直接计算法下的计算公式为：

$$应纳税所得额 = 收入总额 - 不征税收入 - 免税收入 - 各项扣除项目 - 允许弥补的以前年度亏损$$

间接计算法下的计算公式为：

$$应纳税所得额 = 会计利润 + 纳税调整增加额 - 纳税调整减少额$$

两种方法的根本区别在于计算起点的差异，直接法从收入总额出发进行计算，而间接法从会计利润出发进行调整，后者更能体现"会计利润"与"税收利润"之间的差异。

以直接计算法为例，其中所涉及的各个项目的具体构成情况如下：

1. 收入总额

企业以货币形式和非货币形式从各种来源取得的收入为收入总额。具体包括：

（1）销售货物收入，是指企业销售商品、产品、原材料、周转材料（包装物、低值易耗品等）以及其他存货取得的收入。

（2）提供劳务收入。

（3）转让财产收入，是指企业转让固定资产、生物资产、无形资产、股权、债权等财产取得的收入。

（4）股息、红利等权益性投资收益，是指企业因权益性投资从被投资方取得的收入。

(5) 利息收入，包括存款利息、贷款利息、债券利息、欠款利息等收入。

(6) 租金收入，是指企业提供固定资产、包装物或者其他有形资产的使用权取得的收入。

(7) 特许权使用费收入，是指企业提供专利权、非专利技术、商标权、著作权以及其他特许权的使用权取得的收入。

(8) 接受捐赠收入。

(9) 其他收入。

2. 不征税收入

不征税收入是指从性质和根源上不属于企业营利性活动带来的经济利益、不负有纳税义务并不作为应纳税所得额组成部分的收入。具体包括以下几种：

(1) 财政拨款。

(2) 依法收取并纳入财政管理的行政事业性收费、政府性基金。

(3) 国务院规定的其他不征税收入。

3. 免税收入

免税收入是指属于企业的应税所得但按照税法规定免予征收企业所得税的收入。具体来看，企业的下列收入为免税收入：

(1) 国债利息收入。国债利息收入是指企业持有国务院财政部门发行的国债取得的利息收入。

(2) 符合条件的居民企业之间的股息、红利等权益性投资收益。这是指居民企业直接投资于其他居民企业所取得的投资收益。股息、红利等权益性投资收益，不包括连续持有居民企业公开发行并上市流通的股票不足12个月取得的投资收益（下同）。

(3) 在中国境内设立机构、场所的非居民企业从居民企业取得与该机构、场所有实际联系的股息、红利等权益性投资收益。

(4) 符合条件的非营利组织的收入。

4. 准予扣除项目

(1) 准予扣除项目的内容。企业实际发生的与经营活动有关的、合理的支出准予税前扣除。税前扣除项目包括成本、费用、税金、损失和其他支出等。

①成本。指生产经营活动中发生的销售成本、销货成本、业务支出以及其他耗费，即企业销售商品（产品、材料、下脚料、废料、废旧物资等）、提供劳务、转让固定资产、无形资产（包括技术转让）的成本。

②费用。通常指三项期间费用，销售费用、管理费用、财务费用，已经计入成本的有关费用除外。

③税金。指企业发生的除企业所得税和允许抵扣的增值税以外的各项税金

及附加。可以抵扣的税金包括已缴纳的消费税、城市维护建设税、资源税、土地增值税、出口关税及教育费附加。企业缴纳的房产税、车船税、土地使用税、印花税等,已经计入管理费用中扣除的,不再作销售税金单独扣除。

④损失。指企业在生产经营活动中的损失和其他损失。损失包括固定资产和存货的盘亏、毁损、报废损失,转让财产损失,呆账损失,坏账损失,自然灾害等不可抗力因素造成的损失以及其他损失。税前可以扣除的损失为净损失。即企业的损失减除责任人赔偿和保险赔款后的余额。

⑤扣除的其他支出。指除成本、费用、税金、损失外,企业在生产经营活动中发生的与生产经营活动有关的、合理的支出。

【例3-14】企业缴纳的下列税金中,不得在计算企业所得税应纳税所得额时扣除的是( )。

A. 增值税   B. 消费税
C. 城市维护建设税   D. 房产税

答案:A

解析:企业发生的除企业所得税和允许抵扣的增值税以外的各项税金及附加可以扣除。

(2) 税前扣除标准。

①工薪支出。企业发生的合理的工资、薪金支出,准予在税前扣除。"合理工资薪金",是指企业按照股东大会、董事会、薪酬委员会或相关管理机构制订的工资薪金制度规定实际发放给员工的工资薪金。

②职工福利费、工会经费、职工教育经费。规定标准以内按实际数扣除,超过标准的只能按标准扣除。具体标准为:

企业发生的职工福利费支出,不超过工资薪金总额14%的部分准予扣除。

企业拨缴的工会经费,不超过工资薪金总额2%的部分准予扣除。

除国务院财政、税务主管部门另有规定外,企业发生的职工教育经费支出,不超过工资薪金总额2.5%的部分准予扣除,超过部分准予结转以后纳税年度扣除。

计算三项经费的"工资薪金总额",是指企业实际发放的工资薪金总和。

【例3-15】成都卷烟厂,2014年计入成本、费用中的合理的实发工资540万元,当年发生的工会经费15万元、职工福利费80万元、职工教育经费11万元,则税前可扣除的职工工会经费、职工福利费、职工教育经费合计为( )元。

A. 97.4   B. 99.9   C. 106   D. 108.5

答案:A

解析:职工工会经费标准 = 540 × 2% = 10.8(万元),实际发生15万元,实际大于标准,只能按标准扣除;职工福利费标准 = 540 × 14% = 75.6(万元),

实际发生80万元,实际大于标准,只能按标准扣除;职工教育经费=540×2.5%=13.5(万元),实际发生11万元,实际小于标准,只能按标准扣除;所以税前可扣除的职工工会经费、职工福利费、职工教育经费合计=10.8+75.6+11=97.4(万元)。

③业务招待费。企业发生的与生产经营活动有关的业务招待费支出,按照发生额的60%扣除,但最高不得超过当年销售(营业)收入的5‰。

当年销售(营业)收入包括销售货物收入、劳务收入、出租财产收入、转让无形资产使用权收入、视同销售收入等。

【例3-16】甲企业2014年度销售收入为272 000元,发生业务招待费5 000元,根据个人所得税法律的规定,该企业当年可以在税前扣除的业务招待费最高为( )元。

A. 1 360　　　　B. 3 000　　　　C. 3 808　　　　D. 5 000

答案:A

解析:业务招待费扣除标准一:实际发生的60%=5 000×60%=3 000(元),业务招待费扣除标准二:营业收入5‰=272 000×5‰=1 360元,业务招待费按两个标准孰低扣除。所以该企业当年可以在税前扣除的业务招待费最高1 360元。

④广告费和业务宣传费。企业发生的符合条件的广告费和业务宣传费支出,除国务院财政、税务主管部门另有规定外,不超过当年销售(营业)收入额(含视同销售收入额)15%的部分,准予扣除;超过部分,准予在以后纳税年度结转扣除。

广告费必须符合下列条件:广告是通过经工商部门批准的专门机构制作的;已实际支付费用,并已取得相应发票;通过一定的媒体传播。

⑤公益性捐赠支出。公益性捐赠是指企业通过公益性社会团体或者县级以上人民政府及其部门,用于《中华人民共和国公益事业捐赠法》规定的公益事业的捐赠。企业发生的公益性捐赠支出,不超过年度利润总额12%的部分,准予扣除。自2017年1月1日起,超过年度利润总额12%的部分,准予结转以后三年内在计算应纳税所得额时扣除。年度利润总额是指企业依照国家统一会计制度的规定计算的大于零的数额。

5. 不准扣除项目

(1)向投资者支付的股息、红利等权益性投资收益款项。

(2)企业所得税税款。

(3)税收滞纳金。

(4)罚金、罚款和被没收财物的损失。

(5)赞助支出,是指企业发生的与生产经营活动无关的各种非广告性支出。

（6）企业之间支付的管理费、企业内营业机构之间支付的租金和特许权使用费，以及非银行企业内营业机构之间支付的利息。

（7）与取得收入无关的其他支出。

6. 亏损弥补

企业发生年度亏损的，可以用下一纳税年度的所得弥补；下一纳税年度所得不足弥补的，可以逐年延续弥补，但延续弥补期最长不得超过5年。

企业在汇总计算缴纳企业所得税时，其境外营业机构的亏损不得抵减境内营业机构的盈利。

【例3-17】成华公司2014年度实现利润总额为320万元，无其他纳税调整事项。经税务机关核实的2013年度亏损额为300万元。该公司2014年度应缴纳的企业所得税税额为（　　）万元。

A. 105.6　　　　B. 5　　　　C. 5.4　　　　D. 3.6

答案：B

解析：应缴纳的企业所得税税额=（320-300）×25%=5（万元）。

（五）企业所得税征收管理

1. 纳税地点

（1）除税收法律、行政法规另有规定外，居民企业以企业登记注册地为纳税地点；但登记注册地在境外的，以实际管理机构所在地为纳税地点。企业注册登记地是指企业依照国家有关规定登记注册的住所地。

（2）居民企业在中国境内设立不具有法人资格的营业机构的，应当汇总计算并缴纳企业所得税。企业汇总计算并缴纳企业所得税时，应当统一核算应纳税所得额，具体办法由国务院财政、税务主管部门另行制定。

2. 纳税期限

企业所得税按年计征（自公历1月1日起到12月31日止），分月或者分季预缴，年终汇算清缴（年终后5个月内进行），多退少补的征纳方法。

纳税人在一个年度中间开业，或者由于合并、关闭等原因，使该纳税年度的实际经营期不足12个月的，应当以其实际经营期为一个纳税年度。

3. 纳税申报

（1）分月或分季预缴。应当自月份或者季度终了之日起15日内，向税务机关报送预缴企业所得税纳税申报表，预缴税款。

（2）企业应当自年度终了后5个月内向税务机关报送年度企业所得税纳税申报表，并汇算清缴，结清应缴或应退税款。

（3）企业在报送企业所得税纳税申报表时，应当按照规定附送财务会计报告和其他有关资料。

四、个人所得税

(一) 个人所得税的概念

个人所得税是以个人(自然人)取得的各项应税所得为征税对象所征收的一种税。个人所得税的征税对象不仅包括个人,还包括具有自然人性质的企业,如个人独资企业、合伙企业。

(二) 个人所得税纳税的义务人

个人所得税的纳税义务人,包括中国公民、个体工商业户以及在中国有所得的外籍人员(包括无国籍人员,下同)和中国香港、中国澳门、中国台湾同胞。上述纳税义务人依据住所和居住时间两个标准,区分为居民纳税人和非居民纳税人,分别承担不同的纳税义务。

1. 居民纳税人

居民纳税义务人是指在中国境内有住所,或者无住所但在中国境内居住满1年的个人。所谓在境内居住满1年,是指在一个纳税年度(即公历1月1日起至12月31日止,下同)内,在中国境内居住满365日。

居民纳税义务人负有无限纳税义务,其从中国境内和境外取得的所得,都要在中国缴纳个人所得税。

2. 非居民纳税人

非居民纳税义务人是指在中国境内无住所又不居住,或者无住所而在中国境内居住不满1年的个人。也就是说,非居民纳税义务人,是指习惯性居住地不在中国境内,而且不在中国居住,或者在一个纳税年度内,在中国境内居住不满1年的个人。

非居民纳税义务人承担有限纳税义务,仅就其从中国境内取得的所得,在中国缴纳个人所得税。

(三) 个人所得税应税项目和税率

1. 个人所得税应税项目

个人所得税的征税对象是个人取得的应税所得。个人所得税法列举了11项个人所得,并在相关法规中规定了其具体征税范围。

(1) 工资、薪金所得。指个人因任职或者受雇而取得的工资、薪金、奖金、年终加薪、劳动分红、津贴、补贴以及与任职或者受雇有关的其他所得。一般来说工资薪金所得区别于劳务报酬所得,它属于非独立个人劳动所得。单位为个人缴付和个人缴付的基本养老保险费、基本医疗保险费、失业保险费、住房公积金可以从纳税义务人的应纳税所得额中作税前扣除。

(2) 个体工商户的生产、经营所得。

(3) 企事业单位的承包经营、承租经营所得,指个人承包经营、承租经营以及转包、转租取得的所得，包括个人按月或者按次取得的工资、薪金性质的所得。

（4）劳务报酬所得。指个人从事设计、装潢、安装、制图、化验、测试、医疗、法律、会计、咨询、讲学、新闻、广播、翻译、审稿、书画、雕刻、影视、录音、录像、演出、表演、广告、展览、技术服务、介绍服务、经纪服务、代办服务以及其他劳务取得的所得。

（5）稿酬所得。指个人因其作品以图书、报刊形式出版、发表而取得的所得。

（6）特许权使用费所得。指个人提供专利权、商标权、著作权、非专利技术以及其他特许权的使用权取得的所得；提供著作权的使用权取得的所得，不包括稿酬所得。

（7）利息、股息、红利所得。指个人拥有债权、股权而取得的利息、股息、红利所得。

（8）财产租赁所得。指个人出租建筑物、土地使用权、机器设备、车船以及其他财产取得的所得。

（9）财产转让所得。指个人转让有价证券、股权、建筑物、土地使用权、机器设备、车船以及其他财产取得的所得。

（10）偶然所得。指个人得奖、中奖、中彩以及其他偶然性质的所得。

（11）经国务院财政部门确定征税的其他所得。

个人取得的所得，难以界定应纳税所得项目的，由主管税务机关确定。

2. 个人所得税税率

（1）工资、薪金所得。工资薪金所得适用3%—45%的七级超额累进税率，具体税率如表3-2所示：

表3-2　　　　　　　　工资、薪金所得适用税率表

级数	全月含税应纳税所得额	税率（%）	速算扣除数（元）
1	不超过1 500元的	3	0
2	超过1 500元至4 500元的部分	10	105
3	超过4 500元至9 000元的部分	20	555
4	超过9 000元至35 000元的部分	25	1 005
5	超过35 000元至55 000元的部分	30	2 755
6	超过55 000元至80 000元的部分	35	5 505
7	超过80 000元的部分	45	13 505

速算扣除数是采用超额累进税率计税时，简化计算应纳税额的一个数据。速算扣除数实际上是在级距和税率不变条件下，全额累进税率的应纳税额比超

额累进税率的应纳税额多纳的一个常数。因此，在超额累进税率条件下，用全额累进的计税方法，只要减掉这个常数，就等于用超额累进方法计算的应纳税额，故称速算扣除数。

（2）个体工商户的生产、经营所得，对企事业单位的承包经营、承租经营所得，个人独资企业和合伙企业的生产经营所得。个体工商户的生产、经营所得，对企事业单位的承包经营、承租经营所得，个人独资企业和合伙企业的生产经营所得均适用5%—35%的5级超额累进税率，具体税率如表3-3所示。

表3-3　个体工商户的生产、经营所得和对企事业单位的承包经营、承租经营所得等适用税率表

级数	全年含税应纳税所得额	税率（%）	速算扣除数（元）
1	不超过15 000元的	5	0
2	超过15 000元至30 000元的部分	10	750
3	超过30 000元至60 000元的部分	20	3 750
4	超过60 000元至100 000元的部分	30	9 750
5	超过100 000元的部分	35	14 750

（3）稿酬所得。稿酬所得适用比例税率，税率为20%，现行规定按应纳税额减征30%，只征70%。因此，其实际税负为14%。

（4）劳务报酬所得。劳务报酬所得，适用比例税率，税率为20%。对劳务报酬所得一次收入畸高（应纳税所得额超过20 000元）的，可以实行加成征收，最高至40%。劳务报酬所得个人所得税税率表见表3-4。

表3-4　劳务报酬所得个人所得税税率表

级数	每次应纳税所得额	税率（%）	速算扣除数（元）
1	不超过20 000元的	20	0
2	超过20 000元至50 000元的部分	30	2 000
3	超过50 000元的部分	40	7 000

（5）特许权使用费所得，利息、股息、红利，财产租赁所得，财产转让所得，偶然所得和其他所得。特许权使用费所得，利息、股息、红利，财产租赁所得，财产转让所得，偶然所得和其他所得，按比例税率20%征收。

（四）个人所得税应纳税额的计算

1. 工资、薪金所得应纳税额的计算

工资薪金所得实行按月计征的办法，以个人每月收入额固定减除3 500元的费用后的余额为应纳税所得额，适用表3-2中的七级超额累计税率。

应纳税额的计算公式为：

应纳税额 = 应纳税所得额 × 适用税率 − 速算扣除数

= （每月收入额 − 3 500 或 4 800 − 五险一金） × 适用税率 − 速算扣除数

【例 3 − 18】小王 2014 年 5 月取得工资 6 000 元、差旅费津贴 1 000 元，则小王本月应缴纳的个人所得税为（　　）元。（全月应纳税所得额 1 500 元以下的税率 3%；超过 1 500 元不超过 4 500 元的税率 10%，速算扣除数为 105）

A. 0　　　　　　B. 125　　　　　　C. 145　　　　　　D. 245

答案：C

解析：差旅费津贴不属于工资、薪金性质的补贴、津贴，不征收个人所得税，所以应纳税所得额 = 6 000 − 3 500 = 2 500（元）

可以用两种方法计算应纳所得税额。

第一种方法是按照速算扣除数简易计算法计算：

2 500 × 10% − 105（速算扣除数）= 145（元）

第二种方法是按照超额累进税率定义分解计算：

1 500 × 3% + (2 500 − 1 500) × 10% = 45 + 100 = 145（元）

2. 个体工商户生产、经营所得应纳税额的计算

个体工商户的生产、经营所得，以每一纳税年度的收入总额减除成本、费用及损失后的余额，为应纳税所得额，并适用表 3 − 3 五级超额累计税率。其应纳税额的计算公式为：

应纳税额 = 应纳税所得额 × 适用税率 − 速算扣除数

= （全年收入总额 − 成本、费用及损失 − 准予扣除的税金）

× 适用税率 − 速算扣除数

个体工商户可以在成本费用中列支每月 3 500 元（每年 42 000 元）的生计费用，计算个人所得税时在税前扣除。合伙企业中合伙人，可以在所分配的经营成果中列支每月 3 500 元（每年 42 000 元）的生计费用，在计算个人所得税时在税前扣除。

3. 企事业单位承包经营、承租经营所得应纳税额的计算

对企事业单位承包经营、承租经营所得，以每一纳税年度的收入总额，减除必要费用后的余额，为应纳税所得额。其中收入总额是指纳税人按照承包经营、承租经营合同规定分得的经营利润和工资、薪金性质的所得；减除必要费用，是指按月减除 3 500 元。

对企事业单位承包经营、承租经营所得同样适用表 3 − 3 五级超额累进税率。应纳税额的计算公式为：

应纳税额 = 应纳税所得额 × 适用税率 − 速算扣除数

= （纳税年度收入总额 − 必要费用）× 适用税率 − 速算扣除数

4. 劳务报酬所得应纳税额的计算

劳务报酬所得，只有一次性收入的，以取得该项收入为一次。如果属于连续取得收入的，以1个月内取得的收入为一次。

劳务报酬所得以个人每次取得的收入，定额或定率减除规定费用后的余额为应纳税所得额。每次收入不足4 000元的，定额减除费用800元；每次收入在4 000元以上的，定率减除20%的费用。劳务报酬所得税率为20%，对一次收入畸高的，可以加成至40%。

应纳税额的计算公式为：

（1）每次收入不足4 000元的：

$$应纳税额 = 应纳税所得额 \times 适用税率$$
$$= (每次收入额 - 800) \times 20\%$$

（2）每次收入在4 000元以上的：

$$应纳税额 = 应纳税所得额 \times 适用税率 - 速算扣除数$$
$$= 每次收入额 \times (1 - 20\%) \times 适用税率 - 速算扣除数$$

【例3-19】张某在一次演出中取得收入10 000元。已知劳务报酬所得每次收入不得超过4 000元的，减除费用800元，4 000元以上的，减除20%的费用，适用税率为20%。张某应缴纳的个人所得税税额为（　　）元。

A. 1 840　　　　B. 1 600　　　　C. 2 000　　　　D. 4 800

答案：B

解析：应缴纳个人所得税 = 10 000 × (1 - 20%) × 20% = 1 600（元）。

5. 稿酬所得应纳税额的计算

稿酬所得按次征收个人所得税，以每次出版、发表取得的收入为一次。同一作品在出版或发表时，无论出版单位是预付稿酬还是分期支付稿酬，或加印作品后再支付稿酬，均合并为一次征税；同一作品出版后再版，或先在报刊上连载然后再出版，或先出版再连载的，应视为两次稿酬所得征税。

稿酬报酬所得以个人每次取得的收入，定额或定率减除规定费用后的余额为应纳税所得额。每次收入不足4 000元的，定额减除费用800元；每次收入在4 000元以上的，定率减除20%的费用。稿酬所得税率为20%，实际执行时减征30%，实际税率为14%。

应纳税额的计算公式为：

（1）每次收入不足4 000元的：

$$应纳税额 = 应纳税所得额 \times 适用税率 \times (1 - 30\%)$$
$$= (每次收入额 - 800) \times 20\% \times (1 - 30\%)$$

(2) 每次收入在 4 000 元以上的：

$$应纳税额 = 应纳税所得额 \times 适用税率 \times (1-30\%)$$
$$= 每次收入额 \times (1-20\%) \times 20\% \times (1-30\%)$$

【例 3-20】中国公民李某任职国内 A 企业，2014 年出版著作一部取得稿酬 20 000 元，当年添加印数而追加稿酬 3 000 元，关于稿酬应缴个税计算正确的为（　　）元。

A. 2 548　　　　B. 2 576　　　　C. 2 240　　　　D. 3 680

答案：B

解析：根据规定个人每次以图书、报刊方式出版、发表同一作品（文字作品、书画作品、摄影作品以及其他作品），不论出版单位是预付还是分笔支付稿酬，或者加印该作品后再付稿酬，均应合并其稿酬所得按一次计征个人所得税。因此，正确的计算应为：$(20\ 000 + 3\ 000) \times (1-20\%) \times 20\% \times (1-30\%) = 2\ 576$（元）

6. 财产转让所得应纳税额的计算

财产转让所得以个人每次转让财产取得的收入额减除财产原值和相关税费后的余额为应纳税所得额。其中一次，指一件财产的所有权一次转让。财产转让所得适用税率为 20%。应纳税额的计算公式为：

$$应纳税额 = 应纳税所得额 \times 适用税率$$
$$= (收入总额 - 财产原值 - 合理费用) \times 20\%$$

7. 利息、股息、红利所得，偶然所得和其他所得应纳税额的计算

利息、股息、红利所得，偶然所得和其他所得以每次取得的收入为一次，不得扣除任何费用。应纳税额的计算公式为：

$$应纳税额 = 应纳税所得额 \times 适用税率$$
$$= 每次收入额 \times 20\%$$

（五）个人所得税征收管理

1. 自行申报

自行申报纳税，是指在税法规定的纳税期限内，由纳税人自行向税务机关申报取得的应税所得项目和数额，如实填写个人所得税纳税申报表，并按税法规定计算应纳税额的一种纳税方法。下列项目纳税人应自行申报纳税：

（1）自 2006 年 1 月 1 日起，年薪在 12 万元以上的。

（2）从中国境内两处或两处以上取得工资、薪金所得的。

（3）从中国境外取得所得的。

（4）取得应纳税所得，没有扣缴义务人的。

(5) 国务院规定必须自行申报纳税的其他情形。

2. 代扣代缴

代扣代缴是指按照税法规定负有扣缴税款义务的单位或个人，在向个人支付应纳税所得时，应计算应纳税额，从其所得中扣除并缴入国库，同时向税务机关报送扣缴个人所得税报告表。

税法规定，凡是支付个人应纳税所得的企业（公司）、事业单位、社团组织、军队、驻华机构（不含依法享有外交特权和豁免的驻华使领馆、联合国及其国际组织驻华机构）、个体户等单位或者个人，为个人所得税的扣缴义务人。

扣缴义务人向个人支付应税所得时，应代扣代缴个人所得税的应税项目有：工资、薪金所得；对企事业单位的承包经营、承租经营所得；劳务报酬所得；稿酬所得；特许权使用费所得；利息、股息、红利所得；财产租赁所得；财产转让所得；偶然所得；经国务院财政部门确定征税的其他所得。

税务机关应根据扣缴义务人所扣缴的税款，付给2%的手续费，由扣缴义务人用于代扣代缴费用开支和奖励代扣代缴工作做得较好的办税人员。

第三节 税收征收管理

一、税务登记

税务登记是税务机关依据税法规定，对纳税人的生产、经营活动进行登记管理的一项法定制度，也是纳税人依法履行纳税义务的法定手续。税务登记是整个税收征收管理的起点。

按照《税务登记管理办法》的规定，凡有法律、法规规定的应税收入、应税财产或应税行为的各类纳税人，均应办理税务登记；扣缴义务人应当在发生扣缴义务时，到税务机关申报登记，领取扣缴税款凭证。

税务登记种类包括：（1）开业登记；（2）变更登记；（3）停业、复业登记；（4）注销登记；（5）外出经营报验登记；（6）纳税人税种登记；（7）扣缴义务人扣缴纳税登记。

（一）开业登记

开业登记是指从事生产经营的纳税人，经国家工商行政管理部门批准开业后办理的纳税登记。

1. 设立登记的对象

(1) 领取营业执照从事生产、经营的纳税人，具体包括：

①企业，包括国有、集体、私营企业，中外合资合作企业、外商独资企业，

以及各种联营、联合、股份制企业等。

②企业在外地设立的分支机构和从事生产、经营的场所。

③个体工商户。

④从事生产、经营的事业单位。

（2）其他纳税人。根据有关法规规定，不从事生产、经营，但依照法律、法规的规定负有纳税义务的单位和个人，除临时取得应税收入或发生应税行为以及只缴纳个人所得税、车船税的以外，都应按规定向税务机关办理税务登记。

2. 设立登记的时间

（1）从事生产、经营的纳税人，应当自领取营业执照之日起30日内，向生产、经营地或者纳税义务发生地的主管税务机关申报办理税务登记。

（2）从事生产、经营的纳税人未办理工商营业执照但经有关部门批准设立的，应当自有关部门批准设立之日起30日内申报办理税务登记。

（3）从事生产、经营的纳税人未办理工商营业执照也未经有关部门批准设立的，应当自纳税义务发生之日起30日内申报办理税务登记。

（4）有独立的生产经营权、在财务上独立核算并定期向发包人或者出租人上交承包费或租金的承包承租人，应当自承包承租合同签订之日起30日内，向其承包承租业务发生地税务机关申报办理税务登记。

（5）外出经营，自其在同一县（市）实际经营或提供劳务之日起，在连续的12个月内累计超过180天的，自期满之日起30日内，向生产、经营所在地税务机关申报办理税务登记。

（6）境外企业在中国境内承包建筑、安装、装配、勘探工程和提供劳务的，自项目合同或协议签订之日起30日内，向项目所在地税务机关申报办理税务登记。

（7）除上述以外的其他纳税人，除国家机关、个人和无固定生产、经营场所的流动性农村小商贩外（不办理税务登记），均应当自纳税义务发生之日起30日内，向纳税义务发生地税务机关申报办理税务登记。

3. 提供的证明文件

（1）营业执照或其他核准执业证件。

（2）有关合同、章程、协议书。

（3）组织机构统一代码证书。

（4）法定代表人或负责人或业主的居民身份证、护照或者其他合法证件。

（5）其他。

税务机关对于纳税人填报的税务登记表、提供的证件和资料，应当自收到之日起30日内审核完毕，对符合登记规定的，应当予以登记，并发给纳税人统一式样的税务登记证件。

4. 税务登记证的作用

办理下列事项必须持税务登记证件：开立银行账户；申请减税、免税、退税；申请办理延期申报、延期缴纳税款；领购发票；申请开具外出经营活动税收管理证明；办理停业、歇业；其他有关税务事项。

（二）变更登记

变更登记是指纳税人在办理税务登记后，原登记的内容发生变化时向原税务机关申报办理的税务登记。

纳税人办理税务登记后，如发生下列情形之一，应当办理变更税务登记：发生改变名称、改变法定代表人、改变经济性质或经济类型、改变住所和经营地点（不涉及主管税务机关变动的办理变更登记，如果改变住所和经营地点同时也变更主管税务机关的，应先办理注销后再办理设立登记，则无需办理变更登记）、改变生产经营或经营方式、增减注册资金（资本）、改变隶属关系、改变生产经营期限、改变或增减银行账号、改变生产经营权属、改变其他税务登记内容的。

应当自工商行政管理机关或者其他机关办理变更登记之日起或自发生变化之日起30日内，持有关证件向原税务登记机关申报办理变更税务登记。税务机关应当自受理之日起30日内审核办理变更税务登记。

（三）停业、复业登记

停业、复业登记是实行定期定额征收方式的纳税人暂停和恢复生产经营活动而办理的纳税登记。

实行定期定额征收方式的个体工商户需要停业的，应当在停业前向税务机关申报办理停业登记。纳税人的停业期限不得超过一年。

纳税人在申报办理停业登记时，应如实填写停业申请登记表，说明停业理由、停业期限、停业前的纳税情况和发票的领、用、存情况，并结清应纳税款、滞纳金、罚款。税务机关应收存其税务登记证件及副本、发票领购簿、未使用完的发票和其他税务证件。

纳税人在停业期间发生纳税义务的，应当按照税收法律、行政法规的规定申报缴纳税款。

纳税人应当于恢复生产经营之前，向税务机关申报办理复业登记，如实填写《停、复业报告书》，领回并启用税务登记证件、发票领购簿及其停业前领购的发票。

纳税人停业期满不能及时恢复生产经营的，应当在停业期满前向税务机关提出延长停业登记申请，并如实填写《停、复业报告书》。

（四）注销登记

注销登记是指纳税人由于法定原因终止履行纳税义务时向税务机关申报办

理的一种税务登记手续。

纳税人发生解散、破产、撤销以及其他情形，依法终止纳税义务的，应当在向工商行政管理机关或其他机关办理注销登记前，向原税务登记机关申报办理注销税务登记；按规定不需要在工商行政管理机关或者其他机关办理注销登记的，应当自有关机关批准或者宣告终止之日起15日内向原税务登记机关申报办理注销税务登记；被工商行政管理机关吊销营业执照或者被其他机关予以撤销登记的，应当在向工商行政管理机关或其他机关申请办理变更、注销登记前，或者住所、经营地点变动前，持有关证件和资料，向原税务登记机关申报办理注销税务登记，并自注销税务登记之日起30日内向迁达地税务机关申报办理税务登记。

纳税人办理注销税务登记前，应当结清应纳税款、多退（免）税款、滞纳金和罚款，缴销发票、税务登记证件和其他税务证件，经税务机关核准后，办理注销税务登记手续。

（五）外出经营管理登记

从事生产经营的纳税人临时到外县（市）从事生产经营活动的，必须持所在地主管税务机关填发的《外出经营活动税收管理证明》（以下简称《外管证》）向经营地税务机关办理报验登记，并接受经营地税务机关的依法管理。

主管税务机关按照一地一证的原则，核发《外出经营活动税收管理证明》，《外管证》的有效期限一般为30日，最长不得超过180天。外出经营活动结束，纳税人应当向经营地税务机关填报《外出经营活动情况申报表》，并按规定结清税款、缴销未使用完的发票。经营地税务机关应当在《外管证》上注明纳税人的经营、纳税及发票使用情况。纳税人应持此《外管证》，在《外管证》有效期届满10日内，回到所在地税务机关办理《外管证》缴销手续。

（六）纳税人税种登记

纳税人税种登记是指在对纳税人进行设立登记后，税务机关根据纳税人的生产经营范围及税法的有关规定，对纳税人的纳税事项和应税项目进行核定，即税种核定。

纳税人在办理开业或变更登记的同时应当申报填报税种登记，税务机关依据《纳税人税种登记表》所填写的项目，自受理之日起3日内进行税种登记。

（七）扣缴义务人扣缴税款登记

扣缴义务人包括代扣代缴义务人和代收代缴义务人。代扣代缴义务人是持有纳税人收入并有义务扣除其应纳税款代为缴纳的企业或单位。个人所得税实行代扣代缴。代收代缴义务是指有义务借助经济往来关系向纳税人收取应纳税款并代为缴纳的企业或单位。委托加工应税消费品委托方缴纳的消费税由受托方代收代缴。

扣缴义务人应当自扣缴义务发生之日起 30 日内,向所在地的主管税务机关申报办理扣缴税款登记,领取扣缴税款登记证件。税务机关对已办理税务登记的扣缴义务人,可以只在其税务登记证件上登记扣缴税款事项,不再发给扣缴税款登记证件。

【例 3-21】 下列不属于变更税务登记的事项是( )。

A. 纳税人因经营地的迁移而要改变原主管税务机关

B. 改变法定代表人

C. 增减注册资金

D. 改变开户银行账号

答案:A

解析:对于 A,纳税人因经营地的迁移而主管税务机关发生了变更,此时,应办理注销税务登记。

二、发票的开具与管理

(一) 发票种类

发票是指在购销商品、提供劳务或接受劳务、服务以及从事其他经营活动中,所提供给对方的收付款的凭证。是财务收支的法定凭证,是会计核算的原始凭证,也是审计机关、税务机关执法检查的重要依据。我国发票按行业特点和纳税人的生产经营项目不同,可以分为增值税专用发票、普通发票和专业发票。

1. 增值税专用发票

增值税专用发票是由国家税务总局监制设计印制的,只限于境内增值税一般纳税人领购使用的,既作为纳税人反映经济活动中的重要会计凭证又是兼记销货方纳税义务和购货方进项税额的合法证明。是增值税计算和管理中重要的专用发票。

一般纳税人有下列情形之一者,不得领购使用增值税专用发票:

(1) 会计核算不健全,即不能按会计制度和税务机关的要求准确核算增值税的销项税额、进项税额和应纳税额者;

(2) 不能向税务机关准确提供增值税销项税额、进项税额、应纳税额数据及其他有关增值税税务资料者。上述其他有关增值税税务资料的内容,由国家税务总局直属分局确定;

(3) 有以下行为,经税务机关责令限期改正而仍未改正者:

①私自印制专用发票。

②向个人或税务机关以外的单位买取专用发票。

③借用他人专用发票。

④向他人提供虚开的专用发票。
⑤未按要求开具专用发票。
⑥未按规定保管专用发票。
⑦未按规定申报专用发票的购、用、存情况。
⑧未按规定接受税务机关检查。
（4）销售的货物全部属于免税项目者。

有上述情形的一般纳税人如已领购使用专用发票的，税务机关应收缴其结存的专用发票。

一般纳税人销售货物（包括视同销售货物在内）、应税劳务、根据增值税暂行条例实施细则规定应当征收增值税的非应税劳务（以下简称销售应税项目），必须向购买方开具专用发票。

下列情形不得开具专用发票：
（1）向消费者销售应税项目。
（2）销售免税项目。
（3）销售报关出口的货物、在境外销售应税劳务。
（4）将货物用于非应税项目。
（5）将货物用于集体福利或个人消费。
（6）将货物无偿赠送他人；如果受赠人为一般纳税人，可根据受赠者要求开具专用发票。
（7）提供非应税劳务（应当征收增值税的除外）、转让无形资产或销售不动产。
（8）商业企业零售的烟、酒、食品、服装、鞋帽（不包括劳保专用部分）、化妆品等消费品。
（9）向小规模纳税人销售应税项目，可以不开具增值税专用发票。

零售单位销售货物给一般纳税人以外的其他单位和个人均不得开具专用发票。

增值税专用发票的基本联次为三联，各联用途分别为：第一联为记账联，是销货方的记账凭证，即是销货方作为销售货物的原始凭证；第二联为抵扣联，是购货方计算进项税额的证明，由购货方取得该联后，按税务机关的规定，依照取得的时间顺序编号，装订成册，送税务机关备查；第三联为发票联，购货方记账使用。

2. 普通发票

普通发票是指在购销商品、提供或接受服务以及从事其他经营活动中，所开具和收取的收付款凭证。它相对于增值税专用发票而言，即任何单位和个人在购销商品、提供或接受服务以及从事其他经营活动中，除增值税一般纳税人开具和收取的增值税专用发票之外，其他的均为普通发票。普通发票主要是由增值税纳税人小规模纳税人使用，增值税一般纳税人在不能开具专用发票的情况下也可使用普通发票。

普通发票由行业发票和专用发票组成。前者适用于某个行业的经营业务，如商业零售统一发票、商业批发统一发票、工业企业产品销售统一发票等；后者仅适用于某一经营项目，如广告费用结算发票、商品房销售发票等。

普通发票的种类、式样、印制和使用管理规定由国家税务总局以及省、自治区、直辖市税务局制订。

普通发票一般为三联：第一联为存根联，开票方留存备查；第二联为发票联，购货方记账，发票联应加盖财务专用章或发票专用章；第三联为记账联，开票方作记账原始凭证。

3. 专业发票

专业发票是指国有金融、保险企业的存贷、汇兑、转账凭证，保险凭证；国有邮政、电信企业的邮票、邮单、话务、电报收据；国有铁路、国有航空企业和交通部门、国有公路、水上运输企业的客票、货票等。经国家税务总局或者国家税务总局省、自治区、直辖市分局批准，可以由国务院有关主管部门或者省、自治区、直辖市人民政府有关主管部门自行管理。不套印税务机关的统一发票监制章，也可根据税收征管的需要纳入统一发票管理。

（二）发票的开具要求

销售商品、提供劳务以及从事其他经营活动的单位和个人，对外发生经营业务收取款项，收款方应向付款方开具发票；所有单位和从事生产、经营活动的个人在购买商品、接受服务以及其他经营活动支付款项时，应向收款方取得发票。开具发票必须做到以下要求：

（1）单位和个人应在发生经营业务、确认营业收入时，才能开具发票，未发生经营业务一律不得开具发票。

（2）开具发票，应按号码顺序填开，全部联次一次性复写或打印，并在发票联和抵扣联加盖发票专用章。

（3）填写发票应当使用中文。民族自治地区可以同时使用当地通用的一种民族文字。

（4）使用电子计算机开具发票必须报主管税务机关批准，并使用税务机关统一监制的机打发票。开具后的存根联应当按照顺序号装订成册，以备税务机关检查。

（5）发票开票时限和地点应符合规定。

（6）任何单位和个人不得转借、转让、代开发票；未经税务机关批准，不得拆本使用发票；不得自行扩大专业发票的使用范围。

三、纳税申报

纳税申报是指纳税人、扣缴义务人按照税法规定的期限和内容向税务机关提交有关纳税事项书面报告的法律行为，是纳税人履行纳税义务、承担法律责任的主要依据，是税务机关税收管理信息的主要来源和税务管理的一项重要制度。目前，在我国纳税申报中可用的纳税申报方式主要包括直接申报、邮寄申报、数据电文申报、简易申报以及其他申报方式。

1. 直接申报

直接申报是指纳税人或纳税人的税务代理人直接到税务机关进行申报。根据申报的地点不同，直接申报又可分为直接到办税服务厅申报、到巡回征收点申报和到代征点申报三种。

2. 邮寄申报

邮寄申报是指经税务机关批准，纳税人、扣缴义务人使用统一的纳税申报专用信封，通过邮政部门办理交寄手续，并以邮政部门收据作为申报凭据的一种申报方式。

纳税人采取邮寄方式办理纳税申报的，应当使用统一的纳税申报专用信封，并以邮政部门收据作为申报凭据。邮寄申报以寄出的邮戳日期为实际申报日期。

3. 数据电文申报

数据电文申报是指税务机关确定的电话语音、电子数据交换和网络传输等电子方式。纳税人采取电子方式办理纳税申报的，应当按照税务机关规定的期限和要求保存有关资料，并定期书面报送主管税务机关。数据电文申报日期以税务机关计算机网络系统收到该数据电文的时间为准。

4. 简易申报

简易申报是指实行定期定额的纳税人，通过简易申报或简并征期的一种申报方式。

简易申报是实行定期定额缴纳税款的纳税人在法律、行政法规规定的期限或者在税务机关依照法律、行政法规的规定确定的期限内缴纳税款的，税务机关可以视同申报。

简并征期是指纳税人按照税务机关核定的税额和核定的纳税期或3个月或半年或1年缴纳入库，以完税凭证代替纳税申报，从而达到便利纳税的一种方式。

【例3－22】邮寄申报纳税的申报日期是（　　）。
A. 填表日期　　　　　　　　B. 寄出地邮戳日期
C. 收件地邮戳日期　　　　　D. 税务机关收到日期
答案：B
解析：邮寄申报以寄出的邮戳日期为实际申报日期。

四、税款征收

税款征收是税务机关依照税收法律、法规的规定，将纳税人应当缴纳的税款组织入库的一系列活动的总称。税务机关应当依照法律、行政法规的规定征收税款，不得违反法律、行政法规的规定开征、停征、多征、少征、提前征收、延缓征收或者摊派税款。税务机关征收税款时，必须给纳税人开具完税凭证。扣缴义务人代扣、代缴税款时，纳税人要求扣款义务人开具代扣、代收税款凭证的，扣缴义务人应当给纳税人开具完税凭证。完税凭证的式样，由国家税务总局制定。除税务机关、税务人员以及经税务机关依照法律、行政法规委托的单位和人员外，任何单位和个人不得进行税款征收活动。

（一）税款征收方式

由于各类纳税人的具体情况不同，因而税款的征收方式也应有所区别。我国现阶段可供选择的税款征收方式主要有以下几种：

1. 查账征收

查账征收是指纳税人在规定的期限内根据自己的财务报告表或经营成果，向税务机关申报应税收入或应税所得及纳税额，并向税务机关报送有关账册和资料，经税务机关审查核实后，填写纳税缴款书，由纳税人到指定的银行缴纳税款的一种征收方式。

这种征收方式适用于账簿、凭证、财务核算制度比较健全，能够据以如实核算，反映生产经营成果，正确计算应纳税款的纳税人。

2. 查定征收

查定征收是指税务机关根据纳税人的从业人员、生产设备、原材料耗用情况等因素，查实核定其在正常生产经营条件下应税产品的数量、销售额，并据以征收税款的一种方式。

这种方式适用生产经营规模较小、产品零星、税源分散、会计账册不健全的纳税人，但这些纳税人能控制其材料、产量或进项货物。税务机关根据其正常生产能力对其生产的应税产品、销售额等据以征收税款。

3. 查验征收

查验征收，是由税务机关对纳税申报人的应税产品进行查验后征税，并贴上完税凭证、查验证或盖查验戳，从而据以征税的一种税款征收方式。

这种征收方式适用于经营品种比较单一，经营地点、时间和商品来源不固定的纳税单位。

4. 定期定额征收

定期定额征收是指税务机关根据纳税人的生产经营情况，按税法规定直接核定其应纳税额，分期征收税款的一种征收方式。

这种征收方式主要适用于一些没有记账能力,无法查实其销售收入或经营收入和所得额的个体工商户。

5. 核定征收

核定征收税款是指由于纳税人的会计账簿不健全,资料残缺难以查账,或者其他原因难以准确确定纳税人应纳税额时,由税务机关采用合理的方法依法核定纳税人应纳税款的一种征收方式,简称核定征收。

纳税人有下列情形之一的,税务机关有权核定其应纳税额:

(1)依照法律、行政法规的规定可以不设置账簿的。

(2)依照法律、行政法规的规定应当设置但未设置账簿的。

(3)擅自销毁账簿或者拒不提供纳税资料的。

(4)虽设置账簿,但账目混乱或者成本资料、收入凭证、费用凭证残缺不全,难以查账的。

(5)发生纳税义务,未按照规定的期限办理纳税申报,经税务机关责令限期申报,逾期仍不申报的。

(6)纳税人申报的计税依据明显偏低,又无正当理由的。

核定征收方式包括定额征收和核定应纳税所得率征收两种办法:定额征收是指直接核定所得税额;核定应税所得率征收是指按照收入总额或成本费用等项目的实际发生额,按预先核定的应税所得率计算缴纳所得税。

6. 代扣代缴

代扣代缴是指持有纳税人收入的单位和个人,根据法定义务在支付纳税人收入的同时,从所持有纳税人收入中扣缴其应纳税款,并代为汇总向税务机关缴纳税款的方式。即由支付人在向纳税人支付款项时,从所支付的款项中依法直接扣收税款并代为缴纳,其目的在于对零星分散、不易控管的税源实行源泉控制。我国对纳税人课征的个人所得税采用代扣代缴方式征收。

7. 代收代缴

代收代缴是指按照税法规定,负有收缴税款的法定义务人,负责对纳税人应纳的税款进行代收代缴。即由与纳税人有经济业务往来的单位和个人在向纳税人收取款项时依法收取税款。

这种方式一般是指税收网络覆盖不到或者很难控管的领域,如消费税中的委托加工由受托方代收加工产品的税款。但受委托加工应税消费品的个体经营者不承担代收代缴消费税的义务。

8. 委托代征

委托代征,是指税务机关委托有关单位或个人代为征收税款的征收方式。这种方式主要适用于一些零星、分散难以管理的税收。如进口环节税务机关委托海关征收的增值税和消费税等。

9. 其他方式

其他方式是指除上述方式外，如邮寄申报纳税、自计自填自缴、自报核缴方式等。

（二）税收保全措施

税收保全措施，是指为确保国家税款不受侵犯而由税务机关采取的行政保护手段。税收保全措施通常是在纳税人法定的缴款期限之前税务机关所作出的行政行为。

当税务机关有根据认为从事生产、经营的纳税人有逃避纳税义务行为的，可以在规定的纳税期之前，责令限期缴纳应纳税款；在限期内发现纳税人有明显的转移、隐匿其应纳税的商品、货物以及其他财产或者应纳税的收入的迹象的，税务机关可以责成纳税人提供纳税担保。如果纳税人不能提供纳税担保，经县级以上税务局（分局）局长批准，税务机关可以采取税收保全措施。

1. 税收保全方式

税务机关可以责成纳税人提供纳税担保。如果纳税人不能提供纳税担保，经县级以上税务局（分局）局长批准，税务机关可以采取下列税收保全措施：

（1）书面通知纳税人开户银行或者其他金融机构冻结纳税人的金额相当于应纳税款的存款。

（2）扣押、查封纳税人的价值相当于应纳税款的商品、货物或者其他财产。

欠缴税款的纳税人或者他的法定代表人需要出境的，应当在出境前向税务机关结清应纳税款、滞纳金或者提供担保。未结清税款、滞纳金，又不提供担保的，税务机关可以通知出境机关阻止其出境。

个人及其所扶养家属维持生活必需的住房和用品，不在税收保全措施的范围之内。

2. 保全措施解除

纳税人在税务机关采取保全措施后，在税务机关规定的限期内缴纳了应纳税款的，税务机关应自收到税款或银行转回的完税凭证之日起 1 日内解除税收保全措施；纳税人超过规定的限期仍不缴纳税款的，经税务局（分局）局长批准，终止保全措施，转入强制执行措施。

（三）税收强制执行

税收强制执行措施，是指税务机关在采取一般税收管理措施无效的情况下，为了维护税法的严肃性和国家征税的权力所采取的税收强制手段。这不仅是税收的无偿性和固定性的内在要求，也是税收强制性的具体表现。

从事生产、经营的纳税人、扣缴义务人未按照规定的期限缴纳或者解缴的税款，纳税担保人未按照规定的期限缴纳所担保的税款，由税务机关责令限期缴纳，逾期仍未缴纳的，经县以上税务局（分局）局长批准，税务机关可以采取强制执行措施。

逾期仍未缴纳的，经县以上税务局（分局）局长批准，税务机关可以采取下列强制执行措施：

（1）书面通知其开户银行或者其他金融机构从其存款中扣缴税款。

（2）扣缴、查封、依法拍卖或者变卖其价值相当于应纳税款的商品、货物或者其他财产，以拍卖或者变卖所得抵缴税款。个人及其所抚养家属维持生活所必需的住房和用品，不在强制执行措施的范围内。

税务机关采取强制执行措施时，对上述所列纳税人、扣缴义务人、纳税担保人未缴纳的滞纳金同时强制执行。但是，税务机关在采取强制执行措施时，要有确切的证据并严格按法律规定的条件和程序进行，决不能随意行使强制执行权。

个人及其所扶养家属维持生活必需的住房和用品，不在强制执行措施的范围之内。

税务机关滥用职权违法采取税收保全措施、强制执行措施，或者采取税收保全措施、强制执行措施不当，使纳税人、扣缴义务人或者纳税担保人的合法权益遭受损失的，应当依法承担赔偿责任。

（四）税款的退还与追征

1. 税款的退还

纳税人多缴纳的税款，税务机关发现后应当立即退还；纳税人自结算缴纳税款之日起3年内发现的，可以向税务机关要求退还多缴的税款并加算银行同期存款利息，税务机关及时查实后应立即退还。纳税人在结清缴纳税款之日起3年后向税务机关提出退还多缴税款要求的，税务机关不予受理。

2. 税款的追征

（1）因税务机关的责任，致使纳税人、扣缴义务人未缴或者少缴款的，税务机关在3年内可以要求纳税人、扣缴义务人补缴税款，但是不得加收滞纳金。

（2）因纳税人、扣缴义务人计算错误等失误，未缴或者少缴款的，税务机关在3年内可以追征税款，并加收滞纳金；有特殊情况的（即数额在10万元以上的），追征期可以延长到5年。

（3）对因纳税人、扣缴义务人和其他当事人偷税、抗税、骗税等原因而造成未缴或者少缴的税款，或骗取的退税款，税务机关可以无限期追征。

五、税务代理

（一）税务代理的概念

税务代理指代理人接受纳税主体的委托，在法定的代理范围内依法代其办理相关税务事宜的行为。税务代理人在其权限内，以纳税人（含扣缴义务人）

的名义代为办理纳税申报，申办、变更、注销税务登记证，申请减免税，设置保管账簿凭证，进行税务行政复议和诉讼等纳税事项的服务活动。

（二）税务代理的特点

1. 公正性

税务代理机构不是税务行政机关，而是征纳双方的中介结构，因而只能站在公正的立场上，客观地评价代理人的经济行为；同时代理人必须在法律范围内为被代理人办理税收事宜，独立、公正地执行业务。既维护国家利益，又保护委托人的合法权益。

2. 自愿性

税务代理的选择一般有单向选择和双向选择两种，无论哪种选择都是建立在双方自愿的基础上的。也就是说，税务代理人实施税务代理行为，应当以纳税人、扣缴义务人自愿委托和资源选择为前提。

3. 有偿性

税务代理机构是社会中介机构，不是国家行政机关的附属机构，因此，同其他企事业单位一样要自负盈亏，有偿服务，通过代理取得收入并抵补费用，获得利润。

4. 独立性

税务代理机构与国家行政机关、纳税人或扣缴义务人等没有行政隶属关系，既不受税务行政部门的干预，又不受纳税人、扣缴义务人所左右，独立代办税务事宜。

5. 确定性

税务代理人的税务代理范围，是以法律、行政法规和行政规章的形式确定的。因此，税务代理人不得超越规定的内容从事代理活动。除税务机关按照法律、行政法规规定委托其代理外，代理人不得代理应由税务机关行使的行政权力。

（三）税务代理的法定业务范围

《税务代理业务规程》规定，代理人可以接受纳税人、扣缴义务人的委托，从事下列范围内的业务代理：办理税务登记、变更税务登记和注销税务登记手续；办理纳税、退税和减免税申报；建账建制、办理账务；办理除增值税专用发票外的发票领购手续；办理纳税申报和扣减税款报告；制作涉税文书；开展税务咨询（顾问）、税收筹划、涉税培训等涉税服务业务；税务行政复议手续；审查纳税情况；办理增值税一般纳税人资格认定手续；利用主机共享服务系统为增值税一般纳税人代开增值税专用发票；国家税务总局规定的其他服务。

六、税务检查

税务检查是税务机关根据税收法律、行政法规的规定，对纳税人、扣缴义务人履行纳税义务、扣缴义务及其他有关业务事项进行审查、核实、监督活动。

税务机关有权进行下列税务检查：

（1）检查纳税人的账簿、记账凭证、报表和有关资料，检查扣缴义务人代扣代缴、代收代缴税款账簿、记账凭证和有关资料。

（2）到纳税人的生产、经营场所和货物存放地检查纳税人应纳税的商品、货物或者其他财产，检查扣缴义务人与代扣代缴、代收代缴税款有关的经营情况。

（3）责成纳税人、扣缴义务人提供与纳税或者代扣代缴、代收代缴税款有关的文件、证明材料和有关资料。

（4）询问纳税人、扣缴义务人与纳税或者代扣代缴、代收代缴税款有关的问题和情况。

（5）到车站、码头、机场、邮政企业及其分支机构检查纳税人托运、邮寄应纳税商品、货物或者其他财产的有关单据、凭证和有关资料。

（6）经县以上税务局（分局）局长批准，凭全国统一格式的检查存款账户许可证明，查询从事生产、经营的纳税人、扣缴义务人在银行或者其他金融机构的存款账户。税务机关在调查税收违法案件时，经设区的市、自治州以上税务局（分局）局长批准，可以查询案件涉嫌人员的储蓄存款。税务机关查询所获得的资料，不得用于税收以外的用途。

税务机关在行使税务检查权时，应当依照法定权限和程序进行。

七、税收法律责任

税收法律责任，是指税收法律关系的主体因违反税收法律规范所应承担的法律后果。税收法律责任可分为行政责任和刑事责任。

（一）纳税人违反税法的行为及其法律责任

1. 纳税人违反税收征收管理法规的行为及其法律责任

纳税人有下列行为之一的，由税务机关责令限期改正，可以处 2 000 元以下的罚款；情节严重的，处 2 000 元以上 1 万元以下的罚款：

（1）未按照规定的期限申报办理税务登记、变更或者注销登记的。

（2）未按照规定设置、保管账簿或者保管记账凭证和有关资料的。

（3）未按照规定将财务、会计制度或者财务、会计处理办法和会计核算软件报送税务机关备查的。

（4）未按照规定将其全部银行账号向税务机关报告的。

(5) 未按照规定安装、使用税控装置，或者损毁、擅自改动税控装置的。

纳税人不办理税务登记的，由税务机关责令限期改正；逾期不改正的，经税务机关提请，由工商行政管理机关吊销其营业执照。纳税人未按照规定使用税务登记证件，或者转借、涂改、损毁、买卖、伪造税务登记证件的，处2 000元以上1万元以下的罚款；情节严重的，处以1万元以上5万元以下的罚款。

2. 偷税行为及其法律责任

纳税人伪造、变造、隐匿、擅自销毁账簿、记账凭证，在账簿上多列支出或者不列、少列收入，经税务机关通知申报而拒不申报或者进行虚假的纳税申报，不缴或者少缴应纳税款的，是偷税。对纳税人偷税的，由税务机关追缴其不缴或者少缴的税款、滞纳金，并处不缴或者少缴的税款50%以上5倍以下的罚款；构成犯罪的，依法追究刑事责任。扣缴义务人采取前款所列手段，不缴或者少缴已扣、已收税款，由税务机关追缴其不缴或者少缴的税款、滞纳金，并处不缴或者少缴的税款50%以上5倍以下的罚款；构成犯罪的，依法追究刑事责任。

3. 欠税行为及其法律责任

纳税人欠缴应纳税款，采取转移或者隐匿财产的手段，妨碍税务机关追缴欠缴的税款的，由税务机关追缴欠缴的税款、滞纳金，并处欠缴税款50%以上5倍以下的罚款；构成犯罪的，依法追究刑事责任。

4. 抗税行为及其法律责任

以暴力、威胁方法拒不缴纳税款的，是抗税，除由税务机关追缴其拒缴的税款、滞纳金外，依法追究刑事责任。情节轻微，未构成犯罪的，由税务机关追缴其拒缴的税款、滞纳金，并处拒缴税款1倍以上5倍以下的罚款。

5. 骗取出口退税行为及其法律责任

以假报出口或者其他欺骗手段，骗取国家出口退税款的，由税务机关追缴其骗取的退税款，并处骗取税款1倍以上5倍以下的罚款；构成犯罪的，依法追究刑事责任。对骗取国家出口退税款的，税务机关可以在规定期间内停止为其办理出口退税。

此外，我国新《刑法》还规定了虚开增值税专用发票罪和虚开用于骗取出口退税、抵扣税款的其他发票罪，伪造或出售伪造的增值税专用发票罪，非法出售增值税专用发票罪，非法购买增值税专用发票或购买伪造的增值税专用发票罪，非法制造、出售其他发票罪，以及上述各罪的刑事责任。

(二) 扣缴义务人的违法行为及其法律责任

根据《税收征管法》的规定，扣缴义务人的违法行为及其法律责任具体包括：

(1) 扣缴义务人未按规定设置、保管代扣代缴、代收代缴税款账簿或者保管代扣代缴、代收代缴税款计账凭证及有关资料的,由税务机关责令限期改正,可处以 2 000 元以下的罚款;情节严重的,处以 2 000 元以上 5 000 元以下的罚款。

(2) 扣缴义务人未按规定的期限向税务机关报送代扣代缴、代收代缴税款报告表和有关资料的,由税务机关责令限期改正,可以处以 2 000 元以下的罚款;情节严重的,可以处以 2 000 元以上 1 万元以下的罚款。

(3) 扣缴义务人采取偷税手段,不缴或少缴已扣、已收税款,由税务机关追缴其不缴或者少缴的税款、滞纳金,并处不缴或者少缴的税款 50% 以上 5 倍以下的罚款;构成犯罪的,依法追究刑事责任。

(4) 扣缴义务人在规定期限内不缴或者少缴应解税款,经税务机关责令限期缴纳,逾期仍未缴纳的,税务机关除依照《税收征管法》第 40 条的规定采取强制执行措施追缴其不缴或者少缴的税款外,可以处不缴或者少缴的税款 50% 以上 5 倍以下的罚款。

(5) 扣缴义务人应扣未扣、应收而不收税款的,由税务机关向纳税人追缴税款,对扣缴义务人处应扣未扣、应收未收税款 50% 以上 3 倍以下的罚款。

(6) 扣缴义务人逃避、拒绝或者以其他方式阻挠税务机关检查的,由税务机关责令改正,可以处 1 万元以下的罚款;情节严重的,处 1 万元以上 5 万元以下的罚款。

(三) 税务人员的违法行为及其法律责任

严格执行国家的税收法律、法规,维护国家的税收利益和纳税人的合法权益,既是法律赋予税务机关和税务人员的神圣职责,也是每个税务人员必须履行的法定义务。在税收征管工作中,如果税务人员不能依法征税,甚至进行违法行为,不仅会使国家利益遭受损失,而且还会严重损害税务机关的形象,在社会上造成不良影响。因此,《税收征管法》规定:"税务人员必须秉公执法,忠于职守;不得索贿、徇私舞弊、玩忽职守、不征或少征应征税款;不得滥用职权多征税款或者故意刁难纳税人和扣缴义务人。"为了确保有法必依,执法必严,《税收征管法》还专门规定了税务人员的违法行为及其法律责任。

八、行政复议

税务行政复议是指当事人(纳税人、扣缴义务人、纳税担保人及其他税务当事人)不服税务机关及其工作人员作出的税务具体行政行为,依法向上一级税务机关(复议机关)提出申请,复议机关经审理对原税务机关具体行政行为依法作出维持、变更、撤销等决定的活动。

(一) 税务行政复议范围

(1) 征税行为,包括确认纳税主体、征税对象、征税范围、减税、免税、退税、抵扣税款、适用税率、计税依据、纳税环节、纳税期限、纳税地点和税款征收方式等具体行政行为，征收税款、加收滞纳金，扣缴义务人、受税务机关委托的单位和个人作出的代扣代缴、代收代缴、代征行为等。

（2）行政许可、行政审批行为。

（3）发票管理行为，包括发售、收缴、代开发票等。

（4）税收保全措施、强制执行措施。

（5）行政处罚行为：①罚款；②没收财物和违法所得；③停止出口退税权。

（6）不依法履行下列职责的行为：①颁发税务登记；②开具、出具完税凭证、外出经营活动税收管理证明；③行政赔偿；④行政奖励；⑤其他不依法履行职责的行为。

（7）资格认定行为。

（8）不依法确认纳税担保行为。

（9）政府信息公开工作中的具体行政行为。

（10）纳税信用等级评定行为。

（11）通知出入境管理机关阻止出境行为。

（12）其他具体行政行为。

（二）税务行政复议管辖

（1）对各级国家税务机关作出的具体行政行为不服的，向其上一级国家税务机关申请行政复议。

（2）对各级地方税务局的具体行政行为不服的，可以选择向其上一级地方税务局或者该税务局的本级人民政府申请行政复议。

（3）对国家税务总局作出的具体行政行为不服的，向国家税务总局申请行政复议。对行政复议决定不服，申请人可以向人民法院提起行政诉讼，也可以向国务院申请裁决，国务院的裁决为终局裁决。

（三）税务行政复议申请

（1）申请人可以在知道税务机关作出具体行政行为之日起60日内提出行政复议申请。

（2）申请人按行政复议前置程序申请行政复议的，必须先依照税务机关根据法律、行政法规确定的税额、期限，缴纳或者解缴税款及滞纳金或者提供相应的担保，方可在实际缴清税款和滞纳金后或者所提供的担保得到作出具体行政行为的税务机关确认之日起60日内提出行政复议申请。

（3）申请人书面申请行政复议的，应当在行政复议申请书中载明下列事项：①申请人的基本情况；②被申请人的名称；③行政复议请求、申请行政复议的主要事实和理由；④申请人的签名或者盖章；⑤申请行政复议的日期。

（四）税务行政复议受理

（1）复议机关收到行政复议申请后，应当在5日内进行审查，决定是否受理。

（2）纳税人及其他当事人依法提出行政复议申请，复议机关无正当理由不予受理且申请人没有向人民法院提起行政诉讼的，上级税务机关应当责令其受理；必要时，上级税务机关也可以直接受理或者提审由下级税务机关管辖的行政复议案件。

（五）行政复议决定

1. 行政复议的决定做出

行政复议机关应当自受理申请之日起60日内作出行政复议决定。

2. 行政复议决定的种类

（1）具体行政行为认定事实清楚，证据确凿，适用依据正确，程序合法，内容适当的，决定维持。

（2）被申请人不履行法定职责的，决定其在一定期限内履行。

（3）具体行政行为有下列情形之一的，复议机关应决定撤销、变更或者确认该具体行政行为违法：主要事实不清、证据不足的；适用依据错误的；违反法定程序的；超越职权或者滥用职权的；具体行政行为明显不当的。

（4）申请人在申请行政复议时可以一并提出行政赔偿请求，复议机关对符合国家赔偿法的规定应当赔偿的，在决定撤销、变更具体行政行为或者确认具体行政行为违法时，应当同时决定被申请人依法给予赔偿。

3. 行政复议决定的效力

行政复议决定书一经送达，即发生法律效力。

本章小结

税收是国家为了实现其国家职能，凭借政治权力，按照法律规定的标准，强制地、无偿地取得财政收入的一种特定分配方式。定期完成企业税收的计算和申报缴纳是会计人员的重要工作。

在本章中，我们对税收法律制度从实体法到程序法进行了初步的了解和学习，实体法以税种为对象，从征收对象、征收范围、税目、税率等方面进行了具体的规范，增值税、消费税、个人所得税、企业所得税等在实体法中均单独成法，用于对不同税种的征收缴纳进行指导；程序法是税务管理方面的法律规范。包括税收管理法、纳税程序法、发票管理法、税务机关组织法、税务争议处理法等，从更具有程序性的操作角度对税收的征收、管理进行规范。学习并掌握税收实体法和程序法的具体规定，是会计人员顺利开展企业纳税工作的前提，更是确保国家财政收入持续稳定、国家机器健康运作的保障。

第四章 财政法律制度

【基本要求】
- ◆ 了解预算法律制度的构成
- ◆ 了解国库集中支付制度的概念
- ◆ 了解政府采购法律制度的构成和原则
- ◆ 掌握国家预算的级次划分和构成、预算管理的职权、预算组织的程序以及预决算的监督
- ◆ 掌握政府采购的执行模式和方式
- ◆ 掌握国库单一账户体系的构成及财政收支的方式

第一节 预算法律制度

财政法律制度是调整国家及其他主体在国民收入的分配和再分配过程中所形成的各种财政关系的法律规范的总称,主要由预算法律制度、政府采购法律制度及国库集中收付制度构成。其中,预算法律制度具有基础性的地位,是财政法律制度的核心。

一、预算法律制度的构成

预算法律制度是指国家经过法定程序制定的,用以调整国家预算关系的法律、行政法规和相关规章制度。我国预算法律制度由《中华人民共和国预算法》(以下简称《预算法》)、《中华人民共和国预算法实施条例》(以下简称《预算法实施条例》)以及有关国家预算管理的其他法规制度构成。

(一)《预算法》

在我国财政法律体系中,《预算法》是我国第一部财政基本法律,是核心法、骨干法,是我国国家预算管理工作的根本性法律,是制定其他预算法规的基本依据。我国第一部《预算法》于1994年第八届全国人民代表大会第二次会议通过,自1995年1月1日起施行。2014年8月31日由第十二届全国人民代表大会常务委员会第十次会议通过对《预算法》予以修订,修订后的新《预算法》自2015年1月1日起施行,该法律共十一章,包括:总则、预算管理职权、预算收支范围、预算编制、预算审查和批准、预算执行、预算调整、决算、监督、法律责任和附则等共一百零一条。

《预算法》的颁布施行,对强化预算的分配和监督职能、健全国家对预算的管理、加强国家宏观调控、保障经济和社会的健康发展,具有十分重要的意义。

(二)《预算法实施条例》

为了保证《预算法》的贯彻实施,使之更具有操作性,为预算及其监督提供更为具体明确的行为准则,1995年11月2日国务院第三十七次常务会议通过,1995年11月22日国务院令第186号发布了《预算法实施条例》,自发布之日起施行。该条例共分为八章七十九条,包括:总则、预算收支范围、预算编制、预算执行、预算调整、决算、监督和附则。

《预算法实施条例》是《预算法》的运用指南,对《预算法》的有关法律概念以及预算管理方法和程序做了进一步的补充和说明。

二、国家预算概述

(一) 国家预算的概念

国家预算也称政府预算,是政府的基本财政收支计划,是经法定程序批准的国家年度财政收支计划,涵盖财政收入和财政支出两个最主要的方面。其中,预算收入采取税收等形式,是社会主义经济的内部积累。预算支出则主要用于经济建设和行政管理、国防、文化、教育、科学、卫生以及社会福利等各项事业。国家预算是实现国家财政职能的基本手段,反映国家的施政方针和社会经济政策,规定政府活动的范围和方向。

(二) 国家预算的作用

国家预算作为财政分配和宏观调控的主要手段,具有分配、调控和监督的职能。国家预算的作用是国家预算职能在经济生活中的具体体现,它主要包括以下三个方面:

1. 财力保证作用

国家预算,特别是预算收入的部分,既是保障国家机器运转的物质条件,又是政府实施各项社会经济政策的有效保证。通过预算收入的编制,事先进行预测，使我们能掌握一年内能筹集到多少收入，并据此进行各项支出的安排。没有充足的收入，国家机器就不能正常运转，政府也无法有效地实施各项社会经济政策。

2. 调节制约作用

国家预算作为国家的基本财政计划，是国家财政实行宏观调控的主要依据和手段。国家通过预算管理手段，有计划地筹集和分配由国家集中支配的财政资金，实现政府资源的优化配置。国家预算的收支规模可调节社会总供给和总需求的平衡，预算支出的结构可调节国民经济结构，国家可以通过预算收支总量的变动和预算收支结构的调整来维护社会经济的稳定，促进社会经济的协调发展。可见，国家预算的编制和执行对国民经济和社会发展都有直接的制约作用。

3. 反映监督作用

国家预算是国民经济的综合反映，预算收入反映国民经济发展规模和经济效益水平，预算支出反映各项建设事业发展的基本情况。因此通过国家预算的编制和执行便于监督和掌握国民经济的运行状况、发展趋势以及出现的问题，从而采取对策措施，促进国民经济稳定协调地发展。

（三）国家预算级次的划分

按照一级政府一级预算的原则，我国国家预算共分为五级，具体包括：

（1）中央预算。

（2）省级（省、自治区、直辖市）预算。

（3）地市级（设区的市、自治州）预算。

（4）县市级（县、自治县、不设区的市、市辖区）预算。

（5）乡镇级（乡、民族乡、镇）预算。

（四）国家预算的构成

国家预算按照政府级次可分为中央预算和地方预算；按照收支管理范围可分为总预算和部门单位预算；按照预算收支的内容可分为一般公共预算、政府性基金预算、国有资本经营预算和社会保险基金预算。各级预算应当遵循统筹兼顾、勤俭节约、量力而行、讲求绩效和收支平衡的原则。

1. 中央预算与地方预算

（1）中央预算。中央预算即中央政府预算，由中央各部门（含直属单位，下同）的预算组成。

"中央各部门"是指与财政部直接发生预算缴款、拨款关系的国家机关、军队、政党组织和社会团体；"直属单位"是指与财政部直接发生预算缴款、拨款关系的企业和事业单位。

【例4-1】下列各项纳入中央预算的有（   ）。

A. 军队 B. 宋庆龄基金会
C. 国土资源部 D. 司法部

答案： ABCD

解析： 上述各项都是中央预算的范围。

中央预算在国家预算体系中占主导地位，它集中了国家预算收入的大部分。中央预算收入在不同的预算管理体制下有不同的规定，我国的分税制规定中央预算收入主要由中央固定收入、共享收入中的中央收入部分、地方向中央上解的收入等组成。

中央预算支出由中央本级支出和补助地方支出组成，主要包括国防、外交、援建支出、中央级行政管理费、文教卫生事业费、中央统筹的基本建设投资，以及中央本级负担的公检法支出、中央财政对地方的返还或补助等。

（2）地方预算。地方预算是指各级地方政府总预算的统称，是国家预算的有机组成部分，是地方政府的财政收支计划，是政府预算活动的基本环节，在国家预算中占有重要地位。

地方各级总预算由本级政府预算（简称本级预算）和汇总的下一级总预算组成。

地方各级政府预算由本级各部门（含直属单位，下同）预算组成。各部门预算由本部门所属各单位预算组成。各单位预算是指列入部门预算的国家机关、社会团体和其他单位的收支预算。

上述"本级各部门"是指与本级政府财政部门直接发生预算缴款、拨款关系的地方国家机关、政党组织和社会团体；"直属单位"是指与本级政府财政部门直接发生预算缴款、拨款关系的企业和事业单位。

我国国家预算收入的绝大部分通过地方预算筹集，国家预算支出中有相当一部分通过地方预算支出，地方预算在我国国家预算中占有重要的地位。地方预算收入主要有地方固定收入、公共收入的地方收入部分、中央对地方的返还收入和补助收入等。地方预算支出根据地方政府的职能划分，主要包括：地方行政管理、公检法支出、地方统筹的基本建设投资、支农支出、地方文教卫生事业费支出、向上级政府上解的收入数额等。

2. 总预算与部门单位预算

（1）总预算。总预算是指政府的财政汇总预算。按照国家行政区域划分和政权结构可相应划分为各级次的总预算，如我国的中央总预算、省（自治区、直辖市）总预算、市总预算、县总预算等。各级总预算由本级政府预算和汇总的下一级总预算汇编而成；下一级只有本级预算的，下一级总预算即指下一级的本级预算。没有下一级预算的，总预算即指本级预算，如乡镇级的总预算就是指本级预算。

（2）部门单位预算。部门单位预算是指部门、单位的收支预算。各部门预算由本部门所属各单位预算组成。单位预算是指列入部门预算的国家机关、社会团体和其他单位的收支预算。

部门单位预算是总预算的基础，其预算收支项目比较详细和具体，它由各预算部门和单位编制。

部门预算以各级政府职能部门为载体，汇集所属的单位预算，形成各级政府的预算计划，由财政部门审核，经各级人民代表大会审议通过；单位预算是各级政府的部门或职能机构就其本身及其隶属的行政事业单位年度经费收支所编制实施的预算，它是各级公共机构行使职能的财力保证。编制单位预算，并接受财政拨款的相关部门和单位，被称作预算单位。部门单位预算是各级政府预算最基本的构成单元。

3. 一般公共预算、政府性基金预算、国有资本经营预算和社会保险基金预算

（1）一般公共预算。一般公共预算是对以税收为主体的财政收入，安排用于保障和改善民生、推动经济社会发展、维护国家安全、维持国家机构正常运转等方面的收支预算。

其中，中央一般公共预算包括中央各部门（含直属单位，下同）的预算和中央对地方的税收返还、转移支付预算。中央一般公共预算收入包括中央本级收入和地方向中央的上解收入。中央一般公共预算支出包括中央本级支出、中央对地方的税收返还和转移支付。

地方各级一般公共预算包括本级各部门（含直属单位，下同）的预算和税收返还、转移支付预算。地方各级一般公共预算收入包括地方本级收入、上级政府对本级政府的税收返还和转移支付、下级政府的上解收入。地方各级一般公共预算支出包括地方本级支出、对上级政府的上解支出、对下级政府的税收返还和转移支付。

（2）政府性基金预算。政府性基金预算是对依照法律、行政法规的规定在一定期限内向特定对象征收、收取或者以其他方式筹集的资金，专项用于特定公共事业发展的收支预算。该预算应当根据基金项目收入情况和实际支出需要，按基金项目编制，做到以收定支。

（3）国有资本经营预算。国有资本经营预算是对国有资本收益作出支出安排的收支预算。国有资本经营预算应当按照收支平衡的原则编制，不列赤字，并安排资金调入一般公共预算。

（4）社会保险基金预算。社会保险基金预算是对社会保险缴款、一般公共预算安排和其他方式筹集的资金，专项用于社会保险的收支预算。社会保险基金预算应当按照统筹层次和社会保险项目分别编制，做到收支平衡。

三、预算管理的职权

国家的预算活动必须依法进行管理，才能有效地实现预算法的宗旨，而预算管理必须按照法定职权进行。根据"统一领导、分级管理、权责结合"的原则《预算法》规定了各级人民代表大会及其常务委员会、各级人民政府、各级政府财政部门和各部门、各单位的预算职权。

（一）各级人民代表大会及其常务委员会的职权

国家权力机关是代表统治阶级、国家和人民行使统治权的机关。我国的国家权力机关是全国人民代表大会及其常务委员会和地方各级人大组织。

1. 全国人民代表大会及其常务委员会的职权

全国人民代表大会的预算管理职权包括：

（1）审查权：审查中央和地方预算草案及中央和地方预算执行情况的报告。

（2）批准权：批准中央预算和中央预算执行情况的报告。

（3）变更撤销权：改变或者撤销全国人民代表大会常务委员会关于预算、决算的不适当的决议。

全国人民代表大会常务委员会的预算管理职权包括：

（1）监督权：监督中央和地方预算的执行。

（2）审批权：审查和批准中央预算的调整方案、审查和批准中央决算。

（3）撤销权：撤销国务院制定的同宪法、法律相抵触的关于预算、决算的行政法规、决定和命令；撤销省、自治区、直辖市人民代表大会及其常务委员会制定的同宪法、法律和行政法规相抵触的关于预算、决算的地方性法规和决议。

2. 县级以上地方各级人民代表大会及其常务委员会的职权

县级以上地方各级人民代表大会的预算管理职权包括：

（1）审查权：审查本级总预算草案及本级总预算执行情况的报告。

（2）批准权：批准本级预算和本级预算执行情况的报告。

（3）变更撤销权：改变或者撤销本级人民代表大会常务委员会关于预算、决算的不适当的决议；撤销本级政府关于预算、决算的不适当的决定和命令。

县级以上地方各级人民代表大会常务委员会的预算管理职权包括：

（1）监督权：监督本级总预算的执行。

（2）审批权：审查和批准本级预算的调整方案；审查和批准本级决算。

（3）撤销权：撤销本级政府和下一级人民代表大会及其常务委员会关于预算、决算的不适当的决定、命令和决议。

3. 乡、民族乡、镇的人民代表大会的职权

设立预算的乡、民族乡、镇的人民代表大会的预算管理职权包括：

(1) 审批权：审查和批准本级预算和本级预算执行情况的报告、审查和批准本级预算的调整方案及本级决算。

(2) 监督权：监督本级预算的执行。

(3) 撤销权：撤销本级政府关于预算、决算的不适当的决定和命令。

设立预算的乡、民族乡、镇，由于不设立人民代表大会常务委员会，因而其职权中还包括由人民代表大会常务委员会行使的监督权等。

【例4-2】根据《预算法》的规定，乡镇级人民代表大会的预算管理职权包括（　　）。

A. 审查权　　　　　　　　B. 批准权
C. 变更撤销权　　　　　　D. 监督权

答案：ABCD

解析：设立预算的乡、民族乡、镇，由于不设立人民代表大会常务委员会，因而其职权中还包括由人民代表大会常务委员会行使的监督权等。

（二）各级人民政府的职权

1. 国务院的职权

(1) 编制权：编制中央预、决算草案，编制中央预算调整方案。

(2) 报告权：向全国人民代表大会作关于中央和地方预算草案的报告，向全国人民代表大会、全国人民代表大会常务委员会报告中央和地方预算的执行情况。

(3) 备案：将省、自治区、直辖市政府报送备案的预算汇总后报全国人民代表大会常务委员会备案。

(4) 执行权：组织中央和地方预算的执行。

(5) 决定中央预算预备费的动用。

(6) 监督中央各部门和地方政府的预算执行。

(7) 改变或者撤销中央各部门和地方政府关于预算、决算的不适当的决定、命令。

2. 县级以上地方各级政府的职权

(1) 县级以上地方各级政府编制本级预算、决算草案。

(2) 向本级人民代表大会作关于本级总预算草案的报告。

(3) 将下一级政府报送备案的预算汇总后报本级人民代表大会常务委员会备案。

(4) 组织本级总预算的执行。

(5) 决定本级预算预备费的动用。

(6) 编制本级预算的调整方案。

(7) 监督本级各部门和下级政府的预算执行；改变或者撤销本级各部门和

下级政府关于预算、决算的不适当的决定、命令。

（8）向本级人民代表大会、本级人民代表大会常务委员会报告本级总预算的执行情况。

3. 乡、民族乡、镇政府的职权

（1）编制本级预算、决算草案。

（2）向本级人民代表大会作关于本级预算草案的报告。

（3）组织本级预算的执行。

（4）决定本级预算预备费的动用。

（5）编制本级预算的调整方案。

（6）向本级人民代表大会报告本级预算的执行情况。

（三）各级财政部门的职权

我国的财政部门包括国务院下设的财政部和地方各级政府所设的财政部门。地方各级政府所设的财政部门包括：各省、自治区、直辖市财政厅（局），各行政公署财政处，各县（市）、自治州、自治县、市辖区财政局以及各乡、镇财政所。

1. 国务院财政部的职权

（1）编制权：具体编制中央预算、决算草案；具体编制中央预算的调整方案。

（2）执行权：具体组织中央和地方预算的执行。

（3）提案权：提出中央预算预备费动用方案。

（4）报告权：定期向国务院报告中央和地方预算的执行情况。

2. 地方各级政府财政部门的职权

（1）编制权：具体编制本级预算、决算草案；具体编制本级预算的调整方案。

（2）执行权：具体组织本级总预算的执行。

（3）提案权：提出本级预算预备费动用方案，报本级人民政府。

（4）报告权：定期向本级政府和上一级政府财政部门报告本级总预算的执行情况。

（四）各部门、各单位的职权

1. 各部门的职权

（1）编制本部门预算、决算草案。

（2）组织和监督本部门预算的执行。

（3）定期向本级政府财政部门报告预算的执行情况。

2. 各单位的职权

（1）编制本单位预算、决算草案。

（2）按照国家规定上缴预算收入，安排预算支出，并接受国家有关部门的监督。

四、预算收入与预算支出

预算由预算收入和预算支出组成。

（一）预算收入

预算收入是指国家为建立预算资金而筹集的收入。按照收入的来源和归属不同，预算收入有不同的分类。

预算收入按来源可分为税收收入、行政事业性收费收入、国有资源（资产）有偿使用收入、转移性收入和其他收入。

（1）税收收入。税收收入是国家预算收入最主要的部分，包括我国在内的许多国家，税收收入都占到了预算收入总额的90%以上。

（2）行政事业性收费。行政性收费是指国家机关、司法机关和法律、法规授权的机构，依据国家法律、法规和省以上财政部门的规定行使其管理职能，向公民、法人和其他组织收取的费用。按照收费类别包括行政管理类收费、资源补偿类收费、鉴定类收费、考试类收费、培训类收费、其他类收费等六类。

（3）国有资产（资源）有偿使用收入。国有资产（资源）有偿使用收入指有偿转让国有资源（资产）使用权而取得的收入，如国家机关、实行公务员管理的事业单位、代行政府职能的社会团体以及其他组织的固定资产和无形资产出租、出售、出让、转让等取得的收入，利用政府投资建设的城市道路和公共场地设置停车泊位取得的收入，土地出让金收入，新增建设用地土地有偿使用费，海域使用金，探矿权和采矿权使用费及价款收入，场地和矿区使用费收入，出租汽车经营权、公共交通线路经营权、汽车号牌使用权等有偿出让取得的收入，政府举办的广播电视机构占用国家无线电频率资源取得的广告收入，以及利用其他国有资源取得的收入。

（4）转移性收入。转移性收入就是指国家、单位、社会团体对居民家庭的各种转移支付和居民家庭间的收入转移。包括政府对个人收入转移的离退休金、失业救济金、赔偿等；单位对个人收入转移的辞退金、保险索赔、住房公积金、家庭间的赠送和赡养等。

（5）其他收入。此类收入是指上述各项收入以外的收入，主要包括规费收入、罚没收入、捐赠收入等。

预算收入按归属可分为中央预算收入、地方预算收入、中央和地方预算共享收入。

（1）中央预算收入。中央预算收入是指按照分税制财政管理体制，纳入中央预算、地方不参与分享的收入，包括中央本级收入和地方按照规定向中央上解的收入。

(2) 地方预算收入。地方预算收入是指纳入地方预算、中央不参与分享的收入，包括地方本级收入和中央按照规定返还或者补助地方的收入。

(3) 中央和地方预算共享收入。中央和地方预算共享收入是指中央预算和地方预算对同一税种的收入按照一定划分标准或者比例分享的收入。

预算收入应当统筹安排使用，确需设立专用基金项目的，须经国务院批准。上级政府不得在预算之外调用下级政府预算的资金。下级政府不得挤占或者截留属于上级政府预算的资金。

(二) 预算支出

预算支出，是国家对集中的预算收入有计划地分配和使用而安排的支出。

预算支出按照功能分类，包括：

(1) 一般公共服务支出。主要用于保障机关事业单位正常运转，支持各机关单位履行职能，保障各机关部门的项目支出需要，以及支持地方落实自主择业军转干部退役金等。

(2) 外交、公共安全、国防支出。

(3) 农业、环境保护支出。

(4) 教育、科技、文化、卫生、体育等事业发展支出。

(5) 社会保障及就业支出。

(6) 其他支出，包括对外援助支出、财政贴息支出、国家物资储备支出、少数民族地区补助费抚恤和社会福利救济费支出等。

预算支出按照其经济性质分类，包括：

(1) 工资福利支出。

(2) 商品和服务支出。

(3) 资本性支出。

(4) 其他支出。

五、预算组织程序

预算工作的顺利开展依赖于完善科学的预算组织程序设计。根据《预算法》的规定，预算组织程序包括预算的编制、审查、执行和调整。

(一) 预算的编制

国家预算编制是预算计划管理的起点，也是预算计划管理的关键环节。国务院应当及时下达关于编制下一年预算草案的通知。编制预算草案的具体事项由国务院财政部门部署。各级政府、各部门、各单位应当按照国务院规定的时间编制预算草案。

1. 预算年度

预算年度指的是编制和执行预算所依据的法定期限或预算的有效期限,一般与财政年度或会计年度相一致,体现预算的时效性。我国国家预算年度采取的是公历年制,即自公历1月1日起,至12月31日止。各预算活动的主体都必须按照法律规定的时间要求及时地编制预算,只有及时地编制预算才能保证国家财政税收活动的正常依法进行。

2. 预算草案编制依据

预算草案是指各级政府、各部门、各单位编制的未经法定程序审查和批准的预算收支计划。各级预算应当根据年度经济社会发展目标、国家宏观调控总体要求和跨年度预算平衡的需要,参考上一年预算执行情况、有关支出绩效评价结果和本年度收支预测,按照规定程序征求各方面意见后,进行编制。

各级预算收入的编制,应当与经济社会发展水平相适应,与财政政策相衔接。各级政府、各部门、各单位应当依照本法规定,将所有政府收入全部列入预算,不得隐瞒、少列。

各级预算支出应当依照预算法规定,按其功能和经济性质分类编制。各级预算支出的编制,应当贯彻勤俭节约的原则,严格控制各部门、各单位的机关运行经费和楼堂馆所等基本建设支出。

3. 预算草案的编制内容

(1) 中央预算的编制内容包括:

①本级预算收入和支出。

②上一年度结余用于本年度安排的支出。

③返还或者补助地方的支出。

④地方上解的收入。

此外,中央财政本年度举借的国内外债务和还本付息数额应当在本级预算中单独列示。

(2) 地方各级政府预算的编制内容包括:

①本级预算收入和支出。

②上一年度结余用于本年度安排的支出。

③上级返还或者补助的收入。

④返还或者补助下级的支出。

⑤上解上级的支出。

⑥下级上解的收入。

【例4-3】中央预算草案的编制内容包括(　　)。

A. 本级预算收入和支出

B. 上一年度结余用于本年度安排的支出

C. 地方上解的收入

D. 上解上级的支出

答案：ABC

解析：中央无上级，因此无上解上级支出。

（二）预算的审查

预算的审批过程一般需要经过以下环节：

1. 预算的审查

预算的审查是指各级国家权力机关对同级政府所提出的预算草案进行审查与批准的活动。这是使预算草案转为正式预算的关键阶段。国家预算草案一经批准，就成为正式的国家预算，具有法律效力，任何单位和个人必须严格遵守，不得随意变更。

由于各级预算的审批具有时效性、级别性、程序性和严肃性，《预算法》对预算的审查和批准作出了明确规定：中央预算由全国人民代表大会审查和批准，地方各级政府预算由本级人民代表大会审查和批准。

全国人民代表大会和地方各级人民代表大会对预算草案及其报告、预算执行情况的报告重点审查下列内容：

（1）上一年预算执行情况是否符合本级人民代表大会预算决议的要求。

（2）预算安排是否符合本法的规定。

（3）预算安排是否贯彻国民经济和社会发展的方针政策，收支政策是否切实可行。

（4）重点支出和重大投资项目的预算安排是否适当。

（5）预算的编制是否完整，是否细化。

（6）对下级政府的转移性支出预算是否规范、适当。

（7）预算安排举借的债务是否合法、合理，是否有偿还计划和稳定的偿还资金来源。

（8）与预算有关重要事项的说明是否清晰。

2. 预算的备案

各级政府预算批准后，必须依法向相应的国家机关备案，以加强预算监督，预算备案是与预算审批密切相关的一个制度。

乡、民族乡、镇政府应当及时将经本级人民代表大会批准的本级预算报上一级政府备案。县级以上地方各级政府应当及时将经本级人民代表大会批准的本级预算及下一级政府报送备案的预算汇总，报上一级政府备案。

县级以上地方各级政府将下一级政府依照前款规定报送备案的预算汇总后，报本级人民代表大会常务委员会会备案。国务院将省、自治区、直辖市政府依照前款规定报送备案的预算汇总后，报全国人民代表大会常务委员会备案。

3. 预算的批复

预算的批复是指各级政府预算经过本级人民代表大会的批准之后，本级政府财政部门应当及时向本级政府各部门批复预算。

根据《预算法》的规定，各级预算经本级人民代表大会批准后，本级政府财政部门应当在20日内向本级各部门批复预算。各部门应当在接到本级政府财政部门批复的本部门预算后15日内向所属各单位批复预算。

（三）预算的执行

预算的执行是指经法定程序批准的预算进入具体实施阶段，各级政府、各部门、各预算单位在组织实施本级权力机关批准的本级预算中筹措预算收入、拨付预算支出等的活动。根据《预算法》的规定，各级预算由本级政府组织执行，具体工作由本级政府财政部门负责。各部门、各单位是本部门、本单位的预算执行主体，负责本部门、本单位的预算执行，并对执行结果负责。

1. 预算收入的组织执行

国家预算由预算收入和预算支出两部分组成，因而预算收入与预算支出的组织执行均为预算执行的重要内容。在预算收入的组织执行方面，预算收入征收部门和单位，必须依照法律、行政法规的规定，及时、足额征收应征的预算收入。不得违反法律、行政法规规定，多征、提前征收或者减征、免征、缓征应征的预算收入，不得截留、占用或者挪用预算收入。各级政府不得向预算收入征收部门和单位下达收入指标。

2. 预算支出的组织执行

各级政府财政部门必须依照法律、行政法规和国务院财政部门的规定，及时、足额地拨付预算支出资金，加强对预算支出的管理和监督。各级政府、各部门、各单位的支出必须按照预算执行，不得虚假列支。各级政府、各部门、各单位应当对预算支出情况展开绩效评价。

3. 预算执行的中间环节

预算的收入和支出必须通过国库进行。国库是预算执行的中间环节，是国家进行预算收支活动的出纳机关。县级以上各级预算必须设立国库；具备条件的乡、民族乡、镇也应当设立国库。中央国库业务由中国人民银行办理，地方国库业务依照国务院的有关规定办理。

各级国库库款的支配权属于本级政府财政部门。除法律、行政法规另有规定外，未经本级政府财政部门同意，任何部门、单位和个人都无权动用国库库款。

（四）预算的调整

1. 预算调整的概念

预算调整是指经全国人民代表大会批准的中央预算和经地方各级人民代表

大会批准的地方各级预算,在执行中出现下列情况之一的,应当进行预算调整:需要增加或者减少预算总支出的;需要调入预算稳定调节基金的;需要调减预算安排的重点支出数额的;需要增加举借债务数额的。

在预算执行中,因上级政府返还或者给予补助而引起的预算收支变化,不属于预算调整。接受返还或者补助款项的县级以上地方各级政府应当向本级人民代表大会常务委员会报告有关情况;接受返还或者补助款项的乡、民族乡、镇政府应当向本级人民代表大会报告有关情况。

2. 预算调整方案的编制与审批

在预算执行中,各级政府对于必须进行的预算调整,应当编制预算调整方案。预算调整方案应当说明预算调整的理由、项目和数额。其中,中央预算的调整方案必须提请全国人民代表大会常务委员会审查和批准;县级以上地方各级政府预算的调整方案必须提请本级人民代表大会常务委员会审查和批准;乡、民族乡、镇政府预算的调整方案必须提请本级人民代表大会审查和批准。未经批准,不得调整预算。

除此之外,根据《预算法实施条例》的有关规定,以下几个问题需要注意:

(1) 预算调整方案由政府财政部门负责具体编制。预算调整方案应当列明调整的原因、项目、数额、措施及有关说明,经本级政府审定后,提请本级人民代表大会常务委员会审查和批准。

(2) 接受上级返还或者补助的地方政府,应当按照上级政府规定的用途使用款项,不得擅自改变用途。

(3) 政府有关部门以本级预算安排的资金拨付给下级政府有关部门的专款,必须经本级政府财政部门同意并办理预算划转手续。

(4) 各部门、各单位的预算支出,必须按照本级政府财政部门批复的预算科目和数额执行,不得挪用;确需作出调整的,必须经本级政府财政部门同意。

(5) 年度预算确定后,企业、事业单位改变隶属关系,引起预算级次和关系变化的,应当在改变财务关系的同时,相应办理预算划转。

六、决算

(一) 决算的概念

决算是指对年度预算收支执行结果的会计报告,是预算执行的总结,是国家管理预算活动的最后一道程序。决算包括决算报表和文字说明两个部分。编制决算可以总结预算年度中预算管理方面的经验和教训,集中反映当年国民经济和社会发展的情况,供政府决策时参考。

(二) 决算的程序

决算的程序包括决算草案的编制、决算草案的审批和决算的批复。

1. 决算草案的编制

决算草案由各级政府、各部门、各单位在每一预算年度终了后按国务院规定的时间编制，具体事项由国务院财政部门部署。各部门对所属各单位的决算草案，应当审核并汇总编制本部门的决算草案，在规定的期限内报本级政府财政部门审核。各级政府财政部门对本级各部门决算草案审核后汇总编制本级决算草案，报本级政府审定，本级政府审定后，即可报本级权力机关审批。各级政府财政部门对本级各部门决算草案审核后发现有不符合法律、行政法规规定的，有权予以纠正。

我国预算法明确规定了各级政府预算草案的编制主体：

（1）国务院财政部门编制中央决算草案。

（2）县级以上地方各级政府财政部门编制本级决算草案。

（3）乡、民族乡、镇政府编制本级决算草案。

编制决算草案，必须符合法律、行政法规，做到收支真实、数额准确、内容完整、报送及时。决算草案应当与预算相对应，按预算数、调整预算数、决算数分别列出。

2. 决算草案的审批

各级政府财政部门在编制本级决算草案后，报本级政府审定，经审定后的决算草案，再由本级政府提请本级权力机关审查和批准，因此决算草案的审批主体是各级权力机关。决算草案的审批具体如下：

（1）国务院财政部门编制中央决算草案，经国务院审计部门审计后，报国务院审定，由国务院提请全国人民代表大会常务委员会审查和批准。

（2）县级以上地方各级政府财政部门编制本级决算草案，经本级政府审计部门审计后，报本级政府审定，由本级政府提请本级人民代表大会常务委员会审查和批准。

（3）乡、民族乡、镇政府编制本级决算草案，提请本级人民代表大会审查和批准。

【例4-4】关于决算草案的审批下列说法正确的是（　　　）。

A. 中央决算草案由国务院提请全国人民代表大会审批

B. 县级以上地方各级决算草案由本级政府提请本级人民代表大会常务委员会审批

C. 乡、民族乡、镇决算草案提请本级人民代表大会审批

D. 乡、民族乡、镇决算草案提请本级政府审批

答案：ABC

解析：乡、民族乡、镇政府编制本级决算草案，提请本级人民代表大会审查和批准。

3. 决算草案的批复

各级决算经批准后，财政部门应当在 20 日内向本级各部门批复决算。各部门应当在接到本级政府财政部门批复的本部门决算后 15 日内向所属单位批复决算。

七、预决算的监督

为了保证预算、决算的贯彻实施，各级国家权力机关、政府及财政审计部门应依法履行法律赋予的预算决算监督职责，保证预算工作顺利进行。根据《预算法》所确立的监督体系，对各级政府实施的预算与决算活动进行的监督可以分为：国家权力机关的监督、各级政府的监督、各级政府财政部门的监督和各级政府审计部门的监督以及社会监督等。

（一）权力机关的监督

权力机关的监督也称立法机关的监督，权力机关预算监督的主体是各级人民代表大会及其常务委员会。权力机关的监督具体如下：

（1）全国人民代表大会及其常务委员会对中央和地方预算、决算进行监督。

（2）县级以上地方各级人民代表大会及其常务委员会对本级和下级政府预算、决算进行监督。

（3）乡、民族乡、镇人民代表大会对本级预算、决算进行监督。

（二）各级政府的监督

政府机关的监督也称行政监督，即各级行政机关对预算和决算的监督。

各级政府监督下级政府的预算执行，下级政府应当定期向上一级政府报告预算执行情况。各级政府应当在每一预算年度内至少两次向本级人民代表大会或者其常务委员会作预算执行情况的报告。

（三）各级政府财政部门的监督

各级政府财政部门的监督，简称财政监督。

各级政府财政部门负责监督检查本级各部门及其所属各单位预算的执行；并向本级政府和上一级政府财政部门报告预算执行情况。各部门及其所属各单位应当接受本级财政部门有关预算的监督检查，按照本级财政部门的要求，如实提供有关预算资料，执行本级财政部门提出的检查意见。

（四）各级政府审计部门的监督

各级政府审计部门的监督，简称审计监督，是一种专门的监督。审计部门独立于财政部门之外，处于超然的监督地位，因而能够更好地行使其监督权。

各级政府审计部门对本级各部门、各单位和下级政府的预算执行情况和决算实行审计监督。

第二节 政府采购法律制度

政府采购制度作为政府调控经济、促进社会经济发展的一个重要政策工具，在国家宏观经济生活中的地位越来越重要。因此，政府采购法律制度的实施，对发挥政府采购在社会经济中的作用具有十分重大的现实意义和深远的历史意义。

一、政府采购法律制度的构成

我国的政府采购法律制度由《中华人民共和国政府采购法》（以下简称《政府采购法》）、政府采购行政法规、国务院各部门特别是财政部颁布的一系列部门规章以及地方性法规和政府规章组成。

（一）《政府采购法》

《政府采购法》于2002年6月29日审议通过，自2003年1月1日起施行。该法共分九章八十八条，包括总则、政府采购当事人、政府采购方式、政府采购程序、政府采购合同、质疑与投诉、监督检查、法律责任和附则。

《政府采购法》是规范我国政府采购活动的根本大法，是制定其他政府采购法规制度的基本依据。

（二）政府采购行政法规

《中华人民共和国政府采购法实施条例》已经2014年12月31日国务院第75次常务会议通过，自2015年3月1日起施行。该条例共九章七十九条，包括总则、政府采购当事人、政府采购方式、政府采购程序、政府采购合同、质疑与投诉、监督检查、法律责任和附则等内容。

（三）政府采购部门规章

国务院各部门，特别是财政部，颁布了一系列有关政府采购的部门规章，以细化《政府采购法》中的原则性规定。如《政府采购信息公告管理办法》（财政部令第19号）、《政府采购货物和服务招标投标管理办法》（财政部令第18号）等。

（四）政府采购地方性法规和政府规章

政府采购地方性法规是指省、自治区、直辖市的人民代表大会及其常务委员会在不与法律、行政法规相抵触的情况下制定的一系列规范性文件。这些法规和规章都以《政府采购法》为依据，同时结合了本地区的实际情况，具有较强的针对性和操作性。

二、政府采购的概念与原则

(一) 政府采购的概念

政府采购是指各级国家机关、事业单位和团体组织,使用财政性资金采购依法制定的集中采购目录以内的或者采购限额标准以上的货物、工程和服务的行为。

1. 政府采购的主体

政府采购是以政府为主体的采购活动。政府采购的主体即采购人,其范围是特定的,只有纳入政府采购的主体范围的国家机关、事业单位和团体组织的政府采购活动,才受到《政府采购法》的约束。如国家权力机关、行政机关、公立学校、科研单位、卫生防疫等事业单位以及共青团、妇联、残联等团体组织都可能成为政府采购的主体。

以政府为主体,是政府采购区别于个人采购、企业采购的根本点之一。所有个人、私人企业和公司均不能成为政府采购的采购主体。此外,虽然国有企业或国家控股公司的资产也是政府应该管理的国有资产,但因其经营和运作具有较强的市场性和特殊性,所以除少数国家和地区外,一般都不纳入政府采购的范围。

2. 政府采购的对象

政府采购的对象包括货物、工程和服务。其中,货物指各种形态和种类的物品,具体包括原材料、燃料、设备、产品等有形物以及商标专用权、著作权、专利权等无形物;工程指建设工程,包括建筑物和构筑物的新建、改建、扩建、装修、拆除、修缮等;服务指除货物和工程以外的其他政府采购对象,包括各类专业服务、信息网络开发服务、金融保险服务、运输服务,以及维修与维护服务等。需要注意的是,采购的对象范围中并不包括人员。

应采用政府采购的货物、工程和服务要么是被列入了政府采购集中目录以内,要么是采购金额超过了政府采购限额标准的。政府集中采购目录和政府采购限额标准实行分级管理,由省级以上人民政府或其授权机构确定并公布。

集中采购目录和政府采购限额标准属于中央预算的政府采购项目,由国务院确定并公布;属于地方预算的政府采购项目,由省、自治区、直辖市人民政府或者其授权的机构确定并公布。

3. 政府采购的资金范围

采购资金的性质是确定采购行为是否属于《政府采购法》规范范围的重要依据。政府采购运用的主要是财政性资金。

2001年2月,财政部和中国人民银行制定发布的《政府采购资金财政直接拨付管理办法》中明确定义:政府采购资金是指采购机关获取货物、工程和服务时支付的资金,包括财政性资金(预算内资金和预算外资金),以及与财政资金相配套的单位自筹资金。根据《政府采购法》的规定,政府采购全部使用或部分使用的资金必须是财政性资金。以财政性资金作为还款来源的借贷资金、以事业单位和团体组织占有或使用的国有资产作担保的借贷资金视同财政性资金。

(二)政府采购的原则

政府采购的原则是贯穿在政府采购计划中为实现政府采购目标而设立的一般性原则。《政府采购法》规定,政府采购应当遵循公开透明原则、公平竞争原则、公正原则和诚实信用原则。

1. 公开透明原则

公开透明原则又称公开性原则,是指有关采购的法律、政策、程序和采购活动对社会公开,所有相关信息都必须公之于众。

公开透明原则应当贯穿于政府采购全过程,具体体现为以下三个方面:

(1)公开的内容。应当公开的政府采购信息包括:政府采购法规政策,省级以上人民政府公布的集中采购目录、政府采购限额标准和公开招标数额标准,政府采购招标业务代理机构名录,招标投标信息,财政部门受理政府采购投诉的联系方式及投诉处理决定,财政部门对集中采购机构的考核结果,采购代理机构、供应商不良行为记录名单等。需要注意的是,以上公开的政府采购信息中未包括采购人员。

(2)公开的标准。政府采购公开的信息应当符合内容真实、准确可靠、发布及时、便于查找等标准。

(3)公开的途径。根据《政府采购法实施条例》的规定,除涉及商业秘密的外,政府采购项目信息应当在省级以上人民政府财政部门指定的媒体上发布。采购项目预算金额达到国务院财政部门规定标准的,政府采购项目信息应当在国务院财政部门指定的媒体上发布。

2. 公平竞争原则

政府采购应为所有潜在供应商提供均等的参与机会、相同的入选条件和一致的评定标准。《政府采购法》规定:"任何单位或个人不得采用任何方式,阻挠和限制供应商自由进入本地区和本行业的政府采购市场",这就要求我们在选择、邀请供应商时,不能限制、排斥或歧视潜在供应商。在各种具体采购方式中,公开招标方式最能体现这一原则,而采用其他方式的,在同等条件下也必须遵循该原则。

3. 公正原则

公正原则主要指采购人、采购代理机构相对于作为投标人、潜在投标人的多个供应商而言,政府采购主管部门相对于作为被监督人的多个当事人而言,应站在中立、公允、超然的立场上,对于每位相对人都要一碗水端平、不偏不倚、平等对待、一视同仁,而不厚此薄彼,因其身份不同而施行差别对待。

4. 诚实信用原则

市场经济既是法制经济也是信用经济,需要以当事人的诚实信用形成良好的社会风气,保障市场经济的有序运行。诚实信用原则约束的是政府采购活动中的各方当事人,一方面,要求采购主体在项目发标、信息公布、评标审标过程中要真实,不得有所隐瞒;另一方面,也要求供应商在提供物品、服务时达到投标时作出的承诺,树立责任意识。

三、政府采购的功能与执行模式

(一) 政府采购的功能

政府采购具有提高采购资金的使用效益、强化宏观调控、活跃市场经济、推进反腐倡廉、保护民族产业等功能。在国际贸易中,这是保护本国政府采购市场,保护民族产业的一个合理、合法手段。政府采购的具体功能包括:

1. 节约财政支出

与过去分散的采购体制相比,实行统一集中的政府采购可以使得采购规模扩大,有助于形成政府采购买方市场,从而起到降低采购价格、节约财政支出、提高资金使用效益的作用。

2. 强化宏观调控

政府采购作为财政支出的重要组成部分,是实现财政支出政策的重要工具和宏观调控的基本手段。政府可以通过调整采购规模、采购时间、采购项目、采购规模等方式来实现特定的宏观调控目标。比如,政府可以通过调整采购总量来调控社会总需求,进而促进社会总供给和总需求的平衡;可以通过调整采购品种、数量和频率等影响国民经济产业结构和产品结构;可以通过对采购地区的选择以平衡地区间的经济发展。

3. 活跃市场经济

政府采购必须遵循公开透明、公平竞争、公正和诚实信用原则,在竞标过程中实行公平、公正、客观、择优机制,所有这些都会调动供应商参与政府采购的积极性,并能够促使供应商不断提高产品质量、降低生产成本、改善售后服务,以使自己能够获得政府订单。供应商竞争能力的提高,不仅可以促进国内市场经济的繁荣,为我国市场经济注入生机和活力,而且有助于供应商走向国际市场,增强我国产品在国际市场的竞争力。

4. 推进反腐倡廉

统一的政府采购,特别是公开招标方式,使政府的各项采购活动在公开、公正、公平的环境中运作,财政、审计、供应商和社会公众等全方位参与监督,从而有效地抑制各种腐败。

具体来讲，政府采购作为一项制度，是从两个方面推进政府反腐倡廉工作。首先，政府采购中的采购人、采购代理机构和供应商三者之间在各自内在利益驱动下所形成的内在相互监督机制，可以促进反腐倡廉；其次，实行政府采购制度的同时也建立了一套外在的监督机制，如法律监督、政府采购主管部门的监督、各级纪检、监察、审计等部门的监督等，这些监督都最大限度增加了政府采购的透明度，使政府采购成为名副其实的"阳光下的交易"，从源头上抑制腐败现象的发生，促进廉政建设。

5. 保护民族产业

在众多的非关税贸易壁垒中，政府采购是世界各国为保护民族产业所普遍采用的有效手段。根据我国《政府采购法》的规定，除极少数法定情形外，政府采购应当采购本国货物、工程和服务。这一规定体现了国货优先原则，也充分实现了政府采购保护民族产业的功能。

【例4－5】规范化的政府采购可以避免暗箱操作，使政府采购成为名副其实的"阳光下的交易"，这体现的政府采购的功能是（　　）。

A. 活跃市场经济　　　　　　B. 强化宏观调控
C. 提高采购资金的使用效益　D. 推进反腐倡廉

答案：D

解析：政府的各项采购活动必须在公开、公正、公平的环境中运作，财政、审计、供应商和社会公众等全方位参与监督，从而有效地抑制各种腐败。

（二）政府采购的执行模式

《政府采购法》规定，政府采购实行集中采购和分散采购相结合的模式，集中采购的范围由省级人民政府公布的集中采购目录确定。

1. 集中采购

集中采购是指采购人将列入集中采购目录的项目委托集中采购机构代理采购或者进行部门集中采购的行为。其中，对于技术、服务等标准统一、采购人普遍使用的项目，列为集中采购机构采购项目；对于采购人本部门、本系统基于业务需要有特殊要求、可以统一采购的项目，列为部门集中采购项目。前者是政府采购的主要形式。

列入集中采购的项目往往是一些大宗的、通用性的项目，或者是一些社会关注程度较高、影响较大的特定商品、大型工程和重要服务类项目。集中采购的具体范围由省级以上人民政府公布的集中采购目录确定。属于中央预算的政府采购项目，其集中采购目录由国务院确定并公布；属于地方预算的政府采购项目，其集中采购目录由省、自治区、直辖市人民政府确定并公布。

实行集中采购有利于取得规模效应、降低采购成本、保证采购质量、贯彻落实政府采购有关政策取向,便于实施统一的管理和监督等。不足之处是采购周期较长、采购程序复杂,难以适应紧急情况采购,难以满足用户多样性需求。

2. 分散采购

分散采购是指各预算单位自行采购或者委托采购代理机构代理采购的行为。采购对象是限额标准以上的未列入集中采购目录的项目。分散采购可以由各预算单位自行实施采购,也可以委托集中采购机构在委托的范围内代理采购。

实行分散采购具有灵活性、自主性,手续简单,有利于满足采购及时性和多样性的需求。不足之处是失去了规模效益,加大了采购成本,也不便于实施统一的管理和监督。

四、政府采购当事人

政府采购当事人是指在政府采购活动中享有权利和承担义务的各参与主体,包括采购人、供应商和采购代理机构等。

(一)采购人

采购人是指依法进行政府采购的国家机关、事业单位、团体组织。采购人为从事日常政务活动或为了满足公共服务的目的,利用国家财政性资金和政府借款购买货物、工程和服务。

作为政府采购的采购人,一般具有两个重要特征:一是采购人是依法进行政府采购的国家机关、事业单位和团体组织;二是采购人的政府采购行为从筹划、决策到实施,都必须在《政府采购法》等法律法规的规范内进行。

采购人的权利主要包括:(1)自行选择采购代理机构的权利;(2)要求采购代理机构遵守委托协议约定的权利;(3)审查政府采购商的资格的权利;(4)依法确定中标供应商的权利;(5)签订采购合同并参与对供应商履约验收的权利;(6)特殊情况下提出特殊要求的权利,例如,对于纳入集中采购目录属于本部门、本系统有特殊要求的项目,经省级以上人民政府批准,可以自行采购;(7)其他合法权利。

采购人的义务主要包括:(1)遵守政府采购的各项法律法规和规章制度;(2)接受和配合政府采购监督管理部门的监督检查,同时还要接受和配合审计机关的审计监督以及监察机关的监察;(3)尊重供应商的正当合法权益;(4)遵守采购代理机构的工作秩序;(5)在规定时间内与中标供应商签订政府采购合同;(6)在指定媒体及时向社会发布政府采购信息、招标结果;(7)依法答复供应商的询问和质疑;(8)妥善保存反映每项采购活动的采购文件;(9)其他法定义务。

(二)供应商

供应商是指向采购人提供货物、工程或者服务的法人、其他组织或者自然人。

供《政府采购法》规定，供应商参加政府采购活动应当具备以下条件：（1）具有独立承担民事责任的能力；（2）具有良好的商业信誉和健全的财务会计制度；（3）具有履行合同所必需的设备和专业技术能力；（4）有依法缴纳税收和社会保障资金的良好记录；（5）参加政府采购活动前三年内，在经营活动中没有重大违法记录；（6）法律、行政法规规定的其他条件。

根据《政府采购法》的规定，供应商的权利主要包括：（1）平等地取得政府采购供应商资格的权利；（2）平等地获得政府采购信息的权利；（3）自主、平等地参加政府采购竞争的权利；（4）就政府采购活动事项提出询问、质疑和投诉的权利；（5）自主平等地签订政府采购合同的权利；（6）要求采购人或者采购代理机构保守其商业秘密的权利；（7）监督政府采购依法公开、公正进行的权利；（8）其他合法权利。

供应商的义务主要包括：（1）遵守政府采购的各项法律法规和规章制度；（2）按规定接受供应商资格审查，并在资格审查中客观真实地反应自身情况；（3）在政府采购活动中，满足采购人或采购代理机构的正当要求；（4）投标中标后，按规定程序签订政府采购合同并严格履行合同义务；（5）其他法定义务。

（三）采购代理机构

《政府采购法》所称采购代理机构，是指集中采购机构和集中采购机构以外的采购代理机构。

采购代理机构分为政府设立的集中采购机构和经认定资格的一般采购代理机构两种。集中采购机构是进行政府集中采购的法定代理机构，由设区的市级以上人民政府根据本级政府采购项目组织集中采购的需要设立。一般采购代理机构是经国务院有关部门或者省级人民政府有关部门认定，从事采购代理业务的社会中介机构，主要负责分散采购的代理业务。

政府采购代理机构的业务和责任包括：（1）依法开展代理采购活动并提供良好服务；（2）依法发布采购信息；（3）依法接受监督管理；（4）不得向采购人行贿或者采取其他不正当手段谋取非法利益；（5）其他法定义务和责任。

五、政府采购方式

政府采购的方式有公开招标、邀请招标、竞争性谈判、单一来源采购、询价以及国务院政府采购监督管理部门认定的其他采购方式。其中，公开招标应作为政府采购的主要采购方式。

（一）公开招标

政府采购公开招标，是指采购人或者其委托的采购代理机构按照法定程序，通过发布招标公告的方式，邀请所有潜在的不特定的供应商参加投标，采购人通过事先确定的评定标准从所有投标供应商中择优选出中标供应商，并与之签订采购合同的一种采购方式。

根据《政府采购法》的规定，政府采购达到规定限额的，应采取公开招标的方式。采购人采购货物或者服务应当采用公开招标方式的，其具体数额标准，属于中央预算的政府采购项目，由国务院规定；属于地方预算的政府采购项目，由省、自治区、直辖市人民政府规定；因特殊情况需要采用公开招标以外的采购方式的，应当在采购活动开始前获得设区的市、自治州以上人民政府采购监督管理部门的批准。

公开招标是政府采购的主要形式，采购人不得将应当以公开招标方式采购的货物或者服务化整为零或者以其他任何方式规避公开招标采购。

公开招标方式具有信息发布透明、选择范围广、竞争范围大、公开程度高等特点。与其他采购方式相比，无论是透明度上，还是程序上，都是最富有竞争力和规范的采购方式，也能最大限度地实现公开、公平、公正原则。但从其具体操作中可以看出这种方式程序复杂，要达到事先预料的结果，必须要做好各项招标准备工作，对各个环节和程序都要认真的设计和考虑，从信息发布、报名、投标、评标定标到合同签订都有严格的法定程序。另外，由于从公告发布到合同签订，有许多时间要求，耗时比较长，加之需要很多资料，费用比较高。

（二）邀请招标

邀请招标也称选择性招标，是指采购人或其委托的政府采购代理机构根据供应商的资信、业绩和技术实力等，选择三家或以上供应商向其发出投标邀请书，由被邀请的供应商投标竞争，从中择优选出中标供应商，并与之签订采购合同的方式。

符合下列情形之一的货物或者服务，可以依照《政府采购法》采用邀请招标方式采购：

（1）具有特殊性，只能从有限范围的供应商处采购的。

（2）采用公开招标方式的费用占政府采购项目总价值的比例过大的。

该方式与公开招标方式相比，因不需发布信息，就大大的节约了时间、降低了成本。但缺点是竞争范围有限，人为因素加大，极易产生不正当行为。

【例4-6】下列项目中，可以采用邀请招标方式采购的有（　　）。

A. 具有特殊性，只能从有限范围的供应商处采购的

B. 技术复杂或者性质特殊，不能确定详细规格或者具体要求的

C. 采用公开招标方式的费用占政府采购项目总价值的比例过大的

D. 发生了不可预见的紧急情况不能从其他供应商处采购的

答案：AC

(三) 竞争性谈判

竞争性谈判是指采购人或集中采购机构通过与三家或以上的供应商进行谈判，从中择优选出合格供应商的采购。

符合下列情形之一的货物或者服务，可以依照《政府采购法》采用竞争性谈判方式采购：

(1) 招标后没有供应商投标或者没有合格标的或者重新招标未能成立的。

(2) 技术复杂或者性质特殊，不能确定详细规格或者具体要求的。

(3) 采用招标所需时间不能满足用户紧急需要的。

(4) 不能事先计算出价格总额的。

该方式采购人具有较强的灵活性和主动性，容易得到自己满意的结果。但缺点是由于采购人有较强的主动权，谈判和评标过程难以控制，极易滋生权钱交易的腐败和不公正行为。

(四) 单一来源采购

单一来源采购是指采购人采购不具备竞争条件的物品，只能从唯一的供应商取得采购货物或服务的情况下，直接向该供应商协商采购的采购方式。

符合下列情形之一的货物或服务，可以依照《政府采购法》采用单一来源方式采购：

(1) 只能从唯一供应商处采购。

(2) 发生了不可预见的紧急情况不能从其他供应商处采购。

(3) 必须保证原有采购项目一致性或服务配套的要求，需要继续从原供应商处添购，且添购资金总额不超过原合同采购金额的10%。

该方式能够解决项目急需，保证原有项目一致或服务配套等问题。但是由于采购项目来源渠道单一，没有竞争力，采购人处于弱势，采购价格较高，并可能发生索贿行贿等腐败行为。

(五) 询价采购

询价方式是指采购人向三家或以上供应商发出询价单，对一次性报出的价格进行比较，最后按照符合采购需求、质量和服务相等且报价最低的原则，确定成交供应商的方式。

采购的货物规格、标准统一、现货货源充足，且价格变化幅度小的政府采购项目，可以采用询价采购方式。

该方式具有简便快捷的特点，但缺点是由于仅仅比较报价，没有进行综合评审，加之比较过程的不公开、缺乏透明度，容易给不法之徒带来可乘之机，从而影响政府采购形象。

【例4-7】在询价采购方式下，为了得到最优价格，采购人可多次进行询价，供应商也可多次报价。(   )

答案：×

解析：询价方式只能一次性报价，不得多次报价。

六、政府采购的监督检查

各级人民政府财政部门是负责政府采购监督管理的部门，依法履行对政府采购活动的监督管理职责。除此之外，审计机关、监察机关、社会公众等应当在政府采购的监督中发挥应有的作用，集中采购机构、采购人等也应当建立健全内部监督机制。

（一）政府采购监督管理部门的监督

各级人民政府财政部门是负责政府采购监督管理的部门。政府采购监督管理部门应当加强对政府采购活动及集中采购机构的监督检查。

监督检查的主要内容是：（1）有关政府采购的法律、行政法规和规章的执行情况；（2）采购范围、采购方式和采购程序的执行情况；（3）政府采购人员的职业素质和专业技能。

为了保证政府监督的严肃性和独立性，政府采购监督管理部门不得设置集中采购机构，不得参与政府采购项目的采购活动。采购代理机构与行政机关不得存在隶属关系或者其他利益关系。

（二）集中采购机构的内部监督

集中采购机构应当建立健全内部监督管理制度。监督的内容主要是：（1）采购活动的决策和执行程序应当明确，并相互监督、相互制约；（2）集中采购机构经办采购的人员与负责采购合同审核、验收人员的职责权限应当明确，并相互分离；（3）集中采购机构应该按照管理环节和流程设置内部机构，以体现相互制约关系。

（三）采购人的内部监督

采购人必须按照《政府采购法》规定的采购方式和采购程序进行采购。

监督的主要内容是：（1）政府采购项目的采购标准和采购结果应当公开；（2）采购人选择采购方式和采购程序应当符合法定要求。

（四）政府其他有关部门的监督

依照法律、行政法规的规定对政府采购负有行政监督职责的政府部门，应当按照其职责分工，加强对政府采购活动的监督。

（1）审计机关的监督。审计机关应当对政府采购进行审计监督。政府采购监督管理部门、政府采购当事人有关的政府采购活动，应当接受审计机关的审计监督。

（2）监察机关的监督。监察机关应当加强对参与政府采购活动的国家机关、国家公务员和国家行政机关任命的其他人员的监督。

(3) 其他有关部门的监督。

(五) 政府采购活动的社会监督

任何单位和个人对政府采购活动中的违法行为，有权控告和检举，有关部门、机关依照各自职责及时处理。

第三节 国库集中收付制度

一、国库集中收付制度的概念

国库集中收付制度，是指由财政部门代表政府设置国库单一账户体系，所有的财政性资金均纳入国库单一账户体系收缴、支付和管理的制度。国库集中收付制度是政府预算执行的重要环节，建立国库集中收付制度也是国库制度改革的核心内容。

国库集中收付制度包括国库集中支付制度和收入收缴管理制度。财政收入通过国库单一账户体系，直接缴入国库。财政支出通过国库单一账户体系，以财政直接支付和财政授权支付的方式，将资金支付到商品和劳务供应者或用款单位。在这种方式下，预算单位使用资金但见不到资金，未支用的资金均保留在国库单一账户，由财政部门代表政府进行管理运作。

实行国库集中收付制度，改革了以往财政资金主要通过征收机关和预算单位设立多重账户分散进行缴库和拨付的方式，有利于提高财政资金的拨付效率和规范化运作程度，有利于加强对收入缴库和支出拨付过程的监督，增强了财政资金收付过程的透明度，解决了资金截留、挤占、挪用等问题。

二、国库单一账户体系

(一) 国库单一账户体系的概念

国库单一账户体系是指以财政国库存款账户为核心的各类财政性资金账户的集合。所有财政性资金的收入、支付、存储及资金清算活动均在该账户体系运行。

(二) 国库单一账户体系的构成

目前，我国建立的财政国库单一账户体系主要由五类账户组成：国库单一账户、财政部门零余额账户、预算单位零余额账户、预算外资金财政专户和特设专户。

财政部门是持有和管理国库单一账户体系的职能部门，任何单位不得擅自设立、变更或撤销国库单一账户体系中的各类银行账户。中国人民银行按照有关规定，对国库单一账户和代理银行进行管理和监督。这里所指的代理银行，是指由财政部门确定的，具体办理财政性资金支付业务的商业银行。

1. 国库单一账户

国库单一账户，即财政部门在中国人民银行开设的国库存款账户，用于记录、核算和反映纳入预算管理的财政收入和财政支出活动，并用于与财政部门在商业银行开设的零余额账户进行清算，实现支付。所有财政性资金在支付行为发生前均保存在国库单一账户内。

代理银行应当按日将支付的财政预算内资金和纳入预算管理的政府性基金与国库单一账户进行清算。国库单一账户在财政总预算会计中使用，行政单位和事业单位会计中不设该账户。

2. 财政部门零余额账户

财政部门零余额账户，即财政部门按资金使用性质在商业银行开设的零余额账户，用于财政直接支付和与国库单一账户支出清算。

该账户每日发生的支付，先由代理银行将实际应支付的款项垫付给收款人，于当日营业终了前与国库单一账户清算；营业中单笔支付额 5 000 万元人民币以上的（含 5 000 万元人民币），应当及时与国库单一账户清算。财政部门零余额账户在国库会计中使用，行政单位和事业单位会计不设置该账户。

3. 预算单位零余额账户

预算单位零余额账户，即在商业银行为预算单位开设的零余额账户，用于财政授权支付和清算。

该账户每日发生的支付，于当日营业终了前由代理银行在财政部门批准的用款额度内与国库单一账户清算；营业中每笔支付额 5 000 万元人民币以上的（含 5 000 万元人民币），应及时与国库单一账户清算。

预算单位零余额账户只能用于财政部门授权预算单位支付额度以内的支付和国库单一账户的资金清算。预算单位零余额账户可以办理转账、提取现金等结算业务，可以向本单位按账户管理规定保留的相应账户划拨工会经费、住房公积金及提租补贴，以及经财政部批准的特殊款项，但不得违反规定向本单位其他账户和上级主管单位、所属下级单位账户划拨资金。预算单位零余额账户在行政单位和事业单位会计中使用。

4. 预算外资金财政专户

预算外资金专户，简称预算外专户，即财政部门在代理银行开设的预算外资金财政专户，用于记录、核算和反映预算外资金的收入和支出活动，并用于预算外资金日常收支清算。

财政部负责管理中央预算外资金专户。代理银行根据财政部的要求和支付指令，办理预算外资金专户的收入和支付业务。预算外资金专户用于核算预算外资金的收支活动。预算内资金不得违反规定进入预算外资金专户。

在国库单一账户体系内专门设置预算外资金专户，主要是考虑目前预算外资金的来源较复杂，还有相当规模的财政性资金未纳入预算管理，也难以一下子全部纳入，故仍需要设置财政专户进行管理。但是，随着改革的不断深入，预算外资金也将逐步纳入国库单一账户管理。

5. 特设专户

特设专户，即经国务院和省级人民政府批准或授权财政部门为预算单位在商业银行开设的专户，用于记录、核算和反映预算单位的特殊专项支出活动，并用于与国库单一账户清算。

特设专户在按规定申请设置了特设专户的预算单位使用。预算单位不得将特设专户与本单位其他银行账户的资金相互划转。代理银行按照财政部要求和账户管理等规定，具体办理特设专户支付业务。由于现阶段政策性支出项目较多，对于某些需要通过政策性银行封闭运行的资金支出，需要设置特殊专户管理，如粮食风险基金、社会保障基金、住房基金等。

三、财政收入收缴方式和程序

（一）收缴方式

为适应我国国库集中收付制度改革的要求，将财政收入的收缴分为直接缴库和集中汇缴两种方式。

1. 直接缴库

直接缴库，是指由缴款单位或缴款人按法律、法规的规定，直接将应缴收入缴入国库单一账户或预算外资金财政专户，不设立各类过渡性账户。

2. 集中汇缴

集中汇缴，是指由征收机关（有关法定单位）按有关法律、法规的规定，将所收的应缴收入汇总缴入国库单一账户或预算外资金财政专户，不再通过过渡性账户收缴。

（二）收缴程序

1. 直接缴库程序

直接缴库的税收收入，由纳税人或税务代理人提出纳税申报，经征收机关审核无误后，由纳税人通过开户银行将税款缴入国库单一账户。直接缴库的其他收入，比照本程序缴入国库单一账户或预算外资金财政专户。

2. 集中汇缴程序

小额零散税收和法律另有规定的应缴收入，由征收机关在收缴收入的当日汇总缴入国库单一账户。非税收入中的现金缴款，比照本程序缴入国库单一账户或预算外财政专户。

四、财政支出支付方式和程序

(一) 支付方式

财政支付的支付方式按发出支付指令主体的不同,设计了两种方式:财政直接支付和财政授权支付。

1. 财政直接支付

财政直接支付,由财政部门向中国人民银行和代理银行签发支付指令,代理银行根据支付指令通过国库单一账户体系,直接将财政资金支付到收款人(即商品或劳务的供应商等,下同)或用款单位账户(即具体申请和使用财政性资金的预算单位)。实行财政直接支付的支出包括:

(1) 工资支出、购买支出以及中央对地方的专项转移支付,拨付企业大型工程项目或大型设备采购的资金等,直接支付到收款人。

(2) 转移支出(中央对地方专项转移支出除外)包括中央对地方的一般性转移支付中的税收返还、原体制补助、过渡期转移支付、结算补助等支出以及对企业的补贴和未指明购买内容的某些专项支出等,支付到用款单位。

2. 财政授权支付

财政授权支付,是指预算单位按照财政部门的授权,自行向代理银行签发支付指令,代理银行根据支付指令,在财政部批准的预算单位的用款额度内,通过国库单一账户体系将资金支付到收款人账户。实行财政授权支付的支出包括为实现财政直接支付的购买支出和零星支出。

(二) 支付程序

1. 财政直接支付程序

财政直接支付由预算单位按照批复的部门预算和资金使用计划,向财政国库支付执行机构提出支付申请。财政国库支付执行机构根据批复的部门预算和资金使用计划及相关要求对支付申请审核无误后,向代理银行发出支付令,并通知中国人民银行国库部门,通过代理银行进入全国银行清算系统实时清算,财政资金从国库单一账户划拨到收款人的银行账户。

2. 财政授权支付程序

财政授权支付由预算单位按照批复的部门预算和资金使用计划,向财政国库支付执行机构申请授权支付的月度用款限额。财政国库支付执行机构将批准后的限额通知代理银行和预算单位,并通知中国人民银行国库部门。预算单位在月度用款限额内,自行开具支付令,通过财政国库支付执行机构转由代理银行向收款人付款,并与国库单一账户清算。

本章小结

本章主要介绍了财政法律制度的主要内容,包括预算法律制度、政府采购法律制度以及国库集中收付制度等。在预算法律制度部分,系统介绍了国家预算的概念、作用、管理职权划分、预算组织程序、决算和预决算监督等内容;在政府采购法律制度部分,关注了政府采购的作用、原理以及具体执行方式;在国库集中收付制度部分,建构了完整的国库单一账户体系,明确了各个账户的用途,了解了国库集中收付制度的资金流动方式。通过学习,使我们对整个财政法律制度有了初步认识。

第五章　会计职业道德

【基本要求】

◆ 了解会计职业道德的功能
◆ 熟悉会计职业道德的含义
◆ 熟悉加强会计职业道德教育的途径
◆ 掌握会计职业道德规范的主要内容

第一节　会计职业道德概述

一、职业道德的特征与作用

（一）职业道德的概念

职业道德是指在一定职业活动中应遵循的、体现一定职业特征、调整一定职业关系的职业行为准则和规范。不同职业的从业人员在特定的职业活动中形成了不同的道德规范。这既是本行业人员在职业活动中的行为规范，又是行业对社会所负的道德责任和义务。

（二）职业道德的特征

职业道德具有职业性（行业性）、实践性、继承性和多样性等特征。

1. 职业性（行业性）

职业道德的内容与职业实践活动紧密相联，所以其行业性很强，一般不具有全社会普遍的适用性。一定的职业道德规范只适用于一定的职业活动领域。有些具体的行业道德规范，只适用于本行业，其他行业不完全适用，或完全不适用。

2. 实践性

由于职业活动都是具体的实践活动，因此根据职业实践经验概括出来的职业道德规范，具有较强的针对性、实践性，容易形成条文。它一般用行业公约、工作守则、行为须知、操作规程等形式，来教育约束本行业的从业人员，并且公诸于众，让行业内外人员检查监督。有的职业道德要求甚至被纳入法律规范，如《中国注册会计师职业道德基本准则》就是以部门规范性文件的形式颁布的，可以直接指导、规范注册会计师的职业活动。

3. 继承性

职业道德是与职业活动紧密结合的，在不同的社会经济发展阶段，同一种职业因服务对象、服务手段、职业利益、职业责任和义务相对稳定，职业道德的核心内容也就被继承下来并不断完善。例如，教师"诲人不倦"、医生"救死扶伤"、商人"买卖公平"等道德要求，就在这些行业中世代相传，并且得到不断的丰富和发展。因此，职业道德具有相对稳定性和历史继承性的特点。

4. 多样性

社会上有多种多样的职业，它们各自有其不同的活动方式和特点，在社会生活中发挥着不同的作用。不同的职业道德必须鲜明地表达本职业的职业义务和职业责任，以及职业行为上的道德准则，这就形成了各种职业特定的道德传统和道德习惯，以及从事不同职业的人所持有的道德心理和道德品质，从而导致了职业道德的多样性。

（三）职业道德的作用

职业道德是社会道德体系的重要组成部分，它一方面具有社会道德的一般作用，另一方面具有自身的特殊作用，具体表现在：

1. 促进职业活动的有序进行

职业道德是调整一定职业关系的职业行为准则与规范，如果每个从业者都遵守良好的职业道德，那么整个社会的职业活动必然有序进行。

2. 对社会道德风尚会产生积极的影响

职业道德是整个社会道德的主要内容，涉及每个从业者如何对待职业、如何对待工作，也是一个从业人员的生活态度及价值观的表现。同时，职业道德也是一个职业集体、甚至一个行业全体人员的行为表现，如果每个行业都具备优良的道德，就会对整个社会的道德风尚产生积极的影响。

二、会计职业道德的概念与特征

（一）会计职业道德的概念

会计职业道德是指在会计职业活动中应当遵循的、体现会计职业特征、调整会计职业关系的职业行为准则和规范。

会计职业道德是调整会计职业活动中各种利益关系的手段。会计工作的性质决定了在会计职业活动中要处理单位与单位、单位与国家、单位与投资者、单位与债权人、单位与职工、单位内部各部门之间及单位与社会公众之间等各方面的经济关系，这些经济关系的实质是经济利益关系。会计职业道德可以配合国家法律制度，调整职业关系中的经济利益关系，维护正常的经济秩序。

广义来看，会计职业道德调节规范的对象有总会计师、注册会计师及其他拥有会计从业资格证书的人员。

会计职业道德具有相对稳定性和广泛的社会性。会计是一种专业性很强的职业，在其对单位经济事项进行确认、计量、记录和报告的过程中，会计标准的设计、会计政策的制定、会计方法的选择都必须遵循其内在的客观经济规律和要求。由于人们面对的是共同的客观经济规律，因此，会计职业道德在社会经济关系不断变迁的过程中，始终保持自己的相对稳定性。同时，会计作为一个信息系统，其服务的对象涉及面较广，其提供的会计信息涉及社会生活的方方面面，会计职业道德的优劣将影响国家和社会公众的利益，影响社会经济的持续发展和经济秩序的健康运行，因此，会计职业道德必然深受社会关注，具有广泛的社会性。

（二）会计职业道德的特征

会计作为社会经济活动中的一种特殊职业，除具有职业道德的一般特征外，与其他职业道德相比还具有如下特征：

1. 具有一定的强制性

道德一般不具有强制性，它是通过自身的道德约束和社会舆论来发挥作用的。但在我国，由于会计职业道德的许多内容都直接纳入到法律制度中，使得它具有了一定的强制性。如《会计法》《会计基础工作规范》等法律法规中都规定了会计职业道德的内容和要求。当然，会计职业道德中也有许多非强制性内容，如爱岗敬业、提高技能、参与管理、强化服务等。

2. 较多关注公众利益

会计职业的一个显著特征是会计职业活动与社会公众利益密切联系。在会计工作中，会计确认、计量、记录和报告的程序、标准和方法，在选择和运用上发生任何变化，都会引起与经济主体有关的各方经济利益受到直接的影响。因此，要求会计人员客观公正，在发生道德冲突时要坚持准则，把社会公众利益放在首位。否则，会计人员的利益指向如果出现偏差，国家和社会公众的利益就会受到损害，便会产生会计职业道德危机。

三、会计职业道德的功能与作用

(一) 会计职业道德的功能

会计职业道德具有以下基本功能:

1. 指导功能

会计职业道德的指导功能,是会计职业道德的首要功能。它从内容上表达了社会对会计人员行为的期望和要求,如爱岗敬业、诚实守信等。这种期望和要求通过社会舆论对会计人员和会计行为进行评议,或表扬或批评,形成一种强大的外在压力,指导会计人员应当做什么,不应当做什么。同时,它还会对违反会计职业道德规范的行为进行纠正、规劝,以此引导会计人员及时、自觉地调整行为方向,从而达到规范会计行为的目的。

2. 评价功能

评价功能,是指对会计人员的行为,根据一定的职业道德标准进行评价,这一功能可以具体分解为褒扬功能和谴责功能。会计职业道德使人们依据会计职业道德标准,通过社会舆论和个人心理活动等形式,对会计人员的会计职业行为等进行善恶评价,表明褒贬态度,会计职业道德的评价功能能让会计人员养成强烈的职业道德责任感,对正确的会计行为有道德上的满足,对不当的会计行为有道德上的批判,有助于调整会计人员的职业行为,改善会计行业作风。

3. 教化功能

教化功能,是指会计职业道德对会计人员具有教育和感化的功能,即职业道德内化为会计人员行为的自觉要求,使会计人员在会计工作要求中自觉遵循会计职业道德规范。人们常把道德比作是催人奋进的引路人,说的就是道德对人的这种教育和感化功能。

会计职业道德的教化功能一方面引导会计人员履行会计职业道德原则和会计职业道德规范,另一方面通过遵守会计职业道德的会计人员在各种社会活动中直接和间接地影响社会道德,推动社会道德水准不断提高。

【例5-1】下列关于会计职业道德功能的表述中,正确的有( )。

A. 会计职业道德的基本功能包括指导功能、评价功能、教化功能和宣传功能
B. 会计职业道德的首要功能是指导功能
C. 评价功能是对会计人员的行为,根据一定的道德标准进行评价,包括褒奖功能和谴责功能
D. 会计人员何某积极参加当地财政部门组织的关于如何做好一个会计的道德规范的培训,并以此约束和鞭策自己的行为,反映了会计职业道德功能中的宣传功能

答案：BC

解析：选项 A，会计职业道德的基本功能包括指导功能、评价功能和教化功能；选项 D，会计人员何某参加道德规范的培训，并以此来约束和鞭策自己，养成良好的会计职业道德意识，反映了会计职业道德的教化功能。

（二）会计职业道德的作用

会计职业道德的上述功能及可能产生的作用，在某些方面甚至超越了会计法律制度。因此，加强对会计人员会计职业道德规范的教育意义重大。

会计职业道德的作用主要有：

1. 会计职业道德是规范会计行为的基础

会计行为是由内心信念来支配的，信念的善与恶将导致行为的是与非。会计职业道德对会计的行为动机提出了相应的要求，如廉洁自律、客观公正等，引导、规劝、约束会计人员树立正确的职业观念，遵循职业道德的基本要求，从而达到规范会计行为的目的。

2. 会计职业道德是实现会计目标的重要保证

会计目标就是为会计职业关系中的各个服务对象提供有用的会计信息。能否为这些服务对象及时提供相关的、可靠的会计信息，取决于会计执业者能否严格履行职业行为准则。因此会计职业道德规范约束着会计人员的职业行为，是实现会计目标的重要保证。

3. 会计职业道德是对会计法律制度的重要补充

会计法律制度是会计职业道德的最低要求，会计职业道德是对会计法律规范的重要补充，其作用是其他会计法律制度所不能替代的。

4. 会计职业道德是提高会计人员职业素养的内在要求

会计职业道德是会计人员职业素质的重要体现。一个高素质的会计人员应当做到爱岗敬业、提高专业胜任能力，这是会计职业者遵循会计职业道德的可靠保证。

四、会计职业道德与会计法律制度的关系

（一）会计职业道德与会计法律制度的联系

会计职业道德与会计法律制度有着共同的目标、相同的调整对象、承担着同样的职责，两者联系密切。主要表现在：

1. 两者在作用上相互补充、相互协调

在规范会计行为中，我们不可能完全依赖会计法律制度的强制功能而排斥会计职业道德的教化功能。基本的会计行为必须运用会计法律制度进行规范，但不需要或不宜由会计法律制度进行规范的行为，可通过会计职业道德规范来实现。因此，在规范会计行为中，我们既要充分发挥会计法律制度的强制功能，

同时也要强化会计职业道德的教化功能。

2. 两者在内容上相互借鉴，相互吸收

会计法律制度中含有会计职业道德规范的内容，同时，会计职业道德规范中也包含会计法律制度的某些条款，两者在内容上相互借鉴、相互吸收。如会计法律制度中会计人员的岗位责任制，本身就体现了会计职业道德的责任感、义务感和使命感；会计制度中的账实相符规定也体现了诚实、客观的会计职业道德规范的要求。

（二）会计职业道德与会计法律制度的区别

会计职业道德与会计法律制度的区别主要表现在：

1. 两者的性质不同

会计法律制度是由国家立法部门或行政管理部门颁布的对会计人员的工作行为进行约束的具体规定，反映会计工作的客观规律性，具有稳定会计工作秩序、保证经济管理工作顺利进行的作用。因此，会计法律制度通过国家机器强制执行，具有很强的他律性。

会计职业道德作为行为规范主要是从品行角度对会计人员的会计行为作出规范，主要依靠社会舆论、传统习惯和内心信念的力量来调整会计工作中会计人员之间，以及他们与其他社会成员之间的利益关系。因此，会计职业道德依靠会计从业人员的自觉性自愿执行，并依靠社会舆论来监督，基本上是非强制执行的，具有很强的自律性。

2. 两者作用范围不同

会计法律制度侧重于调整会计人员的外在行为和结果的合法化，而不过问动机，具有较强的客观性。会计职业道德不仅要求调整会计人员的外在行为，还要调整会计人员内在的精神世界，其调节的范围远比法律广泛。会计法律制度的各种规定是会计职业关系得以维持的最基本条件，是对会计从业人员行为的最低限度的要求，用以维护现有的会计职业关系和正常的工作秩序。

一般来说，会计职业道德能够调整会计法律所没有规定的行为，比如会计人员某些错误的行为，只要它还不到触犯会计法律的地步，法律可以不予追究，但却要受到道德谴责，再如会计人员不钻研业务，不加强新知识的学习，造成工作上的差错，缺乏胜任工作的能力，对于这种情况我们可以说会计人员没有很好的遵守会计职业道德，但不能说其违反了会计法律制度。可以这么说，违反了会计法律制度就一定没有遵守会计职业道德，但未遵守会计职业道德则不一定是违反了会计法律制度。会计法律制度是对会计人员执业行为的最低要求。

在实际工作中，会计法律制度往往滞后于客观经济情况的变化，这就导致新旧法律制度过渡时存在"真空"状态，而会计职业道德的存在可以"填补"这个"真空期"。因而，会计职业道德在时间上和空间上对会计人员的影响比会计法律制度要广泛、深刻、持久得多。

3. 两者表现形式不同

会计法律制度是通过一定的程序由国家立法部门或行政管理部门制定和颁布的，其表现形式是具体的、明确的、成文的规定。会计法律制度要求的是"必须"，评价使用的范畴是对和错。通常，对违反会计法律制度的行为，应该对其后果进行禁止性追究，并视情节轻重予以不同程度的惩罚。

会计职业道德源自会计人员的职业生活和职业实践，日积月累、约定俗成，其表现形式既有明确的成文的规定，也有不成文的规定，尤其是那些较高层次的会计职业道德，往往存在于人们的意识和信念之中，并无具体的表现形式。它依靠社会舆论、道德教育、传统习俗、道德评价来实现。会计职业道德要求的是"应该"，评价使用的范畴是善和恶，是一个价值判断。通常，对违背会计职业道德规范的行为应予以舆论谴责，并引起行为人良心的内疚和反思。

4. 两者实施的保障机制不同

会计法律制度由国家强制力保障实施。违反会计法律制度将承担行政责任，甚至刑事责任。行政责任通常由国家行政机关依照有关法律的规定追究，刑事责任则由国家司法机关依照《刑法》的规定予以处罚。

会计职业道德由于没有权威机关对其中的是非曲直作出明确的裁定，即使有裁定也是舆论性质的，缺乏对裁定执行的保障，所以，会计职业道德主要靠自觉遵守。

5. 两者的评价标准不同

会计职业道德是用以调整会计职业关系的职业行为的准则和规范，属于社会道德体系范畴。会计法律制度是国家立法部门或行政管理部门通过立法程序制定的对会计人员的工作行为进行约束的具体规定，属于法律体系范畴。因此在评价会计人员的职业行为时，两者遵循的评价标准是不同的。

【例5-2】下列关于会计职业道德与会计法律制度的表述中，正确的有（　　）。

A. 在内容上相互渗透、相互重叠
B. 在作用上相互补充、相互协调
C. 违反会计法律制度会受到法律制裁，违反会计职业道德只会受到道德谴责
D. 会计法律制度有成文规定，会计职业道德表现形式既有明确的成文的规定，也有不成文的约定

答案：BD

解析：会计职业道德与会计法律制度在作用上相互补充、相互协调；在内容上相互借鉴、相互吸收。违反会计职业道德不仅可能受到道德谴责，还可能受到法律的制裁。

第二节　会计职业道德规范的主要内容

会计职业道德规范是指一定社会经济条件下，对会计职业行为及职业活动的具体要求或明文规定。根据我国国情和现有的会计职业道德规范，我国会计职业道德规范主要包括以下八个方面：爱岗敬业、诚实守信、廉洁自律、客观公正、坚持准则、提高技能、参与管理和强化服务。

一、爱岗敬业

爱岗敬业是指忠于职守的事业精神，这是会计职业道德的基础。"爱岗"就是热爱自己的工作岗位，热爱本职工作。这是对人们工作态度的一种普遍要求，具体表现为会计人员对自己工作所表现出的一种责任感和义务感。"敬业"就是用一种严肃的态度对待自己的工作，勤勤恳恳、兢兢业业、忠于职守、尽职尽责，将身心与本职工作融为一体。

"爱岗"和"敬业"互为前提，相互支持、相辅相成。"爱岗"是"敬业"的基石，"敬业"是"爱岗"的升华。会计人员应该充分认识本职工作在社会经济活动中的地位和作用，认识本职工作的社会意义和道德价值，热爱自己所从事的会计工作，具有会计职业的荣誉感和自豪感，在职业活动中具有高度的劳动热情和创造性，勤奋工作、忠于职守，以强烈的事业心、责任感从事会计工作。

会计人员要做到爱岗敬业就要履行下列五个基本要求：

1. **正确认识会计职业，树立职业荣誉感**

会计人员只有正确认识会计职业的本质，明确会计职业在经济管理工作中的地位和重要性，树立会计职业的荣誉感，才有可能去热爱会计工作，做到爱岗敬业。只有正确认识会计职业，树立会计职业的荣誉感，会计人员在工作中才能克服"懒""惰""拖"的不良习惯和作风。这是爱岗敬业的最基本要求，也是首要要求。

2. **热爱会计工作，敬重会计职业**

会计人员应当热爱会计工作，树立"干一行，爱一行"的思想，对这项工作要有一种职业荣誉感，有自信心和自尊心。有了对本职工作的热爱，就会激发一种敬业精神，自觉自愿地执行职业道德的各种规范，不断改进自己的工作，在平凡的岗位上做出不平凡的业绩。

3. **安心工作，任劳任怨**

安心本职工作要求会计人员要以从事会计工作为乐，而不是"这山望着那山高"。只有安心会计工作,才能静下心来"勤学多思,勤问多练",才能稳定、持久地在会计岗位上耕耘,恪尽职守地做好本职工作,才能成为真正的行家里手。任劳任怨是安心本职工作的具体表现,要求会计人员具有不怕吃苦、不计较个人得失的思想境界,具有对工作极端负责任的敬业精神和勤奋工作的工作态度。

4. 严肃认真,一丝不苟

会计工作是一项严肃细致的工作,没有严肃认真的工作态度和一丝不苟的工作作风,就可能出偏差。要将严肃认真、一丝不苟的职业作风贯穿于会计工作的始终,这不仅要求数字计算准确,手续清楚完备,而且绝不能有"都是熟人不会错"的麻痹思想和"马马虎虎"的工作作风。例如,凭证、账簿的填制、登记和报表编制都必须认真仔细、字迹清楚、内容完整。绝不允许原始凭证不经审核就做账、填制凭证只有"制单"人而无"复核"人、制单人只签姓而不签名、会计档案乱堆放等行为产生。对一些损失浪费、违法乱纪的行为和一切不合法、不合理的业务开支,要严肃认真地对待,把好费用支出关。

5. 忠于职守,尽职尽责

忠于职守,就是忠实地履行自身的岗位职责,主要表现在三个方面,即忠实于服务主体、忠实于社会公众、忠实于国家。尽职尽责具体表现为会计人员对自己应承担责任和义务所表现出的一种责任感和义务感,即两方面的内容:一是社会或他人对会计人员规定的责任;二是会计人员对社会或他人所负的道义责任。

首先,单位会计人员应该忠实于服务主体,不仅要尽职尽责地履行会计职能,客观真实地记录反映服务主体的经济活动状况,负责其资金的有效运作,积极参与经营和决策,而且还应抵制不当开支,保护财产安全。其次,单位会计人员应该忠实于社会公众,正确真实地对外提供有关服务主体的会计信息,以便让投资者、债权人及其他社会公众获取客观真实的财务信息,进行正确判断和决策。再次,单位会计人员应该忠实于国家、忠实于社会公众,承担起维护国家和社会公众的责任。能否对社会整体利益负责,是衡量会计人员是否称职的基本标准。

【例5-3】(　　)是要求会计人员热爱本职工作,安心本职岗位,恪尽职守地做好本职工作。

A. 爱岗敬业　　　　　　B. 诚实守信
C. 客观公正　　　　　　D. 强化服务

答案:A

解析:爱岗敬业是要求会计人员热爱本职工作,安心本职岗位,恪尽职守地做好本职工作。

二、诚实守信

诚实是指言行思想一致,不弄虚作假、不欺上瞒下,做老实人、说老实话、办老实事。守信就是遵守自己所作出的承诺,讲信用,重信用,信守诺言,保守秘密。诚实守信是做人的基本准则,也是会计职业道德的精髓。

诚实守信的基本要求有:

1. 做老实人,说老实话,办老实事,不搞虚假

做老实人,要求会计人员言行一致,表里如一,光明正大;说老实话,要求会计人员说话诚实。是一说一,是二说二,不夸大,不缩小,不隐瞒,如实反映和披露单位经济业务事项;办老实事,要求会计人员工作踏踏实实,不弄虚作假,不欺上瞒下。总之,会计人员应言行一致,实事求是,如实反映单位经济业务活动情况,不为个人和小集团利益伪造账目、弄虚作假,损害国家和社会公众利益。

2. 保密守信,不为利益所诱惑

保守秘密,是指会计人员在履行自己的职责时,应树立保密观念,做到保守商业秘密,对机密资料不外传、不外泄,守口如瓶。

在市场经济中,秘密可以带来经济利益,严守单位的商业秘密是极其重要的,它往往关系到单位的生死存亡。而会计人员因职业特点经常接触到单位和客户的一些机密,如单位的财务状况、经营情况、经济合同、成本资料及重要单据等。会计人员在没有得到法律规定或经单位规定程序批准外,不能以任何借口和方式把单位商业秘密泄露出去。泄密,不仅是一种不道德的行为,也是违法行为,是会计工作中的大忌。

3. 执业谨慎,信誉至上

执业谨慎,要求会计人员谨慎地从事会计工作,维护会计职业荣誉;要求注册会计师在执业中始终保持应有的谨慎态度,维护职业信誉及客户和社会公众的合法权益。

对于企业会计人员来说,应当按照谨慎性原则选择会计处理方法,进行会计核算,并在日常工作中保持必须的谨慎。

对于注册会计师来说,注册会计师在选择客户时应谨慎,不要一味地追求利润,迎合客户不正当的要求,接受违背职业道德的附加条件;其次,注意评估自己的业务能力,正确判断自身的知识、经验和专业能力能否胜任所承担的委托业务;再次,要严格按照独立审计准则和职业规范程序实施审计,对审计中发现的违反国家统一的会计制度及国家相关法律制度的经济业务事项,应当按照规定在审计报告中予以充分反映;最后,在接受委托后要认真履行合同,积极完成所委托的业务,维护委托人的合法权益,不得擅自终止

合同、解除委托，不得超出委托人委托范围从事活动，以免当事人的利益受到损害。

三、廉洁自律

"廉洁"就是不贪污钱财，不收受贿赂，保持清白。"自律"是指自律主体按照一定的标准，自己约束自己、自己控制自己的言行和思想的过程。廉洁自律是会计职业道德的前提，也是会计职业道德的内在要求。"打铁还需自身硬"，会计工作的特点决定了廉洁自律是会计职业道德的内在要求，是会计人员的行为准则。

会计职业自律包括两层含义：会计人员自律和会计行业自律。会计人员自律也即会计人员的自我约束，是一个个体概念；会计行业自律是会计职业组织对整个会计行为自我约束、自我控制的过程，是一个群体概念。

对于整天与钱财打交道的会计人员来说，经常会受到金钱的诱惑，若会计人员职业道德观念不强，自律意志薄弱，很容易成为金钱的奴隶，走向犯罪的深渊。会计人员只有做到自身廉洁，严格约束自己，真正做到"理万金分文不沾"、"常在河边走，就是不湿脚"，才能正确行使反映和监督的会计职能，保证各项经济活动正常进行。廉洁是自律的基础，而自律是廉洁的保证。自律性不强，就很难做到廉洁，不廉洁，就谈不上自律。"吃人家的嘴软，拿人家的手短"。会计人员必须既廉洁又自律，两者不可偏废。

要做到廉洁自律，有以下基本要求：

1. 树立正确的人生观和价值观

廉洁自律，首先要求会计人员必须加强世界观的改造，树立正确的人生观和价值观。会计人员处于财务工作的第一线，需要处理各方面的利益关系，特别是经济利益方面的关系，其工作性质决定了会计人员必须树立正确的人生观和价值观，自觉抵御享乐主义、个人主义、拜金主义等错误思想，这是在会计工作中做到廉洁自律的思想基础。

2. 公私分明，不贪不占

公私分明，是指会计人员在会计工作中要严格划分公与私的界线，公是公，私是私。不贪不占，是指会计人员不贪污、不化公为私，在工作中不损公肥私，不侵占国家或单位的资金或财产。

廉洁自律的天敌就是"贪欲"。在会计工作中，由于大量的钱财要经过会计人员之手，因此，很容易诱发会计人员的"贪欲"。有的被动受贿，有的主动索贿，有的贪污、挪用公款，有的监守自盗，有的集体贪污。究其根本原因是这些会计人员忽视了世界观的自我改造，放松了道德的自我修养，弱化了职业道德的自律。

3. 遵纪守法，一身正气

遵纪守法要求会计从业人员遵守纪律和法律，尤其要遵守会计职业纪律和与会计职业活动相关的法律法规。遵纪守法是会计人员应尽的义务，也是会计人员做好会计工作的基石。一身正气要求会计人员正确处理会计职业权利与职业义务的关系，增强抵制行业不正之风的能力，因此"遵纪守法、一身正气"是会计人员做到廉洁自律的又一个基本要求。

四、客观公正

"客观"是指按事物的本来面目去反映，不掺杂个人的主观意愿，也不为他人意见所左右。对于会计职业活动而言，客观主要包括两层含义：一是真实性，即以实际发生的经济活动为依据，对会计事项进行确认、计量、记录和报告；二是可靠性，即会计核算要准确，记录要可靠，凭证要合法。"公正"就是平等、公平、正直，没有偏失。对于会计职业和会计工作而言，公正主要包括以下三层含义：一是国家的会计准则、制度要公正。会计准则、制度不是为某一特定的主体而制定的，而是为众多主体和社会公众所制定的，它不应偏袒于任何一个特定的主体，任何一个主体都能平等地运用会计准则、制度。二是执行会计准则、制度的人，即公司、企业单位管理层和会计人员不仅应当具备诚实的品质，而且应公正地开展会计核算和会计监督工作，即在履行会计职能时，摒弃单位、个人私利，公平公正，不偏不倚地对待相关利益各方。三是注册会计师在进行审计鉴证时应以超然独立的姿态，进行公平公正的判断和评价，出具客观、适当的审计意见。客观公正是会计人员必须具备的行为品德，是会计职业道德规范的灵魂，也是会计职业道德所追求的理想目标。

会计人员要做到客观公正就要履行下列三个基本要求：

1. 依法办事

依法办事，认真遵守法律法规和国家统一的会计制度，是会计工作保证客观公正的前提。当会计人员有了端正的态度和专业知识技能之后，他们在工作过程中还必须遵守各种法律、法规、准则和制度，依照法律法规进行核算，开展会计工作。

会计人员对填制凭证、登记账簿、编制财务会计报表等各项会计工作，必须遵守《会计法》《企业会计准则》等法律法规，依照法律规定进行处理，作出客观的会计职业判断。会计人员只有熟练掌握并严格遵守会计法律法规，才能客观公正地处理会计业务。

2. 实事求是

客观公正应贯穿于会计活动的整个过程：一是在处理会计业务的过程中或进行职业判断时，应保持客观公正的态度，实事求是、不偏不倚。二是最终结果公正，即会计人员对经济业务的处理结果是公正的。例如，作为注册会计师在进行审计鉴定时，应始终站在第三者的独立立场上，不偏不倚地对待有关利益各方，不以牺牲一方利益为条件而使另一方受益，超然独立地对企业遵守会计准则、制度的具体情况进行客观公正的评价，出具客观、适当的审计意见。

总之，会计核算过程的客观公正和最终结果的客观公正都是十分重要的，没有客观公正的会计核算过程作为保证，结果的客观公正性就难以实现；没有客观公正的结果，业务操作过程的客观公正就失去了意义。

3. 如实反映

如果将会计看作一个"行为过程"，会计人员作为这个过程自始至终的参与者，他是否如实反映企业的财务状况、经营成果和现金流量情况，对会计信息质量的影响很大。如果会计人员在执业过程中不能做到如实反映企业的真实情况，不掺杂个人主观意愿，或为单位领导的意见所左右，那么就失去了客观的前提。因此，会计人员要做到客观公正，必须对实际发生的经济业务事项、数据等做到如实反映。

五、坚持准则

坚持准则是指会计人员在处理业务过程中，要严格按照会计法律制度办事，不为主观或他人意志左右。这里所说的"准则"，不仅指会计准则，而且包括会计法律、法规、国家统一的会计制度以及会计工作相关的法律制度。坚持准则是会计职业道德的核心，是会计人员胜任本职工作的基础。

坚持准则的基本要求有：

1. 熟悉准则

熟悉准则，是指会计人员应熟悉《会计法》和国家统一的会计制度及会计相关的法律制度，这里的准则是一个广义的概念。会计人员不仅要正确领会会计法律制度，而且也应根据单位的实际需求，了解和熟悉与会计相关的法律制度，如《税法》《公司法》《金融法》《证券法》《票据法》《合同法》等法律制度。此外，还要熟悉本部门、本单位内部制定的管理制度，如内部控制制度、财务管理制度等。

只有熟悉准则，才有可能提高会计人员的守法能力，这是做好会计工作的前提。熟悉准则是遵循准则、坚持准则的前提。

2. 遵循准则

遵循准则即执行准则。会计人员在会计核算和监督时要自觉地严格遵守各项准则，将单位具体的经济业务事项与准则相对照，作出是否合法合规的判断，对不合法的经济业务不予受理。

在实际工作中,由于经济的发展和社会环境的变化,会计业务日趋复杂,会计人员要经常学习、掌握准则的最新变化,针对本部门、本单位的实际情况及经济活动中出现的新情况、新问题,通过运用所掌握的会计专业理论和技能,作出客观的职业判断,准确地理解和执行准则。

3. 敢于同违法行为做斗争

市场经济是利益经济。在企业的经营活动中,国家利益、集体利益与单位、部门以及个人利益时常可能发生冲突。在会计工作中,常常由于各种利益的交织,引起会计人员道德上的冲突。如果会计人员为了自己的个人利益不受影响,放弃原则做"老好人",就会使会计工作严重偏离准则,会计信息的真实性、完整性就无法保证,作为会计人员,就应当承担相应责任。

会计人员在履行职责中,要认真执行国家统一的会计制度,依法履行会计监督,坚决按国家法律、规章严格审查各项财务收支,维护国家和投资者的利益,绝不能为个人或小团体的利益弄虚作假、营私舞弊,发生道德冲突时,应坚持准则,对法律负责,对国家和社会公众负责,敢于抵制和纠正违反会计法律制度的现象,确保会计信息的真实性和完整性。

六、提高技能

提高技能是指会计人员通过学习、培训和实践等途径,持续提高会计职业技能,以达到和维持足够的专业胜任能力的活动。职业技能,也称之为职业能力,是人们在进行职业活动的过程中,应具备的承担职业责任的能力和手段。就会计职业而言,包括会计理论水平、会计实务能力、职业判断能力、沟通交流能力以及职业经验等。作为一名会计工作者必须不断地提高其职业技能,这既是会计人员的义务,也是在职业活动中做到客观公正、坚持准则的基础,是参与管理的前提。

提高技能的基本要求有:

1. 具有不断提高会计专业技能的意识和愿望

随着市场经济的发展、全球一体化的加快以及科学技术的日新月异,会计在经济发展中的作用越来越明显,会计人才的竞争也越来越激烈。会计人员想要生存和发展,要适应时代发展的步伐,就要有危机感、紧迫感,就必须刻苦钻研,就必须具有不断提高会计专业技能的意识和愿望。这样才能不断进取,才会主动地求知、求学、刻苦钻研,使自身的专业技能不断提高,使自己的知识不断更新,从而掌握过硬的本领,在会计人才的竞争中立于不败之地。

2. 要有勤学苦练的精神和科学的学习方法

专业技能的提高和学习不可能是一劳永逸的事,必须持之以恒,不间断地学习、充实和提高。"书山有路勤为径，学海无涯苦作舟"，"活到老，学到老"，要做一名业务娴熟，技术精湛的会计人员，需要付出终生的努力。只有向书本学，向社会学、向实际工作学，并且具有锲而不舍的"勤学"精神，刻苦钻研，才能不断提高自己的业务水平、理论水平、操作技能和职业判断能力，才能适应不断变化的新形势和新情况的需要。同时要掌握科学的学习方法，用科学的会计理论、高超的会计操作技术武装自己，在实践中不断锤炼，"曲不离口，拳不离手"，通过反复操练，不断提高业务技能，以适应会计发展的需要。

七、参与管理

参与管理是指间接参加管理活动，为管理者当参谋，为管理活动服务。

参与管理要求会计人员在做好本职工作的同时努力钻研相关业务，全面熟悉本单位经营活动和业务流程，积极主动地向单位领导反映本单位的财务、经营状况及存在的问题，主动提出合理化建议，积极地参与市场调研和预测，参与决策方案的制定和选择，参与决策的执行、检查和监督，协助领导的经营管理和决策活动，积极参与管理，当好助手和参谋。值得注意的是，参与管理仅仅是一种间接的参与，并非直接代替管理者对单位的经营指手画脚。

会计人员尤其是会计机构的负责人，必须强化自己参与管理、当好参谋的角色意识，具有责任意识。

参与管理的基本要求有：

1. 努力钻研业务，熟悉财经法规和相关制度，提高业务技能，为参与管理打下坚实的基础

娴熟的业务、精湛的技能，是会计人员参与管理的基础。会计人员只有努力钻研业务，掌握会计的基本理论、基本方法和基本技能，深刻领会财经法规和相关制度，不断提高业务技能，才能有效地参与管理，为改善经营管理、提高经济效益服务。

2. 熟悉服务对象的经营活动和业务流程，使参与管理的决策更具针对性和有效性

会计人员应当熟悉本单位的生产经营、业务流程和管理等整体情况，掌握单位的生产经营能力、技术设备条件、产品市场及资源状况等情况。只有如此，才能在参与管理的活动中运用专门的财务会计方法，对生产、销售、成本、利润等方面有针对地拟定可行性方案，参与优化决策，从而提高经营决策的合理性和科学性，更有效地服务于单位的总体发展目标。

八、强化服务

会计工作本身即是一种服务工作，强化服务就是要求会计人员具有文明的

服务态度、强烈的服务意识和优良的服务质量。

强化服务的基本要求有：

1. 强化服务意识

会计人员要树立强烈的服务意识，为管理者服务、为所有者服务、为社会公众服务、为人民服务。不论服务对象的地位高低，都要摆正自己的工作位置，管钱管账是自己的工作职责，参与管理是自己的义务。只有树立了强烈的服务意识，才能做好会计工作，履行会计职能，为单位和社会经济的发展作出应有的贡献。

强化服务意识要求会计人员做到谦虚谨慎，要时刻将自己放在与普通群众平等位置上，要充分尊重别人的意见，做到态度和蔼、语言文明，做到以诚相待、尊重事实，做到团队协作、以和为贵。

2. 提高服务质量

强化服务的关键是提高服务质量。这就需要会计人员真实地记录单位的经济活动，积极主动地向单位领导反映经营活动情况和存在的问题，提出合理化建议，协助领导决策，参与经营管理，同时，应充分运用会计理论、会计方法、会计数据，为单位决策层、政府部门、投资人、债权人及社会公众提供真实、可靠的会计信息。

需要注意的是，在会计工作中提供优良的服务，并非是无原则地满足服务主体的需要，而是在坚持原则的基础上尽量满足用户或服务主体的需要。比如注册会计师就应以"独立、客观、公正"的身份接受委托人委托，为其提供会计鉴证等服务。

会计职业强化服务的结果，就是奉献社会。如果说"忠于职守"是爱岗敬业的内在品质，那么强化服务就是爱岗敬业的外在表现。如果说爱岗敬业是会计职业道德的出发点，奉献社会作为职业道德的崇高责任就是职业道德的基本要求和最终归宿。

【例5-4】某公司出纳人员小刘不安心本职工作，不求进取、应付了事。在办理现金收付过程中，时常出现长款短款，小刘不以为然，短款自己垫上，长款仍放在单位保险柜中备用。小刘违反的会计职业道德内容要求有（　　）。

A. 爱岗敬业　　　　　　　B. 诚实守信
C. 客观公正　　　　　　　D. 提高技能

答案：AD

解析：出纳小刘不安心本职工作，不求进取、应付了事违反了会计职业道德中的爱岗敬业方面的要求，经常出现长短款违反了提高技能方面的要求。

第三节　会计职业道德教育

一、会计职业道德教育的含义

会计职业道德教育是指根据会计工作的特点，有目的、有组织、有计划地对会计人员施加系统的会计职业道德影响，促使会计人员形成会计职业道德品质，履行会计职业道德义务的活动。它通过一定的教育形式，把会计职业道德观念灌输到会计人员的头脑中，并用其指导会计人员的行为。通过开展会计职业道德教育，能够逐步培养会计人员的会计职业道德情感，树立会计职业道德观念，提高会计职业道德水平，促进会计职业的健康发展。

二、会计职业道德教育的形式

会计职业道德教育的形式包括接受教育（外在教育）和自我修养（内在教育）两种形式。

接受教育即外在教育，是指通过学校或培训单位对会计人员进行以职业责任、职业义务为核心内容的正面灌输，从而规范其执业行为，维护国家和公众利益的教育。

自我修养即内在教育，是相对于接受教育而言的，是会计人员自我学习、提高自身道德修养的行为活动。把外在的会计职业道德的内容要求逐步转变为会计人员内在的职业道德认识、情感、意志和信念，要通过内在的自我教育才能实现。

三、会计职业道德教育的内容

会计职业道德教育的主要任务是帮助和引导会计人员培养会计职业道德情感，树立会计职业道德信念，遵守会计职业道德规范，使会计人员懂得什么是对的，什么是错的；什么是可以做的，什么是不应该做的；什么是必须提倡的，什么是坚决反对的。会计职业道德教育的内容包括以下四个方面：

（一）会计职业道德观念教育

职业道德观念教育是指以普及会计职业道德基础知识为内容的教育，是会计职业道德教育的基础。职业道德观念教育就是社会上广泛宣传会计职业道德基本常识，使广大会计人员懂得什么是会计职业道德，了解会计职业道德对社会经济秩序、会计信息质量的影响，以及违反会计职业道德将受到的惩戒和处罚。并利用广播电视、报刊杂志等媒介，表彰坚持原则、德才兼备的会计人员，鞭笞违法违纪的会计行为。形成遵守职业道德光荣、违反职业道德可耻的社会氛围。

（二）会计职业道德规范教育

职业道德规范教育是指会计人员开展以会计职业道德规范为内容的教育。会计职业道德规范的主要内容包括爱岗敬业、诚实守信、廉洁自律、客观公正、坚持准则、提高技能、参与管理和强化服务等。规范教育是会计职业道德教育的核心内容，应该贯穿于会计职业道德教育始终。

（三）会计职业道德警示教育

职业道德警示教育是指通过开展违反会计职业道德行为和违反会计行为典型案例的讨论和剖析，给会计人员以启发和警示。在会计职业道德警示教育中，警钟长鸣，给会计人员从事会计事业以启发和警示，从而可以随时警醒和告诫会计人员；通过警示案件的反思，使会计人员注意提高自身的法律意识，更新和提升自己的职业道德观念，增强会计人员在会计工作及其他经济生活中辨别是非的能力。

（四）其他教育

与会计职业道德教育相关的教育还包括品德教育、法制教育、形式教育等。

四、会计职业道德教育的途径

会计职业道德教育的途径多种多样。能提升会计人员职业道德水平，坚定会计人员职业道德信念的各种形式，都属于会计职业道德教育的途径。目前，我国会计职业道德教育途径主要包括接受教育与自我修养两大途径。

（一）接受教育的途径

接受教育也称为外在教育，途径包括岗前职业道德教育和岗位职业道德继续教育。

1. 岗前职业道德教育

岗前职业道德教育，是指对将要从事会计职业的人员进行德道教育，包括会计专业学历教育及获取会计从业资格中的职业道德教育。教育的侧重点应放在职业观念、职业情感及职业规范等方面。

（1）会计学历教育中的职业道德教育。即对大、中专院校会计类专业的在校学生进行会计职业道德教育。在我国大专院校会计类专业就读的学生，是会计队伍的预备人员，他们当中大部分将走入会计队伍，从事会计工作。为保证进入会计队伍的新鲜血液具有良好的职业道德观念，会计职业道德教育必须从会计学历教育抓起。会计学历教育阶段，是他们的会计职业情感、道德观念和是非善恶判断标准初步形成的时期，在学历教育中开展会计职业道德教育，培养会计职业道德情感，树立会计职业道德信念，将会计职业道德逐步转化为会计队伍预备人员的内在品质，把会计职业道德规范变成未来职业活动的遵循的信念和标准，从而对会计队伍预备人员的会计职业道德教育起到基础性作用。所以，会计专业类大专院校是会计职业道德教育的重要阵地，是会计人员岗前道德教育的主要场所，在会计职业道德教育中具有基础性地位。

（2）获取会计从业资格中的职业道德教育。即对从事会计职业的人员进入会计岗位前进行的职业道德教育。在我国，根据财政部门的有关规定，从事会计工作的人员必须持有会计从业资格证上岗。而会计从业资格证的取得，必须通过会计从业资格的考试。为了使希望从事会计职业的人员在进入会计岗位时具备一定的会计职业道德知识，财政部门在会计从业资格考试科目中设置了《财经法规与会计职业道德》这一科目，其目的是强化会计人员职业道德教育。

目前，我国大、中专院校的毕业生即使是已经接受过会计专业学历教育中的会计职业道德教育，也要接受取得会计从业资格中的会计职业道德教育，这是由我国会计从业资格的考试制度决定的。

2. 岗位职业道德继续教育

岗位职业道德继续教育，是指利用开展继续教育的形式对已取得会计从业资格证书或取得注册会计师资格的人员进行职业道德教育。岗位职业道德继续教育是岗前会计职业道德教育的延续，是强化会计职业道德教育的有效形式。

会计人员继续教育根据不同对象确定不同的教育内容，采取不同的教育方式，解决实际问题。即继续教育培训内容、方法、形式等方面具有灵活性。培训内容丰富多彩，不同层面的持证人员可以结合本职工作和知识结构的需要选择相应的继续教育培训内容。岗位职业道德教育的内容包括形势教育、专业理论教育、品德教育和法制教育等四个方面。

继续教育培训的方法有面授、函授、录像和网络教学。培训形式包括：财政部门直接组织培训，省级以上主管部门根据行业管理需要自行组织的培训，财政部门认同的继续教育单位组织的培训，单位自行组织的业务培训、岗位培训，参加上一级别的会计专业技术资格考试、注册会计师考试等等。

岗位职业道德继续教育应贯穿于整个会计人员继续教育的始终。就现阶段而言，会计人员继续教育中的会计职业道德教育目标是适应新的市场经济形势的发展变化，在不断更新、补充、拓展会计人员业务能力的同时，通过职业道德的信念教育、会计职业义务教育、会计职业荣誉教育、会计职业尊严教育和会计职业节操教育，引导会计人员自觉地用会计职业道德规范指导和约束自身的行为，提高职业道德自律能力，最终形成良好的、稳定的会计职业道德品行。

（二）自我修养的途径

自我修养是指人们依照职业道德原则进行的自我教育、自我改造、自我锻炼及自我提高的活动。会计职业道德品质的形成过程，最终是在会计人员自我修养的过程中得以升华的。会计职业道德自我修养的具体方法可以是多种多样的。根据职业道德品质形成和发展规律的要求，以及优秀人物成长的经验，会计职业道德修养的途径有以下三种：

1. 慎独慎欲

会计职业道德修养所说的"慎独"是指在独自一个人工作、无人监督的情况下，仍能坚持自己的道德信念，自觉地严格要求自己按照道德准则办事，不做任何不道德的事情。"慎独"是一种传统的道德修养和高尚的道德境界。

会计职业道德修养的最高境界在于做到"慎独"。慎独是衡量一个人道德觉悟和思想品质的试金石。慎独的前提是坚定的职业信念和职业良心，它是道德内在约束力作用的结果，突出的表现了道德的自律作用。会计职业道德修养讲"慎独"，就是要求每个会计人员严格要求自己，在履行职责时自律谨慎，不管财经法规、制度本身是否有漏洞，也不管是否有人监督，领导管理是否严格，都按照职业道德的要求去办。

"慎欲"是修身做人的第一要则。会计职业道德修养所说的"慎欲"是指会计人员应树立正确的价值观，节制自己不合理的欲望。现实工作中，会计人员应把国家、社会和集体的利益放在首位，对于追求自身的利益时，应该用正确的途径来满足自己合理的欲望。

2. 慎省慎微

会计工作是一项细致、复杂、涉及面广的工作，经常与钱、财、物打交道。因此，在会计职业道德教育修养的方法上，尤其提倡"慎省"。所谓"慎省"就是反省自己言行是否有不对的地方。会计人员在处理每一笔会计业务时，对是否真实、准确，是否符合国家法律、法规和国家统一会计制度，是否符合国家、集体利益等等，都需要认真自省，通过自我反思、自我解剖、自我总结，发扬长处、克服短处，不断地自我升华、自我超越，逐步树立起正确的道德观念，培养高尚的道德品质，提高自己的精神境界。

"慎微"是指在微处、小处、细节上的自律。"慎微"要求会计人员在会计职业活动中要防微杜渐，坚持做到"莫以恶小而为之"，避免由"小节"演化成了大问题。

3. 自警自励

自警，顾名思义就是自己警示自己，做到自我戒备、自我告诫、自我警觉、自敲警钟。作为会计人员，在会计职业中难免会遇到各种诱惑，尤其要注重提高自警意识和自警能力。

自励，顾名思义就是自我勉励、自我激励。会计人员在会计职业中肯定会遇到形形色色的困难，此时会计人员必须自我勉励自我激励，不畏惧不退缩，勇敢地同眼前的困难作斗争。从而使自己的品格和毅力得到磨练，继而转化为不屈不挠的进取动力，成为一名优秀的会计人员。

第四节　会计职业道德建设组织与实施

会计职业道德建设是一项复杂的系统工程，要抓好会计职业道德建设，关键要加强和改善对会计职业道德的组织和领导，并切实贯彻和实施。各部门、行业、会计职业组织和社会各界应积极行动起来，共同把会计职业道德建设搞好。

一、财政部门的组织推动

各级财政部门应当负起组织和推动本地区会计职业道德建设的责任，把会计职业道德建设与会计法制建设紧密结合起来。

（一）采用多种形式开展会计职业道德宣传教育

财政部门作为会计工作的主管部门，要充分认识新形势下加强会计职业道德建设的重要意义，正确认识会计职业道德建设的紧迫性、艰巨性、长期性，把会计职业道德建设作为新时期会计管理工作的一项重要的内容。

各级财政部应有计划、有步骤地开展会计职业道德的宣传教育工作，要结合本地区的实际情况，制定切实可行的教育方案，采取灵活多样的宣传形式，如举办会计职业道德演讲会、知识竞赛、有奖征文、论坛、专题研讨等多种形式的活动，引导广大会计人员积极参与会计职业道德教育活动，要充分利用广播、电视、网络、报刊、杂志等媒体，广泛宣传遵守会计职业道德的先进典范，弘扬正气，树立诚实守信等会计新风尚，发挥思想文化阵地在职业道德建设中的作用，在全社会营造会计职业道德建设的良好氛围。

（二）会计职业道德建设与会计从业资格证书注册登记管理相结合

《会计基础工作规范》规定："财政部门、业务主管部门和各单位应当定期检查会计人员遵守职业道德的情况，并作为会计人员晋升、晋级、聘任专业职务、表彰奖励的重要考核依据。会计人员违反职业道德的，由所在单位进行处罚；情节严重的，由会计证（会计从业资格证书）发证机关吊销其会计证（会计从业资格证书）"。由此可见，将会计从业资格证书注册登记制度与会计职业道德检查结合起来有着制度基础，对于建立健全会计职业道德检查与奖惩机制，起着十分重要的作用。

目前，财政部门对会计从业资格证书档案实行电子计算机管理，为健全会计人员诚信档案创造了有利条件。将会计从业资格证书管理和持证人员的从业档案信息结合，建立会计人员诚信档案既可作为财政部门监督管理的依据，也可以向用人单位开放，从而督促、约束、激励会计人员严格自律，认真执行会计职业道德规范。

（三）会计职业道德建设与会计专业技术资格考试、聘用相结合

我国会计专业职务分为高级会计师、会计师、助理会计师和会计员，其中高级会计师为高级资格，会计师为中级资格，助理会计师、会计员为初级资格。

初级资格、中级资格通过全国专业技术资格考试取得，根据财政部、人事部联合印发的《会计专业技术考试暂行规定》及其实施办法规定，报考初级资格、中级资格的人员，应"坚持原则，具备良好的职业道德品质"等，对报考人员遵守会计职业道德的情况提出了要求。会计专业技术资格考试管理机构对参加考试报名的会计人员的职业道德情况进行检查，经审查发现有不遵循会计职业道德记录的报考人员，应取消其报名资格。

高级会计师资格的取得实行考试与评审相结合的制度，高级会计师资格的考评不仅对申报人员的学历条件、工作成绩及专业水平等方面进行考评，对会计职业道德的考评也是一个重要的内容。如果申报人存在曾因违法行为而受到刑事处罚，或在财务、会计、审计、企业管理或其他经济管理工作中犯有严重错误而受过党纪、政纪处分的情形，则不能参加高级会计师资格的评审。

同时，各单位在聘任会计人员担任相关专业职务时，除必须具备同级专业技术资格外，还应考察遵守职业道德情况。对于有违法犯罪行为而受过刑事处罚，因在财务会计工作中犯有严重错误受到行政处分，或者参与所在单位偷税、逃税、通同舞弊等活动或组织工作作假等其他违反会计职业道德行为的，可以不予聘用。

将会计职业道德奖惩与会计专业技术资格的考评、聘用联系起来，必将促使广大会计人员重视自己的职业道德形象，在日常的学习工作中不断提高自身的职业道德修养。

（四）会计职业道德建设与《会计法》执法检查相结合

财政部门作为《会计法》执法主体，可以依法对单位执行会计法律、法规、国家统一会计制度情况进行检查。通过检查，一方面督促各单位严格执行会计法律法规，另一方面也是对各单位会计人员遵守职业道德情况的检验。对于检查中发现的违反《会计法》的行为，会计人员不仅要承担《会计法》规定的法律责任，受到行政处罚或刑事处罚，同时还必须接受相应的道德制裁，包括会计行业内通报批评、责令参加一定学时的继续教育课程、暂停从业资格、在行业内部的公开刊物上予以曝光等。法律惩罚和道德惩罚两者并行不悖、不可替代，应同时并举。

（五）会计职业道德建设与会计人员表彰奖励制度相结合

《会计法》规定："对认真执行本法，忠于职守，坚持准则，做出显著成绩的会计人员，给予精神的或者物质的奖励。"对自觉遵守会计职业道德的优秀会计工作者进行表彰、宣传，可以使受奖者感到对遵守道德规范的回报和社会肯定，增强会计人员的职业荣誉感，从而促使其强化职业道德行为。同时，还可以树立本行业的楷模、榜样，使受奖者周围的人得到鞭策和鼓励，使他们学有榜样、赶有目标，形成学、赶、帮、超的良好氛围。

这种奖惩机制需要各种规章制度作为保证，为此，我国相应建立了一系列的有关会计职业道德的奖惩规章，如《会计人员职权试行条例》、《颁发会计人员荣誉证书试行规定》等。此外，在对会计职业道德检查中涌现出来的先进人物和事迹进行表彰奖励时，应注意物质奖励与精神奖励相结合。对成绩显著的会计人员奖励方式有：晋升工资、发放奖金、授予荣誉称号、颁发荣誉证书等。

二、会计行业的自律

会计行业自律是一个群体概念，是会计职业组织对整个会计职业的会计行为进行自我约束、自我控制的过程。应充分发挥中国会计学会、中国注册会计师协会、中国总会计师协会等会计职业组织的作用，改革和完善会计职业组织自律机制，有效发挥自律机制在会计职业道德建设中的促进作用。

目前，我国通过会计行业组织对会计职业道德进行自律管理与行业惩戒已取得一定进展。如，中国注册会计师协会作为注册会计师行业的组织，为加强行业自律建设，先后发布了《中国注册会计师职业道德基本准则》《中国注册会计师职业道德规范指导意见》以及《注册会计师、注册资产评估师行业诚信建设实施纲要》等，提出了大力加强职业道德与专业素质教育，提升执业人员的职业道德水平和专业胜任能力等行业诚信建设的任务，要求建立惩戒委员会等行业自律组织，对违反执业规则和职业道德规范的注册会计师，依照行规行律进行道德谴责与惩戒，将有关执业机构或执业人员的不良行为记入诚信档案，逐步使行业自律和惩戒规范化、制度化。

会计行业组织在促进会计职业道德建设中可采取的措施主要有：（1）制定会计职业道德规范；（2）开展会计职业道德典型人物宣传；（3）对违反会计职业道德的会员实施惩戒；（4）对严格遵守会计职业道德的会员予以表彰等。

三、企事业单位的内部监督

加强企事业单位的内部监督，是促进社会职业道德建设的重要方面。企事业单位要重视内部控制制度，形成内部约束机制，防范舞弊和经营风险，支持并督促会计人员遵循会计职业道德，依法开展会计工作。根据《会计法》的规定，单位负责人对本单位会计工作和会计资料的真实性、完整性负责，因此，单位负责人要切实抓好会计职业道德建设。在任用会计人员时，应当审查其会计从业资格证书、职业记录和诚信档案，选择那些业务素质高、职业道德品质好、无不良从业和记录的人员从事单位的会计工作。同时，在日常工作过程中，强化职业道德意识和职业纪律意识的培养，督促会计人员诚实守信、廉洁自律、坚持准则。在相关制度的建设中，也应该完善内部控制，强化内部约束，用制度去指导会计人员的行为。总之，单位负责人应调用一切手段，为会计人员的职业道德建设创造条件。

四、社会各界的监督与配合

加强会计职业道德建设，既是提高会计人员素质的一项基础性工作，又是一项复杂的社会系统工程；不仅是某一个单位，某一个部门的任务，也是各地区、各部门、各单位的共同责任。各部门、各机构不仅要思想上予以充分的重视，还应该从行动上给与充分的支持。应充分结合本系统或本行业的特点，有针对性地制定具体的职业道德规范，广泛开展会计职业道德的宣传教育。各新闻媒体应加强舆论监督，在全社会会计人员中倡导诚信为荣、失信为耻的职业道德意识，引导会计人员加强职业修养，形成良好的社会氛围。

第五节 会计职业道德的检查与奖惩

一、会计职业道德检查与奖惩的意义

开展会计职业道德检查与奖惩是道德规范付诸实施的必要方式，也是促使道德力量发挥作用的必要手段，有着极为重要的现实意义。

会计职业道德检查与奖惩的意义主要有：

（一）具有促使会计人员遵守职业道德规范的作用

根据《会计基础工作规范》的规定："财政部门、业务主管部门和各单位应当定期检查会计人员遵守职业道德的情况，并作为会计人员晋升、晋级、聘任专业职务，表彰奖励的重要考核依据。"将会计职业道德检查结果付之于具体的奖励或惩罚措施，从而将会计职业道德要求与个人利益结合起来，体现了义利统一的原则。而奖惩机制的建立，促使会计人员在利益的驱动下，遵守会计职业道德，从而起到促进职业道德规范建设的作用。要构建会计职业道德检查与奖惩机制并使之行之有效，必须做到奖罚分明、坚决兑现、持之以恒。

（二）教育与裁决的作用

作为会计人员哪些会计行为是对的，哪些会计行为是不对的，均可通过会计职业道德的检查与奖惩作出裁决。在这里，会计职业道德的检查与奖惩起着

道德法庭的作用，使广大会计人员生动而直接地感受到道德的价值分量，其教育的作用是不可低估的。

（三）有利于形成抑恶扬善的社会环境

奖惩机制是抑恶扬善的杠杆。对会计行为而言，判断善恶的标准就是会计职业道德规范。那些遵守职业道德规范的行为，就可称之为善行；反之，那些违背职业道德规范的行为，就可称之为恶行。

通过倡导、赞扬、鼓励自觉遵守会计职业道德规范的行为，贬抑、鞭挞、谴责查处会计造假等不良行为，有助于人们分清是非，形成良好的社会风气，从而进一步促进会计职业道德的发展。

二、会计职业道德检查与奖惩机制

会计职业道德的检查与奖惩机制的建立是一个复杂的系统工程，需要政府部门、行业组织、有关单位的积极参与，运用经济、法律、行政、自律等综合治理手段。

（一）财政部门的监督检查

《会计法》规定，国务院财政部门主管全国的会计工作，县级以上地方各级财政部门管理本行政区域内的会计工作。在我国，财政部门作为会计工作的主管部门，在会计职业道德建设中发挥着重要的作用，是会计职业道德建设的主要推动者、组织者和监督者。《注册会计师法》规定，财政部对注册会计师、会计师事务所和注册会计师协会进行监督指导。会计职业道德建设是会计管理工作的重要组成部分，因此，各级财政部门应负起组织和推动本地区会计职业道德建设的责任。财政部门也可以利用行政管理上的优势，对会计职业道德情况实施必要的行政监督。如其在组织会计专业技术资格考试报名时，需对参加报名的会计人员职业道德情况进行检查，经审查发现有不遵循会计职业道德记录的报考人员，应取消其报名资格。

（二）会计行业组织的自律管理与约束

对会计职业道德情况的检查，除了依靠政府监管外，行业自律也是一种重要手段。会计行业自律是一个群体概念，是会计职业组织对整个会计职业的会计行为进行自我约束、自我控制的过程。

近年来，我国通过会计行业组织强化自律管理和行业惩戒已取得了一定进展。例如中国注册会计师协会作为注册会计师行业自律组织，为提高我国注册会计师职业道德水平作出了积极努力，先后发布了《中国注册会计师职业道德基本准则》《中国注册会计师职业道德规范指导意见》以及《注册会计师、注册资产评估师行业诚信建设实施纲要》等。会计行业组织可以对违反会计职业道德规范的行为进行相应惩罚，根据情节轻重程度采取通报批评、罚款、支付费用、取消其会员资格、警告、退回向客户收取的费用、参加继续教育等方式。

(三) 激励机制的建立

对自觉遵守会计职业道德的优秀会计工作者进行表彰、宣传,可以使受奖者感到对遵守道德规范的回报和社会的肯定,从而促使其强化道德行为。同时,还可以树立本行业的楷模榜样,使会计职业道德原则和规范具体化、人格化,使广大会计工作者从这些富有感染性、可行性的道德榜样中获得启示、获得动力,在潜移默化中逐渐提高自身的职业道德素质。

会计职业道德激励机制应当与会计人员表彰制度相结合,以起到弘扬正气、激励先进、鞭策后进的作用。对会计职业道德检查中涌现出的先进人物事迹进行表彰奖励,应注意将物质奖励和精神奖励相结合,如通过大众媒体广泛宣传先进事迹,就是对优秀会计人员进行精神奖励采用的具体方式之一。

~~~~~ **本章小结** ~~~~~

会计职业道德是指在会计职业活动中应当遵循的、体现会计职业特征、调整会计职业关系的职业行为准则和规范。我国对会计人员的职业道德要求可以归纳为八个方面:爱岗敬业、诚实守信、廉洁自律、客观公正、坚持准则、提高技能、参与管理和强化服务。这是对优秀会计人员提出的评判标准,也是对会计从业者提出的职业最高要求。作为会计法律制度的重要补充,会计职业道德在规范会计人员的行为、提高会计人员职业素养方面发挥着重要的作用。

职业道德的形成依赖于教育,会计职业道德教育以职业道德观念、职业道德规范、警示案例等为主要教育内容,通过接受教育和自我修养两种形式,帮助和引导会计人员培养会计职业道德情感,树立会计职业道德信念,遵守会计职业道德规范。

会计职业道德建设是一项复杂的系统工程,要抓好会计职业道德建设,关键要加强和改善对会计职业道德的组织和领导,并切实贯彻和实施。各部门、行业、会计职业组织和社会各界应积极行动起来,共同把会计职业道德建设搞好。